国家社科基金
GUOJIA SHEKE JIJIN HOUQI ZIZHU XIANGMU
后期资助项目

国家社科基金
GUOJIA SHEKE JIJIN HOUQI ZIZHU XIANGMU
后期资助项目

贸易开放与中国区域经济发展差异研究

A Study on China s Trade Openness and Inequality of Regional Economic Development

熊 灵 著

北京大学出版社
PEKING UNIVERSITY PRESS

图书在版编目(CIP)数据

贸易开放与中国区域经济发展差异研究/熊灵著. —北京:北京大学出版社,2014.11

(国家社科基金后期资助项目)

ISBN 978-7-301-23454-9

Ⅰ. ①贸… Ⅱ. ①熊… Ⅲ. ①对外贸易—关系—区域经济发展—区域差异—研究—中国 Ⅳ. ①F12

中国版本图书馆CIP数据核字(2013)第269278号

书　　　名: 贸易开放与中国区域经济发展差异研究

著作责任者: 熊　灵　著

责 任 编 辑: 刘　京

标 准 书 号: ISBN 978-7-301-23454-9/F·3785

出 版 发 行: 北京大学出版社

地　　　址: 北京市海淀区成府路205号　100871

网　　　址: http://www.pup.cn

电 子 信 箱: em@pup.cn　　QQ:552063295

新 浪 微 博: @北京大学出版社　@北京大学出版社经管图书

电　　　话: 邮购部 62752015　发行部 62750672　编辑部 62752926

出版部 62754962

印　刷　者: 北京大学印刷厂

经　销　者: 新华书店

730毫米×1020毫米　16开本　14.25印张　240千字

2014年11月第1版　2014年11月第1次印刷

定　　　价: 42.00元

国家社科基金后期资助项目
出版说明

后期资助项目是国家社科基金设立的一类重要项目，旨在鼓励广大社科研究者潜心治学，支持基础研究多出优秀成果。它是经过严格评审，从接近完成的科研成果中遴选立项的。为扩大后期资助项目的影响，更好地推动学术发展，促进成果转化，全国哲学社会科学规划办公室按照“统一设计、统一标识、统一版式、形成系列”的总体要求，组织出版国家社科基金后期资助项目成果。

全国哲学社会科学规划办公室

中文摘要

近来很多研究表明，不管是发展中国家还是发达国家，区域发展不平衡现象在世界各地都呈现上升趋势。根据世界银行(2000)的报告，巴西、阿根廷、哥伦比亚、智利和墨西哥的区域差异化程度都在增加。Noorbakhsh (2003) 和 Haaparanta(1998) 的研究显示，各种度量印度区域收入不平等的指标都是发散而不是收敛的。Hu(2002)发现，自从21世纪80年代早期中国打开国门以来，沿海省份与内陆省份的收入差距扩展迅速，越来越大。Kanbur 和 Zhang(2005)在对过去50年的区域不平衡发展进行分析时发现最近区域不平衡程度的增长主要归因于贸易开放。这种现象并非是发展中国家特有，类似的随着开放而发散的趋势还出现在意大利、英国、西班牙、澳大利亚、俄罗斯和欧盟地区。

区域不平衡现象日益突出，越来越受世界各地政策制定者的关注。极端的区域不平衡容易引起社会和政治的不稳定，人们普遍认同应削弱区域间的差距。自从21世纪80年代区域间收敛趋势终止起，区域不平衡问题就一直是欧盟的主要政治议题，欧盟利用多种政策工具来促进区域收敛，比如聚合基金。实际上，聚合基金是欧盟预算中增长最快的部分。中国这些年为解决区域经济发展不平衡，也采取了很多措施，比如实施“西部大开发”“振兴东北老工业基地”和“中部崛起”战略。

上述现象发生的同时，也正是世界经济日益开放，国家之间关联日趋紧密的时期，一些学者将这种不平衡同全球化联系在一起。然而这和当今主流经济学家的观点正好相悖，他们认为不断加强的经济开放实际上应该是减小这种空间的不平衡。

那么贸易开放到底是加剧还是消减了区域经济发展差异？许多学者对这一充满现实意义的理论命题痴迷不已，并做了大量的理论和实证研究，结果不尽相同。Krugman 和 Livas(1996)以规模报酬递增、不完全竞争的市场结构为假设前提，在 Dixit-Stiglitz 垄断竞争模型基础上建立新经济地理模型，强调在封闭的经济中产业聚集引起的经济前后向联系效应，形成吸引产业与要素进一步集聚的两股向心力。这些力量导致许多发展中国家出现核心—边缘结构，加剧区域收入差距。当经济开放时，离心力作用会变强，不断加强的经济开放会减小这种空间的不平衡。然而，Paluzie（2001）将农业人口与土地绑定，并假设短期内劳动力是相对不可流动的，研究结果却表明随着制造业贸易的增加，区域收入差距也会逐渐上升。

在中国改革开放日益深化的条件下，加强贸易开放与地区经济发展差异的研究，对于落实科学发展观、缩小地区发展差距有着重要的理论意义。影响中国地区发展差异的主要因素是什么？贸易开放对这些因素的影响如何，又如何通过这些因素对地区经济发展差异进行传导？在对外开放的过程中通过何种机制来对上述因素进行控制，以缩小地区间发展差异？由于统计资料的限制和中国问题的特殊复杂性，目前国内对该问题的研究还不够深入。本书以中国贸易开放和区域经济发展差异为研究对象，利用1978—2009年全国各省份的面板数据，采用一些新的统计指标、统计方法以及空间面板、动态面板计量模型，对两者之间的关系进行比较全面系统的研究，试图找到其中的作用机制和原理。

除绪论外，本书分为八章。

第一章对贸易开放与经济增长关系理论以及区域经济发展理论进行系统的述评。贸易与经济增长关系理论包括古典贸易理论、新古典贸易理论、新贸易理论框架下的贸易与经济增长思想，以及新增长理论、新经济地理学框架下的贸易与经济增长思想。其中新增长理论和新经济地理学框架下的贸易与经济增长思想正是本书研究贸易开放与区域经济增长差异关系的理论源泉。

第二章是关于中国的贸易开放及其影响研究。首先对中国的贸易开放进程和开放成果进行全面的回顾和总结，并对贸易与经济增长的关系进行初步探讨，发现对外贸易与经济增长互为格兰杰原因、相互促进的关系；接着对贸易开放度的测度指标进行了详细的比较分析，并利用选定的贸易开放度指标对中国的贸易开放度区域格局进行了分析和比较，发现中国的贸易开放一直以来呈现明显的区域分化特征。

第三章是关于中国的区域经济发展差异研究。首先对有关中国的区域经济发展差距研究现状进行归纳和述评，然后对改革开放以来中国的区域经济发展战略部署和实施过程进行系统的回顾和梳理，在此基础上采用一系列量化指标对中国区域经济发展的差距现状和空间相关性进行实证分析，并对区域贸易开放差异和区域经济发展差距的关系进行初步探讨，发现区域贸易开放的差异是区域经济发展差异的重要原因，区域经济发展存在显著的空间集聚特征。

第四章对贸易开放与区域经济发展关系的一般机制进行了理论分析，并在追溯有关贸易与区域经济发展差异的文献的基础上，提出一个融合关于贸易开放与经济增长关系诸多假设的内生增长理论模型框架。在此模型中，包含了相关文献中三条最重要的假设。第一条假设是，贸易开放促成了经济活动从核心区域的扩散，这条假设来源于 Krugman 和 Livas (1996) 的“核心—边缘”模型；第二和第三条假设是，贸易开放导致基础设施和人力资本水平高的区域增长比那些水平低的区域要快。

第五章在前述理论模型框架基础上，基于变量的空间相关性检验在模型中融入空间滞后变量，构造用于检验贸易开放与中国区域经济发展空间差异关系的空间面板计量模型，并利用中国省级区域整体层面的面板数据，进行普通面板、空间滞后面板和空间误差面板实证检验和比较分析。

第六章将深入到产业层次对贸易开放与区域经济发展的关系进行分析。首先，对中国改革开放以来产业结构的转变、产业结构的地区差异和变化以及贸易开放对产业结构演进的影响进行分析；其次，利用类似第四章的内生增长综合模型，构建基于产业层面的空间面板数据回归方程，并在三次产业层面上进行实证检验；最后，基于检验结果，对其进行分析和评价。

第七章在制造业行业层次上探究贸易开放在中国地区制造业增长差异中所扮演的角色。首先，对中国制造业行业分布进行空间统计分析；然后，在新增长理论框架下，利用中国省级制造业数据，通过动态面板数据方法来考察制造行业增长的差异问题，重点考察贸易开放和市场化进程在中国地区制造业增长差异中所扮演的角色。

第八章在总结前文的理论与实证分析的基础上，给出中国对外开放和区域经济发展战略调整的政策建议。

Abstract

Recent studies have found that regional inequality is rising across the world, in both developed and developing countries. According to the World Bank (2000), inequality across regions is growing in Brazil, Argentina, Colombia, Chile, and Mexico. Noorbakhsh (2003) and Haaparanta (1998) have shown that various measures of regional income inequality in India are diverging rather than converging. Hu (2002) finds that the income gap between Chinese coastal provinces and the hinterland has grown fast since the country opened its doors to foreign investment in the early 1980s. Kanbur and Zhang (2005) in an analysis of regional inequality over the last 50 years, find that the latest increase in regional inequality is due to trade openness. And the phenomenon is not unique to developing countries. Similar divergent patterns in the context of openness have been found in Italy, England, Spain, Australia, Russia and Europe as a whole.

There are arguments in favor of the reduction of these inequalities due to the social and political instability that can result from extreme inequality across regions within a country (Kanbur, Venables and Wan, 2005). Moreover, regional disparities have been a topic on the political agenda of the European Union (EU) since the 1980s, when convergence across regions came to a halt. According to Lange (2004), the EU utilizes a variety of policy instruments to promote regional convergence, such as cohesion funds channeled to lagging regions within countries. Puga (2002) has noted that these funds constitute the fastest growing component of the EU budget. Over the years, China has also taken many measures to address imbalances in regional economic development, such as the implementation of "western development", "revitalizing the northeast old industrial base" and "rise of central China" strategy.

Since this latest increase in regional inequality has taken place during an era of increasing economic openness and international linkages, a number of researchers have proposed a link between inequality and globalization. Yet this goes directly against what mainstream economic theorists have proposed: that increased economic openness actually serves to reduce spatial inequalities. Understanding this relationship is particularly important given the increasing prominence of regional inequality in policy debates around the world. And a greater understanding of the relationship between trade and regional inequality could make such policy instruments more effective, both in China, Europe and elsewhere.

Then trade liberalization is to reduce or exacerbate regional differences in economic development? Many scholars have done a lot of theoretical and empirical research on this theoretical proposition which full of practical significance, but they have come to conflicting conclusions. Based on the Dixit-Stiglitz model of monopolistic competition, with assumptions of increasing returns to scale and imperfect competition for the market structure, Krugman and Livas (1996) has established a new economic geography model, finding that in a closed economy, economic effects of backward and forward linkages arising from industry agglomeration become the main forces to further attract industry and factor. These centripetal forces in many developing countries lead to a "core—periphery" structure, exacerbated the regional income gap. When the economy is opened up, the role of the centrifugal force will become strong, and growing economic openness will fight to reduce the spatial imbalance. However, through the binding of agricultural population and land, and assuming that in the short term labor force is relatively non-mobile, Paluzie (2001) show that with the increase in manufacturing trade, regional income disparities will also gradually increase.

With the continuous deepening of reform and opening up in China, the relationship between trade liberalization and regional imbalance is worth studying, because it makes sense in implementing the scientific concept of development and narrowing the gap in regional development. what are the main influencing factors of China's regional economic development? How will trade openness affect these factors, and change the regional development through these factors? In the process of opening up, through what mechanism we can control the above-mentioned factors in order to reduce disparities between regions? For the restrictions of statistical information and the special complexity, current research on the China's issue has not gone far enough. Utilizing a number of new statistical indicators, statistical methods and spatial panel model, and with the provincial panel data from 1978 to 2009, this book focus on the relationship between trade openness and regional development inequality, trying to find the mechanism and principle.

In addition to introduction, the book is divided into eight chapters.

Chapter one makes a general sort about the theories of relations between trade liberalization and economic growth, and regional economic development. The theory of relationship between trade and economic growth includes ideals about trade and economic growth under the framework of classical trade theory, neo-classical trade theory, new trade theory, new growth theory, and new economic geography. The trade and economic growth theory under the framework of new growth theory and new economic geography is the theoretical source of my research.

Chapter two takes into account the process of trade openness in China. First of all, I make a comprehensive review and summary of China's trade liberalization process and the outcome, and the preliminary study shows that foreign trade and economic growth are Granger causes each other. Then through a detailed comparative analysis on the measure of trade openness indicator, I select a proper indicator of trade openness to measure the trade openness of China, and use it to analyze the regional pattern China's trade openness, finding that China's trade liberalization has a notable feature of regional differentiation.

Chapter three is related to China's regional differences in economic development. At first, I systematically review China's regional economic development strategic plan and implementation since reform and opening up. Secondly, on the basis of a series of quantitative indicators of, I explore China's regional economic development gap and spatial correlation, and then study the relationship between regional trade liberalization differences and regional economic development gap, with the finding that differences in regional trade and opening up is an important reason for differences in regional economic development, and there is a significant feature of the spatial concentration.

Based on the existing literature, chapter four develops a set of hypotheses relating trade openness to regional inequality—the hypotheses that will be tested in the rest of the book. The first hypothesis is that poorer states will grow faster than rich ones as trade openness increases. The second is that states better endowed with infrastructure will grow faster than those with less infrastructure endowments as trade openness increases. Finally, the third hypothesis is that states with higher levels of human capital will tend to grow faster than those with lower levels of it as trade openness increases. The first hypothesis stems from the core-periphery model of Krugman and Livas Elizondo (1996). The second and third hypotheses arise from comparing the predictions of the model of Krugman and Livas (1996) to the work of Myrdal (1971) on cumulative causation, specifically focusing on two factors: infrastructure and human capital.

In the fifth chapter, we construct a spatial panel econometric model based on the framework of the aforementioned theoretical models. With the spatial lag variable into it, the model is used for inspection of relations between trade openness and the spatial differences of regional economic development in China. This chapter will take advantage of the panel data of China's provincial-level regions as a whole level to make an ordinary panel empirical test and the spatial lag or error panel empirical test, as well as a comparative analysis.

Chapter six inspects the relations between trade openness and regional economic development in the industrial level. First of all, we investigate the changes in industrial structure, regional differences of industrial structure, as well as the impact of trade openness on the industrial structure evolution since China's reform and opening up. Then, using the comprehensive model of endogenous growth established in previous chapter, we build a spatial panel data regression equation based on the industry level, and make empirical test and analysis in the three industries.

Chapter seven analyzes the impact of trade openness on regional development difference of manufacturing sectors. Firstly, with consideration of the great variety of different manufacturing sectors, this chapter analyzes the space location and agglomeration in different industries. We study the local specialization in different provinces with Krugman Index, calculate the industry space Gini index and CR index and analyze the tendency and variation of agglomeration. After that, by applying the dynamic panel model built on endogenous growth theory, we investigate the regional growth disparity of manufacturing sectors in 1981—2006. We are mainly concerned about the roles that open-up and reform policies which are represented by trade openness and marketization respectively have played in imbalanced growth in China.

Summing-up the previous theoretical and empirical analysis, chapter eight accordingly gives the policy recommendations about adjustment of China's opening-up and regional economic development strategy.

目　　录

绪　论

一、研究背景和意义

(一) 研究背景

近来很多研究表明,不管是发展中国家还是发达国家,区域发展不平衡现象在世界各地都呈现上升趋势①。根据世界银行(2000)的报告,巴西、阿根廷、哥伦比亚、智利和墨西哥的区域差异化程度都在增加。Noorbakhsh (2003) 和 Haaparanta (1998) 的研究显示,各种度量印度区域收入不平等的指标都是发散而不是收敛的。Hu (2002)发现,自从 21 世纪 80 年代早期中国打开国门以来,沿海省份与内陆省份的收入差距扩展迅速,越来越大。Kanbur 和 Zhang (2005)在对过去 50 年的区域不平衡发展进行分析时发现最近区域不平衡程度的增长主要归因于贸易开放。这种现象并非是发展中国家特有,类似的随着开放而发散的趋势还出现在意大利(Gaetano 和 Mauro,2002)、英国(Duranton 和 Monastiriotis, 2002)、西班牙(Paluzie, 2001)、澳大利亚(Webber 和 Weller, 2001)、俄罗斯(Fedorov, 2002)和欧盟地区(Puga, 2002, 和 Cuadrado-Roura, 2001)。

上述现象发生的同时,也正是世界经济日益开放,国际之间关联日趋紧密的时期,一些学者将这种不平衡同全球化联系在一起。然而这和当今主流经济学家的观点正好相悖,他们认为不断加强的经济开放实际上应该是减小这种空间的不平衡(Krugman 和 Venables,1990;Krugman 和 Livas,1996)。

区域不平衡现象日益突出,越来越受到世界各地政策制定者的关注,理解其与贸易开放的关系就尤其重要。极端的区域不平衡容易引起社会和政治的不稳定,人们普遍认同应削弱区域间的差距(Kanbur, Venables 和 Wan, 2005)。自从 21 世纪 80 年代区域间收敛趋势终止起,区域不平衡问

---

① 参见 Ferranti, et al. (2005); Rodriguez Oreggia (2005); Markusen and Diniz (2005); Rey and Mark (2005)。

题就一直是欧盟的主要政治议题，欧盟利用多种政策工具来促进区域收敛，比如聚合基金（Lange, 2004）。实际上，聚合基金是欧盟预算中增长最快的部分（Puga,2002）。中国这些年为解决区域经济发展不平衡，也采取了很多措施，比如实施“西部大开发”、“振兴东北老工业基地”和“中部崛起”战略。加深对贸易开放和区域不平衡关系的理解，可以让这些政策更有效地得以实施。

（二）研究意义

1. 理论意义

经济开放正在成为研究区域经济发展差异的重要切入点。世界银行2009年的发展报告指出：“城市、移民和贸易是发达国家过去两百年来进步的催化剂，现在这些故事正在发展中国家最有活力的经济体中重演。”① 该报告再次强调了贸易在区域经济增长促进三要素中的核心地位，并将贸易开放的影响聚焦于空间地理效应。贸易开放的差异在解释地区间收入差距的诸因素中越来越重要，已经成为解释地区间差距的最重要因素。在可以解释制造业集聚的各种因素中，贸易开放的作用居于非常重要的地位（陆铭,2007）。

然而，贸易开放到底是加剧还是消减了区域经济发展差异？许多学者对这一充满现实意义的理论命题痴迷不已，并做了大量的理论和实证研究，结果不尽相同。Krugman 和 Livas（1996）以规模报酬递增、不完全竞争的市场结构为假设前提，在 Dixit-Stiglitz 垄断竞争模型基础上建立新经济地理模型，强调在封闭的经济中产业聚集引起的经济前后向联系效应，形成吸引产业与要素进一步集聚的两股向心力。这些力量导致许多发展中国家出现核心—边缘结构，加剧区域收入差距。当经济开放时，离心力作用会变强，不断加强的经济开放会减小这种空间的不平衡。然而，Paluzie（2001）将农业人口与土地绑定，并假设短期内劳动力是相对不可流动的，研究结果却表明随着制造业贸易的增加，区域收入差距也会逐渐上升。

在中国改革开放日益深化的条件下，加强贸易与地区发展不平衡的研究，对于落实科学发展观、缩小地区发展差异有着重要的理论意义：影响中国地区发展差异的主要因素是什么？贸易开放对这些因素的影响如何，又如何通过这些因素对地区经济发展差异进行传导？在对外开放的过程中通过何种机制来对上述因素进行控制，以缩小地区间发展差异？由于统计

① 世界银行：《2009年世界银行发展报告——重塑世界经济地理》，清华大学出版社，2009年，第20页。

资料的限制和中国问题的特殊复杂性,目前对中国该问题的研究还不够深入。本书以中国贸易开放和区域发展不平衡为研究对象,利用1978—2009年全国各省份的面板数据,采用一些较新的统计指标、统计方法和空间面板计量模型,对两者之间的关系进行比较全面系统的研究,试图找到其中的作用机制和原理。

2. 现实意义

中国目前的贸易开放、产业集聚和区域发展不平衡的空间分布现状,绝不是偶然形成的。对其进行统计学上的考察和分解,并利用计量模型进行实证研究后,就可以发现一些深藏在表面下的经济运行互动机制。贸易开放会通过改变企业、产业前后向联系,促使它们在独特区域产生产业聚集,并带来该区域经济的快速增长,最终导致整体范围内的区域收入差距。了解这一机制,对于正确认识和克服区域发展不平衡问题非常重要。作为克服区域发展差距的主要工具——区域政策,在中国目前实施的效果并不是特别令人满意,当然这可能与中国目前的财政转移支付力度不够、中央财政比重不大、地方与中央财政目标不一致、人力资本投入不足等一系列因素都有关。要考察中国区域发展不平衡问题,必须密切结合中国对外开放这一历史进程来进行,以国际贸易快速增长为显著标志的对外开放,不仅深刻地改变了中国经济社会的发展进程,也对中国的区域发展带来了深刻的影响,因此要分析解决区域发展不平衡问题,就不能不结合到贸易开放这一背景。以往很多研究仅仅着眼于影响区域发展不平衡的国内因素,或者仅仅考虑贸易开放因素,所得结论的实际操作意义有限。本书试图通过深入考察贸易开放与区域发展差距的互动机制和相互影响,并根据区域经济增长影响因素分析,同时借鉴国外区域政策运行的经验,提出适合落后地区经济发展的相应政策建议,这对中国在坚持对外开放既定政策的同时,缩小目前区域不平衡差距具有非常重要的现实意义。

二、研究现状

(一) 国外研究现状

国外有关贸易开放与区域发展不平衡的研究主要包括贸易开放度的测量,贸易开放与区域发展差距关系的理论研究,贸易开放与区域发展差距关系的实证研究。在此分别加以概述:

1. 贸易开放与区域发展差距关系的理论研究

目前有关区域差距问题的文献,主要从两个方面开展研究。一方面,发展经济学家从经济发展过程中出现的收敛问题入手,研究经济增长影响因素和区域收入差距的关系；另一方面，国际经济学家和劳动经济学家从全球化对经济的影响入手，研究贸易开放和区域收入差距的关系。而有关贸易开放与区域收入差距关系的研究始于对国家间贸易所得分配效应的考察，它建立在国际贸易经典理论 Heckscher-Ohlin（H-O）模型之上。Vanek（1968）将 H-O 理论 2×2×2 模型拓展为多要素、多商品模型，并提出了拓展的要素价格均等理论（Heckscher-Ohlin-Vanek，HOV）。之后，Deardorff（1982）又完善了这个模型，指出贸易伙伴间劳动要素的报酬工资将会向平价发展。Stolper-Samuelson（1941）则使用一般均衡模型推导出关税的实施将有利于一国稀缺生产要素的贸易收入。真正意义上从一国内部对贸易所得区域分配效应进行考察的研究始于 Krugman（1991a）首创的新经济地理学，该理论提出运输费用的下降能够影响收入的区域分配。

但是，同样建立在两地区、两产业、重视贸易政策对制造业区位影响的假设上，利用新经济地理学方法，Paluzie（2001）却得出了关于贸易开放对区域收入差距影响的不同结论：随着制造业贸易的增加，区域收入差距会逐渐上升。比较 Krugman 和 Livas（1996）和 Paluzie（2001）的研究发现，他们的结论之所以不同，是因为 Paluzie（2001）特别关注了农业部门和农村市场。首先，她发现，农业中间投入相对于工业而言流动性更差。因此，在假设前提中她将农业人口与土地绑定；其次，Paluzie 还修改 Krugman 和 Livas（1996）对产业集聚离心力的解释，将高度城市化带来的高土地成本和地租替换为分散分布的农业人口对制成品需求的潜在市场；最后，她假设短期内劳动力是相对不可流动的。由此，Paluzie 发现当一个国家贸易开放时，城市中的制造业不再受制于国内农村市场规模的限制，进口和出口可以帮助厂商维持增长，在接近国外市场的地方制造业再次形成产业集聚，同时出现区域收入差距的加大。Nicholas（2006）认为，借用 Paluzie（2001）的理论假设，H-O 模型也可以得到类似的结论：假设农业与土地绑定，制造业相对更加具有流动性并且具有集聚特性，劳动力不能流动，地租保持不变，那么产业在一个国家或地区的分布就会变得很不均匀。同时假设 H-O 模型中制造业是比较优势产业，通过开放制造业工人变得相对稀缺，这样他们的工资水平就会变高，导致制造业工人将会通过制成品贸易改善自己的收入水平。Englmann 和 Walz（1995）建立了一个要素可自由流动的两地区的内生增长模型，验证了地理区位、技术水平、产业集聚和贸易开放之间有着显著的相互影响。Black 和 Henderson（1999）、Baldwin 和 Forslid（2000）、Kondo（2004）分别证明了上述联系。Gries 和 Naude（2008）构造了一个基于发展中国家的地区追赶模型，通过动态分析方法，得出发展中国家内部各地区的区域禀赋和发展不平衡会对制成品出口有显著的影响。

2. 贸易开放与区域发展差距关系的实证研究

贸易开放与区域发展差距关系的实证研究主要集中于考察美国、欧盟、墨西哥以及中国等发达经济体或新兴工业经济体。针对美国的实证研究得到学者较多的关注。劳动经济学家如 Borjas, Freeman 和 Katz(1992)发现,日益增加的从发展中国家进口至美国的制成品导致美国经济对非熟练劳动工人需求减少,从而导致这些工人实际工资水平的下降,来自不发达国家的移民和贸易因素可以解释 20% 左右的不断增长的美国熟练工人和非熟练工人之间的工资差距。Glassman(2002)的研究结果显示美国的对外贸易与其国内收入不平等之间存在高达 0.792 的相关系数,同时非标准化回归系数(b 值)为 0.279,表明如果贸易开放变量(进出口额/国内生产总值)每增加 10%,那么就会导致基尼系数增加 0.0279。对于在 0 到 1 之间变化的基尼系数而言,这个变化量已经相当大了。Esquivel 和 Messmancher (2003)认为墨西哥各州收入差距的 2/3 是由墨西哥的自然条件造成的,而贸易开放似乎可以解决地区间收入差距问题。Rodriguez-Pose 和 Sanchez-Reaza (2005)没有发现运输距离和区域收入差距之间存在任何关系,但是他们强调贸易开放和经济一体化并没有缩小区域收入差距,反而加剧了两极化。

关于中国的贸易开放与区域发展差距关系的研究,目前已成为国外学者关注的热点问题。Kanbur 和 Zhang(2003)的研究发现,中国省级人均收入基尼系数从 1990 年的 0.236 上升到 1999 年的 0.303,而有效关税率和以进出口额/GDP 计算的贸易开放度与中国区域间收入差距存在正相关关系。Fujita 和 Hu(2001)在他们的实证研究中也指出,中国近年来国际贸易和外国直接投资的飞速增长以及明显的城乡劳动力流动,可能是中国近年来产业集聚和区域收入差距产生的重要原因。Hu(2002)在他的研究中提出,中国省际劳动力流动是受到限制的,沿海省份产业集聚的劳动力供给来源于省内的城乡劳动力流动,而产业集聚又最终导致了沿海省份与内陆地区的收入差距。他还利用新经济地理学的观点分析中国内地的区位劣势在于国际贸易中高昂的运输费用,但是一般均衡模型的系数模拟结果却表明,下降的运输费用反而使内地与沿海省份的收入差距进一步拉大。Zhang (2003)建立了一个劳动生产率(GDP/劳动力数量)方程,并对以方差衡量的劳动生产率不平等指标进行了分解,得到了一系列影响因素,其中包括与开放相关的一些因素。不过也有学者指出,GDP/劳动力数量这一比率在中国并不一定与个人收入相关,在分析不平等指标时应该采用收入数据而不是 GDP 数据(Bourguignon 和 Morrisson,2002)。

当前关于贸易开放与区域发展差异关系的理论和实证研究并无定论(Kanbur 和 Venables,2005)。由于前提假设不同及集聚和发散力量的特殊本质,导致既有研究结论相互矛盾:有的研究认为贸易开放与区域增长空间收敛相联系,也有研究表明贸易开放与区域增长空间发散相联系(Krugman 和 Livas,1996)。同时,由于研究方法和数据方面的差异,致使贸易开放对区域增长差异的影响方向和力度也有很大不同(Briilhart,2011)。此外,现有贸易开放对区域增长的空间效应的研究主要集中于发达经济体,尤其是欧洲经济一体化的空间效应(Niebuhr,2006; Barrios 和 Strobl,2009),这些研究本身尚且存在争议,因而并不适用于发展中国家的环境。

(二) 国内研究现状

随着改革开放以来中国地区发展差异的不断扩大,关于中国区域发展差异的研究引起了学者极大的关注。郭腾云(2001)利用计量经济模型方法,首次从数量上探讨了中国对外开放政策对区域经济发展的作用效果,认为对外开放加快了区域经济增长速度,改变了中国经济发展布局。兰宜生(2002)用对外开放度指标分析了中国各地区经济增长与对外开放之间的相关关系,结果表明对外开放度与各地区经济增长有显著的正相关性,东西部在对外开放方面的差距是形成经济发展差距的重要原因之一。赵莹(2003)通过实证研究认为中国的对外开放在目前偏向于扩大收入差距。何璋和覃东海(2003)利用面板数据进行实证研究认为开放程度与收入分配之间并不存在线性关系,而是一种凹形关系。万广华、陆铭和陈钊(2005)建立了一个收入决定方程,其中包括贸易和外商直接投资两个变量,同时使用改进的 Shapley 分解方法量化全球化的贡献度。研究发现,全球化变量与中国区域收入差距变量之间有着稳定的相关关系,伴随着全球化的深入,中国的区域收入差距不断加大;但是其他一些因素,如区位、城市化等对中国区域收入差距的影响却在衰减。李斌和陈开军(2007)利用变异系数度量了中国在 1981—2003 年间的地区经济差距及进出口贸易差异的程度,并通过协整分析和格兰杰因果关系检验,考察了中国地区间外贸水平差异与经济差距之间的联系,研究结论认为地区间外贸水平差异是影响经济差距的重要原因,不过该文没有对贸易开放影响地区经济差距变动的机制进行深入分析。

包群(2008)探讨了中国贸易开放与经济增长关系的区域空间差异,认为区域贸易开放的经济增长效应存在较大空间差异,地区间要素禀赋、技术水平等方面的差异都将导致贸易开放增长效应的显著不同。这篇文章在理论上研究了贸易开放的区域增长效应的空间差异，然而在实证上并没有考虑区域数据的空间相关性，这可能会导致实证结论的偏差，而且地区间要素禀赋、技术水平的差异与贸易开放增长效应差异的互动机制也有待进一步考察。黄新飞和舒元(2010)运用动态面板数据UMM估计方法，对1992—2007年间中国省级面板数据进行实证检验，结果发现贸易开放度与省域经济增长的相关系数为正数，东部、中部和西部地区的贸易开放度与经济增长之间的相关系数存在差异，其中东部地区相关系数最高。该文主要注重分析贸易开放与经济增长的内生性问题，并未就贸易开放对省域经济增长的空间效应机制以及省域面板数据的空间相关性做深入探讨。

综合来看，目前国内外有关贸易开放与经济增长的研究大多着眼于跨国差异方面，关于贸易开放与一国内部区域发展差异的研究较少。国内已有的关于贸易开放和区域发展差异研究也大多是集中在贸易开放与区域经济增长的相关性研究上，而对两者影响机制的研究较少涉及。本书将从内生增长理论和新经济地理学融合的角度出发，在此基础上构建一个开放条件下引入空间效应和交互影响的区域发展不平衡综合框架。在对贸易开放度的科学度量基础上，利用空间面板数据模型和交互影响分析的技术优势，综合准确地考察贸易开放对区域发展各要素增长效应的影响和作用机制。利用实证结果，深入分析贸易开放和中国区域发展不平衡的关系，系统讨论贸易开放和影响区域发展的要素之间的相互关系，为中国在日益开放的经济环境中更好地协调区域发展、缩小区域发展差异提供相应的对策建议。

三、研究方法

(一) 理论分析与实证研究相结合的方法

笔者致力于将新经济地理学和新增长理论糅合在一个统一的框架下来分析贸易开放与区域发展差距问题。同时，由于该理论最近才开始成为研究的焦点，实证方面的研究做得不够，对发达国家和发展中国家考察的结果不一致，甚至发展中国家的实证研究结果也不一致。本书通过对中国省级数据的整理，利用中国省级区域总体层面和产业层面的面板数据，在空间面板和动态面板数据模型基础上做了较为细致和深入的实证研究，为贸易开放与区域经济增长关系提供了来自中国的证据。

(二) 历史考察与逻辑分析相结合的分析方法

本书在考察中国贸易开放与区域经济发展差异关系时，对中国改革开放以来的贸易开放和区域经济发展的历史进程进行了系统的历史回顾与总结，同时也对贸易开放和区域经济发展差异进行严谨的数量指标分析，以期从历史和逻辑的双重角度考察和映证两者之间的内在关系。

（三）静态与动态、时间与空间相结合的分析方法

本书不仅对中国整体和各省以及四大区域的经济数据进行静态的比较，而且还对新中国成立以来尤其是改革开放以来中国贸易开放空间差异、区域经济增长以及区域收入差距、三次产业的空间分布格局及演变等情况进行动态考察，以便研究贸易开放对我国区域发展差异的影响。

（四）宏观、中观与微观相结合的分析方法

本书对贸易开放和区域经济发展关系的考察既有来自整体宏观层面的分析，也有来自中观产业层面的分析，而在对贸易开放影响区域经发展机制分析时进一步深入到对经济行为人，包括政府、企业和个人行为的分析。

四、研究思路和主要内容

本书的研究技术路线图如下：

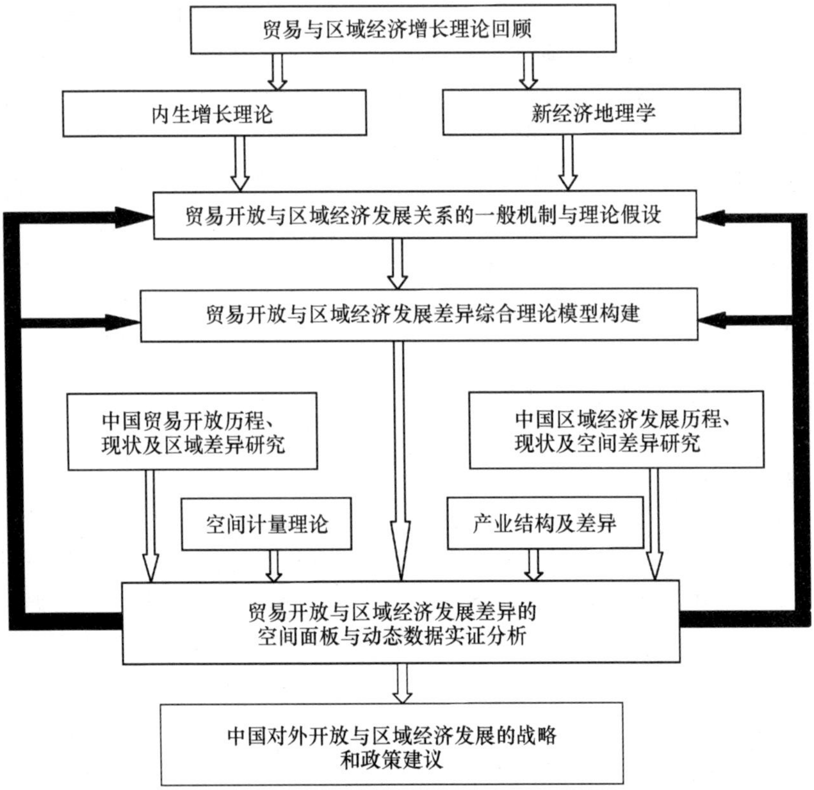

技术路线图

除绪论外，本书分为八章。

第一章对贸易开放与经济增长关系理论以及区域经济发展理论进行系统的述评。贸易与经济增长的关系包括古典贸易理论、新古典贸易理论、新贸易理论框架下的贸易与经济增长思想，和新增长理论、新经济地理学框架下的贸易与经济增长思想。其中新增长理论和新经济地理学框架下的贸易与经济增长思想正是本书研究贸易开放与区域经济增长差异关系的理论源泉。

第二章是关于中国的贸易开放及其影响研究。首先对中国的贸易开放进程和开放成果进行全面的回顾和总结，并对贸易与经济增长的关系进行初步探讨；接着对贸易开放度的测度指标进行了详细的比较分析，并利用选定的贸易开放度指标对中国的贸易开放度区域格局进行了分析和比较。

第三章是关于中国的区域经济发展差异研究。首先对有关中国的区域经济发展差距研究现状进行归纳和述评，然后对改革开放以来中国的区域经济发展战略部署和实施过程进行系统的回顾和梳理，在此基础上采用一系列量化指标对中国区域经济发展的差距现状和空间相关性进行实证分析，并对区域贸易开放差异和区域经济发展差距的关系进行初步探讨。

第四章对贸易开放与区域经济发展关系的一般机制进行了理论分析，并在追溯有关贸易与区域经济发展差异的文献的基础上，提出一个融合关于贸易开放与经济增长关系诸多假设的内生增长理论模型框架。在此模型中，包含了相关文献中三条最重要的假设。第一条假设是，贸易开放促成了经济活动从核心区域的扩散，这条假设来源于 Krugman 和 Livas (1996) 的"核心—边缘"模型；第二和第三条假设是，贸易开放导致基础设施和人力资本水平高的区域增长比那些水平低的区域要快。

第五章在前述理论模型框架基础上，基于变量的空间相关性检验在模型中融入空间滞后变量，构造用于检验贸易开放与中国区域经济发展空间差异关系的空间面板计量模型，并利用中国省级区域整体层面的面板数据，进行普通面板、空间滞后面板和空间误差面板实证检验和比较分析。

第六章将深入到产业层次对贸易开放与区域经济发展的关系进行分析。首先，对中国改革开放以来产业结构的转变、产业结构的地区差异和变化以及贸易开放对产业结构演进的影响进行分析；接着，利用类似第四章的内生增长综合模型，构建基于产业层面的空间面板数据回归方程，并在三次产业层面上进行实证检验；然后，基于检验结果，对其进行分析和评价。

第七章在制造业行业层次上探究贸易开放在中国地区制造业增长差异中所扮演的角色。首先,对中国制造业行业分布进行空间统计分析;然后,在新增长理论框架下,利用中国省级制造业数据,通过动态面板数据方法来考察制造行业增长的差异问题,重点考察贸易开放和市场化进程在中国地区制造业增长差异中所扮演的角色。

第八章在总结前文的理论与实证分析的基础上,给出中国对外开放和区域经济发展战略调整的政策建议。

五、创新及不足之处

本研究的主要创新及特色具体表现为:

1. 本研究将新经济地理学与开放条件下的内生增长理论相结合,构建一个引入空间因素的区域经济发展差异模型,利用该综合性的理论和实证框架,考察贸易开放下影响区域发展的各要素在区域发展中的作用受到影响的程度和方向。

2. 基于区域数据的特殊性,与通常采用的面板数据实证模型不同,本研究将空间因素融入面板数据模型中,利用最新发展的空间面板计量方法,对贸易开放与区域经济发展差异进行实证检验;通过进行交叉项分析,避免了以往多考查单个因素在区域经济发展不平衡的作用这一做法的片面性,分析比较贸易开放与区域发展各要素的相互影响和传递机制,以得到更加准确合理的分析结果,为制定更为有效的区域发展政策提供思路和方向。

3. 利用动态面板数据方法,对中国省级区域制造业发展差异进行分析,重点考察贸易开放和市场化进程对于地区制造业发展差异的影响,发现单纯加大对中西部地区投资并不能有效缩小地区产业发展差异,关键需要提高中西部地区的投资利用效率。

4. 系统的讨论了贸易开放和区域经济增长要素在区域经济发展不平衡中的作用,以及贸易开放与这些要素增长效应的相互影响和传递机制,为开放条件下如何缩小地区差异提供了更具操作性的政策建议。

当然,本书作为笔者对贸易开放和区域经济发展差异关系研究的初步尝试,还存在着很多的不足,比如对贸易开放度的测度仍然沿用单一指标——贸易依存度,没有在前人的研究上取得突破,需要进一步深入研究;计量实证中采用的基础设施代理变量在产业层次上显著性较差,人力资本存量的准确度量需要细化,这都是需要进一步改进的地方。

第一章　贸易开放与区域经济发展理论述评

贸易开放与区域经济发展差异的关系一直是经济学关注的主要问题之一。在开放经济条件下,区域经济发展既受到国内经济关系的影响,又受到国际经济关系的影响。区域经济发展主要受哪些因素的影响?贸易开放对区域经济发展的影响受到哪些条件的制约?贸易开放通过什么样的机制影响区域经济发展?本章我们通过系统的理论回顾,来梳理以往相关理论和研究给出的答案。

第一节　贸易开放与经济增长理论述评

一、古典经济学理论框架下的贸易与经济增长思想

自古典经济学开创以来,主流经济学家都非常注重国际贸易与经济增长相互关系的研究。亚当·斯密(Adam Smith)作为英国古典经济学的创立者,1776年在其代表作《国富论》中创立了绝对优势成本学说,并系统论述了国际贸易产生的原因,以及国际贸易与经济增长的互动关系。亚当·斯密认为,国际贸易对经济增长具有重要意义:其一,劳动分工能提高劳动生产率,一国内部劳动分工的深度受到一国内部市场大小的约束,对外贸易可以突破国内市场约束,扩大市场规模,从而使分工得到进一步发展。不同国家和地区间的专业化分工能够通过国际贸易促进各国劳动生产率的提高,从而有利于经济增长。其二,对外贸易可以使一国剩余产品实现其价值,从而鼓励人们去提高劳动生产率,努力增加其产量,使国民财富和收入都有所增长。他说:“经营国外贸易的任何地方之间,毫不例外地都可以从中得到两种不同的利益。那就是,输出他们所不需要的土地和劳动年产物的剩余部分,换回他们所需要的其他物品。通过剩余物品换回其他物品来满足他们一部分的需要并增加他们的享受,这种贸易使剩余产品有了

价值。”①其三,从事对外贸易的个别商人有时赚得的高额利润会使该国的一般利润率提高,这是因为其他生产单位的资本会转移到这项对外贸易中来,减少这些单位的商品供应,而在需求不变时,价格上涨,这些单位的资本家和外贸商人一样,可以得到更多利润。其四,对外贸易不仅能促进生产,还能增进消费者的利益,从而有利于国民经济的增长和发展。

大卫·李嘉图(David Ricardo)作为古典经济学的奠基者,超越亚当·斯密的绝对优势成本学说,在其1781年出版的代表作《政治经济学及赋税原理》中,基于劳动价值论提出了比较优势成本学说,即各个国家分别从事有利于改善商品交换条件的专业化生产,通过国际交换,以改进收入和福利。大卫·李嘉图认为:“在商业完全自由的制度下,各国都必须把它的资本和劳动用在最有利于本国的用途上。这种个体利益的追求很好地和整体的普遍幸福结合在一起。由于鼓励勤勉、奖励智巧、并最有效地利用自然所赋予的各种特殊力量,它使劳动得到最有效的和最经济的分配;同时,由于增加生产总额,它使人们都得到好处,并以利害关系和互相交往的共同纽带把文明世界各民族结合成一个统一的社会。”②其核心观点就是,按照“两利择其重、两害择其轻”的比较优势原则,各国从事不同的专业化生产,参与国际分工,通过进出口贸易,可以充分利用和有效配置本国资源,同时突破本国资源的限制,实现劳动生产率的提高,从而增加生产总量和消费总量,使比较优势不同的国家在交换中获利,促进各国经济增长。

约翰·穆勒(John Mill)作为古典经济学的集大成者,对贸易与经济发展的理论阐述最完整。他第一次明确提出,国际贸易具有两种利益,一种是直接利益,另一种是间接利益,而间接的作用是更高一级的利益。约翰·穆勒认为:“市场的每一次扩大都具有改进生产过程的倾向。为比国内市场大的市场进行生产的国家,可以采用更广泛的分工,可以更多地使用机械,而且更有可能对生产过程有所发明和改进。”③在产业发展的早期阶段,他指出:“开展对外贸易,可以使人们开始知道各种新的物品,或者是他们较易获得以前没有想到可以得到的各种物品,这种引诱有时会在由于人民缺乏干劲和抱负而其资源尚未开发的国家引起一种产业革命;引诱过去满足于少数舒适品和少量工作的人们,为了满足他们新的爱好而更加勤奋的工作,甚至为了将来能够更加充分地满足这些爱好而积蓄金钱和积累

① 亚当·斯密:《国民财富的性质和原因的研究》,商务印书馆,1972年,下卷,第19页。

② 大卫·李嘉图:《政治经济学及赋税原理》,商务印书馆,1962年,第113页。

③ 约翰·穆勒:《政治经济学原理及其在社会哲学上的若干应用》,商务印书馆,2009年,下卷,第124页。

资本。”①约翰·穆勒还认为，国际贸易在知识和道德上所起的作用，在重要性上超过其经济利益，国际贸易的高度扩展和迅速增加，是世界和平的主要保证，是人类思想、制度和品性不断进步的巨大而永久的保障。② 约翰·穆勒的这些观点深刻影响了后来的发展经济学家，启迪经济学家们从全新的角度来认识贸易利益问题，并展开关于贸易开放对经济发展的作用机制及其实现途径的深入探究。

古典经济学关于分工和专业化的很多思想被后来的很多经济学家如杨小凯和保罗·罗默（Paul Romer）所继承和发扬，在新经济增长理论中得到重生。李嘉图模型可以进行扩展，如 DFS 模型（Rudiger Dornbusch，Stanley Fischer 和 Paul Samuelson，1977），在李嘉图模型中引进了汇率、相对劳动投入、相对工资、运输成本等。在今天，古典主义的国际贸易模型也在很大程度上得到检验，比如，单位产出的劳动成本在比较不同国家不同产业的国际竞争力时得到广泛应用。

二、新古典经济学框架下的贸易与经济增长思想

20 世纪 30 年代经济大萧条之后，主流经济学的“凯恩斯革命”引发了对经济增长的重新思考。哈罗德（Harrod，1938）提出了主流经济学中第一个经济增长理论模型，其后多马（Domar，1946）独立提出与哈罗德模型相似的多马模型，哈罗德—多马模型奠定了现代经济增长理论的基础。20 世纪 50 年代，经济增长理论研究从哈罗德—多马模型转向新古典经济增长模型。

新古典经济增长理论的核心就是索洛—斯旺模型。索洛（Solow，1956）于 1956 年发表了《关于经济增长理论的一个贡献》，同年斯旺（Swan，1956）也独立提出了类似的增长模型，索洛—斯旺模型标志着新古典经济增长模型开始创建，成为其后半个世纪经济增长理论模型研究的出发基准。在哈罗德—多马模型的基础上，索洛—斯旺模型引入了资本和劳动完全替代的新古典生产函数，并将哈罗德—多马模型的三个外生变量：资本—产出比、资本—劳动比、劳动生产率内生化。以索洛—斯旺模型为基础，新古典经济学家证明了经济增长的长期收敛。如果不同的国家和地区有着同样的生产函数、储蓄率、人口增长率以及折旧率，那么由于落后的

① 约翰·穆勒：《政治经济学原理及其在社会哲学上的若干应用》，商务印书馆，2009 年，下卷，第 124 页。

② 约翰·穆勒：《政治经济学原理及其在社会哲学上的若干应用》，商务印书馆，2009 年，下卷，第 125 页。

国家和地区具有更高的人均资本增长率和人均产出增长率，所有经济体会收敛于相同的稳定状态。新古典经济学认为，经济体向稳态收敛的根本原因就是资本的边际收益递减。

从经济增长收敛的角度，新古典经济学家对贸易开放与经济增长差异的关系进行了探讨和论述，认为贸易开放能在世界范围内优化资源配置，推动区域经济增长，从而减少区域间经济差距，促进经济增长收敛。贸易开放缩小区域经济差异、促进经济增长收敛的主要途径包括国际间的技术模仿赶超与技术扩散。阿布拉莫维茨（Abramovitz，1986）基于"后发优势"提出了技术赶超模型，认为落后意味着快速增长的潜力。落后国家或地区之所以落后，关键在于技术上的落后。通过贸易开放，落后国家或地区可以学习和模仿先进技术，技术水平差距越大，落后国家或地区经济增长的潜力就越大，经济增长的速度就越快，最终落后国家或地区通过技术的追赶实现向发达国家或地区的增长收敛。巴罗和马丁（Barro 和 Martin，1997）结合新古典增长趋同思想和内生增长理论，提出了技术扩散模型，并认为贸易开放是促进技术扩散的主要因素之一，也决定了经济增长收敛及其速度。与索洛—斯旺模型不同，经济增长收敛的根本原因是技术模仿的边际成本递增。

俄林（Olin，1933）将区际贸易引入新古典经济学，发展出要素禀赋理论，使其成为一般均衡理论的重要组成部分。俄林从贸易开放角度研究了要素价格、要素流动与商品价格的关系，发现国际贸易与要素流动会导致区域间要素价格和商品价格均等化。俄林认为："贸易的首要条件是某些商品在某一地区生产比在别一地区便宜，在每一个地区，出口品中包含着该地区比其他地区拥有的较便宜的相对大量的生产要素，而进口别的地区能较便宜地生产的商品。简言之，进口那些含有较大比例要素昂贵的商品，而出口那些含有较大比例生产要素便宜的商品。"①通过贸易开放，可以使各国能更有效地利用本国丰裕要素，实现合理的国际分工，减少区域间要素分布不均匀的影响，同时使贸易各国的福利均得到提高。此外，贸易开放可以使贸易国以较低的价格得到在本国稀缺而昂贵的生产要素，如原料、其他产品以及技术知识等，超越生产可能性边界获得更多产品，从而对国内经济增长具有促进作用。

新古典经济学打破了静态局部均衡的分析方法，以开放经济和生产要素自由流动为分析框架，建立了长期增长理论，但仍然将问题限定在规模

① 俄林：《地区间贸易与国际贸易》，王继祖等译，商务印书馆，1986年，第23页。

报酬不变和完全竞争假设下，并且忽略地理空间因素。正如马丁（Martin，1999）所说，“经济学家似乎从来不愿意承认自己与地理学之间存在重要的持久的关系。”①因此，新古典经济学框架下的研究大多只是着眼于贸易开放与国家间经济增长差异的研究，并且理论与实证分歧严重。

三、新增长理论框架下的贸易与经济增长思想

20世纪80年代中期，以保罗·罗默（Paul Romer）和罗伯特·卢卡斯（Robert Lucas）为代表的经济学家提出生产率变动内生化的思想，认为规模经济产生的技术外部性会使要素边际收益递增，引起经济活动在地域空间上的集聚和扩散，使得规模经济作为内生变量进入经济增长模型之中，从而形成了新增长理论。

在新增长理论中，生产率变动内生化有两种方法，一种是将技术进步内生化，另一种是以人力资本数量的变化来说明物质资本和劳动要素的生产率变化。技术进步内生化模型又可分为侧重资本投资外部性引致技术进步的模型和侧重研究与开发引致技术进步的模型。罗默（Romer，1986）提出的技术进步内生化模型将技术进步和生产率提高看作是物质资本和技术投资的副产品，知识作为生产过程的副产品其产量的多少取决于生产过程，因而知识的生产就内生于生产过程。罗默（Romer，1990）强调技术知识的积累是经济增长的发动机，收益递增由内生的知识积累引起，一国经济的增长率与研发部门中投入的智力资本成正比。由于知识的外溢效应及其产生的递增生产力，使得资本和劳动具有递增收益，资本和劳动投入成为资本存量的递增函数，从而使得发达国家和发展中国家经济增长和人均收入存在巨大差异。基于此，与新古典增长理论不同，罗默认为贸易开放会引发国际间资本倒流，导致发达国家与发展中国家间经济增长的差距扩大。

卢卡斯（Lucas，1988）提出了一个以人力资本外在性为核心的内生增长模型，认为人力资本同时具有外部效应和内部效应。人力资本的内部效应能提高劳动者自身的生产率，其外部效应则会对所有生产要素的生产率都有贡献，进而让生产具有递增收益，从而使得人力资本成为经济增长的发动机。卢卡斯将索洛的技术进步与舒尔茨的人力资本概念相结合，并将其具体化为每个人的、专业化的人力资本，来考察人力资本对生产的内部

---

① Martin，R.，“The New Geographical Turn in Economics: Some Critical Reflections”，*Journal of Economics*，1999，23，pp. 65—91.

效应和人力资本积累问题。同时,卢卡斯将阿罗的学习与技术进步概念结合,强调外部效应对人力资本积累的作用,认为人力资本形成的是其内部效应,干中学产生的是其外部效应。关于贸易开放对经济增长差异的影响,卢卡斯赞同罗默的观点,认为贸易开放往往会强化初始的比较优势与生产模式,从而产生锁定效应。卢卡斯在两商品模型中引入贸易开放,进而发现在贸易开放中,人力资本丰裕的国家通过专业化生产具有比较优势的高技术含量商品,并不断积累经验,从而在高技术含量商品生产上的优势和地位不断得到加强,持续获得高的经济增长率;相反,人力资本不足的国家只能被锁定在低技术含量商品生产上,经济增长率也低,从而不同国家间的经济增长差异由于贸易开放进一步加剧。

面对新古典增长理论与新增长理论关于贸易开放观点的分歧,更多经济学家进行了论辩,并提出了一些新观点。杨(Young,1991)认为技术外溢效应主要在一国内部产生,落后国家的技术进步速度永远赶不上先进国家,贸易开放并不能缩小国家间的经济增长差异。艾彻(Eicher,1999)的内生增长模型则认为,人力资本积累和技术进步是内生的,贸易开放使得教育成本和人力资本投资成本下降,使得教育和研发不断增长,引发国家间技术差距的缩小,从而导致国家间经济增长差距的缩小。兰赞(Ranjan,2003)的两国动态模型认为,贸易开放将增加穷国的物质资本和人力资本积累,使得穷国经济增长加快,有利于缩小国家间长期的经济增长差距。中岛(Nakajima,2003)的三国贸易模型则提出,贸易开放对经济增长差异的作用有两方面,一方面是贸易开放让落后国家更容易模仿和吸收发达国家的先进技术,另一方面是贸易开放使得落后国家处于不利的国际分工地位会扩大经济增长差异。

新增长理论仍在继续发展中,新的理论模型在不断产生,对贸易开放的影响也越来越重视。一方面,新增长理论强调各国经济增长和人均收入的差异来源于各国研发投入、知识积累、技术进步和人力资本水平方面的差异,另一方面,新增长理论认为贸易开放可以促进技术、知识与人力资本加速积累,推动贸易开放国家经济持续增长和经济发展。这一贸易开放与经济增长的理论关系与作用机制,对发展中国家或欠发达地区来说具有重要理论指导意义。

第二节　区域经济非均衡发展理论述评

区域经济发展理论的萌芽出现于18世纪末,在20世纪30—40年代大背景下酝酿发展,形成于20世纪50—70年代。通常认为,区域经济的理论渊源可追溯到约翰·杜能(Johann Thunen)的区位理论,杜能最早观察到运输费用对农业区位的影响。阿尔特·韦伯(Alter Weber)继承了杜能的思想,他是第一个系统研究工业区位理论的经济学家。韦伯之后,瓦尔特·克里斯塔勒(Walter Christaller)首倡以城市聚落为中心研究市场的空间网络结构,提出了著名的中心地和补充区等级六边形模型。A. 廖什(A. Locsh)从需求出发,以利润最大化为中心,对克里斯塔勒的理论进一步补充,阐述了符合新古典经济学均衡观点的市场区位模型。

20世纪50年代以来,由于区域均衡增长理论无法有效解释现实中的区域发展差异,出于对区域均衡增长理论的质疑,区域非均衡增长理论兴起。基于现有资源的稀缺性,区域非均衡增长理论指出区域均衡增长的不可行性,强调应有序着重发展重点地区和重点产业,从而带动整个区域经济的发展。

一、区域经济发展的极化理论

区域经济发展的极化理论是在同新古典经济理论的争论过程中形成的。[①] 与新古典的均衡趋势和趋同倾向观点相反,极化理论提出了经济发展的非均衡和趋异倾向的观点。

(一)增长极理论

增长极理论是区域非均衡发展理论体系中最具有代表性和广泛影响的流派。20世纪50年代,法国区域经济学家弗朗索瓦·佩鲁(Francois Perroux)在《经济空间:理论与应用》(1950)和《略论增长极概念》(1955)等论著中,针对新古典经济增长理论的均衡增长观点,最早提出了以增长极为标志、以不平等动力学为基础的不平衡增长理论。佩鲁认为:"增长并非同时出现在所有的地方,它以不同的强度首先出现于一些点或增长极上,然后通过不同的渠道向外扩散,并对整个经济产生不同的终极影响。"[②]

需要注意的是,佩鲁的增长极概念是一个纯经济概念,与地理空间无关,其出发点是抽象的经济空间而非普通的地理空间。佩鲁将经济空间划分为三种主要类型:第一种是作为计划或政策运用的经济空间,第二种是统计上匀质整体的经济空间,第三种是受力场或增长中心的经济空间。其

① 陈秀山、张可云:《区域经济理论》,商务印书馆,2003年,第195页。

② 〔法〕佩鲁:"略论增长极概念",《应用经济学》,1955年,第8页。

中，作为受力场或增长中心的经济空间与增长极概念关系最为密切，是增长极的出发点，“由若干中心（或极、焦点）所组成。各种离心力或向心力分别指向或发自这些中心。每一个中心的吸引力和排斥力都拥有一定的场，并与其他中心的场相互交汇”①。从作为受力场或增长中心的经济空间入手，佩鲁论述了增长极理论的核心思想：在经济增长中，由于某些主导部门或有创新能力的企业在一些区域聚集，从而导致资本与技术的高度集中，产生规模经济效应，自身增长速度加快，形成对周围区域产生辐射推动作用的增长极，通过增长极地区的领先增长，带动周围区域的共同发展。在一定程度上，佩鲁继承了熊彼特的创新理论，并用该理论来说明增长极形成的条件。② 佩鲁认为，增长极的形成至少需要三个条件：一是必须存在有创新能力的企业和企业家人才，二是需要良好的投资环境和生产环境，三是必须具备一定的规模经济效应。另外，产业间相互关联和相互依存理论在佩鲁的增长极理论中也起着重要作用，它与熊彼特的创新思想一起，构成了佩鲁增长极理论的两大基石。③

法国经济学家雅克·布德维尔（Jacque Boudeville）在《区域经济规划问题》（1957）和《国土整治和发展极》（1972）等论著中，重新探讨了空间的含义，拓展了佩鲁的理论，将其从抽象的经济空间转换为具体的地理空间，强调增长极的空间特征。布德维尔认为，经济空间不仅包括了与一定地理范围相联系的经济变量之间的经济关系，而且还包括经济现象的地域结构关系。经济活动的空间分布，尤其是增长极的空间结构，决定了发展阶段上的经济空间模式。④ 由于外部经济和集聚效应，造成作为增长极的工业在空间上的集中分布，并与现存的城市结合在一起。⑤ 在此基础上，布德维尔提出了“区域增长极”的概念，指出增长极是在城市区配置不断扩大的工业综合体，增长极将作为以拥有推进型产业复合体的城市出现，并在其影响范围内引导经济活动的发展。⑥ 这样，增长极就和现有的城市体系紧密结合，抽象的经济空间转变为可操作的区域模式。

---

① Perroux, F., "Economic Space: Theory and Application", *Quarterly Journal of Economics*, 1950, 64, pp. 89—104.

② 谭崇台：《发展经济学》，山西经济出版社，2001 年，第 350 页。

③ Hermansen, T., "Development Poles and Related Theories: A Synoptic Review", in N. M. Hansen, ed., *Growth Centers in Regional Economic Development*. New York: The Free Press, 1972.

④ 陈秀山、张可云：《区域经济理论》，商务印书馆，2003 年，第 206 页。

⑤ Boudeville, J. R.. *Problems of Regional Development*. Edinburgh: Edinburgh University Press, 1996.

⑥ 姚士谋等：《区域与城市发展论》，中国科学技术大学出版社，2004 年，第 51 页。

（二）累积循环因果关系理论

增长极理论认识到经济发展在地理空间上表现出来的差异，但其增长极概念模糊，过分强调增长极的正面效应，而忽视了增长极对其他地区发展带来的不利影响。[①] 对此，诺贝尔经济学奖得主、瑞典经济学家 G. 缪尔达尔（G. Myrdal）在《进退维谷的美国：黑人问题和现代民主》（1944）中提出"循环累积因果关系" 理论，在《经济理论与不发达地区》（1957）和《亚洲戏剧：各国贫穷问题考察》（1968）中使用回流效应和扩散效应来说明发达地区对欠发达地区的双重作用和影响。他认为，一个地区的发展速度一旦超过了平均发展速度，与那些发展缓慢的地区相比，它就可以获得累积的竞争优势，从而进一步遏制困难地区的发展，使不发达地区不利于发展的因素越积累越多。[②]

缪尔达尔不赞同新古典主义的静态均衡分析方法，认为只有采用动态的非均衡分析和结构主义分析方法来研究发展中国家的地区发展问题。[③] 在缪尔达尔看来，社会经济发展过程是一个动态的、各种因素相互作用、互为因果、循环累积的非均衡发展过程。这一过程会使得发展快的区域发展更快，发展慢的区域发展则更慢，区域经济发展差异不断扩大，从而导致地理上的二元经济结构的形成。这种循环累积因果将会发生在劳动力流动、资本流动以及区际贸易上，使得资本、劳动、技术、资源等生产要素由欠发达地区向发达地区流动，产生极化效应。缪尔达尔用回流效应（backwash effect）来概括这一负面或不利影响。他认为，非经济的因素在不平衡积累过程中起到重要作用。在许多贫困的国家中，内在的封建性和其他不平等制度，以及通过剥夺穷人谋求致富的强权结构，会使导向不平等状态的自然过程不断持续和扩大。[④] 作为回流效应的对立物，扩展效应（spread effect）起到发达地区对欠发达地区经济增长的促进或有利影响，其中包括市场、技术、信息等先进生产要素的扩散。这些生产要素通过与回流效应相同的循环累积因果的方式，抵消回流效应对欠发达地区产生的负面作用。随着与发达地区的距离越来越远，扩散效应也逐渐减弱。

区域经济发展的进程是趋向均衡还是极化，就在于回流效应占优还是扩散效应占优。缪尔达尔认为，两种效应的相对比重取决于交通、通信等

---

① 施祖麟：《区域经济发展：理论与实证》，社会科学文献出版社，2007 年，第 131 页。

② 白永秀、任保平："区域经济理论的演化及其发展趋势"，《经济评论》，2007 年第 1 期，第 124—130 页。

③ 谭崇台：《发展经济学》，山西经济出版社，2001 年，第 352 页。

④ Myrdal, G., *Economic Theory and Underdeveloped Regions*. London: Duckworth, 1957, p. 40.

基础设施水平、文化教育水平、企业发展潜力等因素，这些因素同发展水平联系在一起。对于那些穷国和落后地区而言，市场机制的作用是倾向于增加而不是缩小区域间的差异。①

（三）不均衡增长理论

针对增长极理论上的缺陷，美国经济学家艾伯特·赫希曼（Albert Hirschman）在其代表作《经济发展战略》（1958）中提出了与缪尔达尔类似的观点。赫希曼用极化效应（polarized effect）和涓滴效应（trickling-down effect）来概括区域间相对立的相互作用关系。② 极化效应是指，由于增长极的主导产业发展，产生吸引力和向心力，使周围地区的劳动力、资本、技术等生产要素转移到增长及地区，使得核心地区与周围地区的经济发展差距扩大。涓滴效应是指，由于增长及地区的快速发展，通过产品、技术、资本、人才的流动，对其他地区产生促进带动作用，提高其他地区的就业机会、消费水平和劳动生产率，引发周围地区的技术进步，从而促进周围地区的发展。③ 尽管两种效应会同时起作用，但在市场机制自发作用下，极化效应占支配地位，极化发展是一种自然的过程，尤其是在发展的早期阶段。然而从长期来看，发达地区会产生聚集不经济，从而驱使产业向周围地区扩散。政府将采取措施来干预不平衡增长过程，从而使得涓滴效应将超过极化效应。

赫希曼进而提出了“不平衡增长理论”，利用联系效应来解释不平衡增长，以反驳罗森斯坦-罗丹（Rosenstein-Rodan）的大推进平衡发展理论。联系效应分为前向联系和后向联系。赫希曼认为，凡是有联系效应的产业，不论是前向联系还是后向联系，都能通过该产业的扩展而产生引致投资，从而促进前向和后向部门的发展，同时也推动本产业的发展，实现经济增长。赫希曼主张，紧靠市场机制的作用不够，需要政府的必要干预。一般情况下，发展中国家资源有限，必须将一部分产业置于优先发展的地位，以这部分产业为基础扩大对其他产业的投资，从而带动其他产业的发展。根据联系效应，政府应选择联系效应比较大的产业优先发展。然而，当经济发展达到较高水平时，国民经济各部门和地区之间需要协调，政府必须对市场体系进行有效干预，使其保持相对的均衡。不平衡增长理论阐释了经济发展初期实行非均衡增长的必要性和意义，对于一国从总体上确定产

① Myrdal, G., *Economic Theory and Underdeveloped Regions*. London: Duckworth, 1957, p. 44.

② Hirschman, A., *The Strategy of Economic Development*. New Haven: Yale University Press, 1958.

③ 施祖麟：《区域经济发展：理论与实证》，社会科学文献出版社，2007 年，第 123 页。

业部门优先发展次序提供了一种理论依据和有效政策工具,为发展中国家设计了一条不同于均衡发展的路线。

(四) 中心—外围理论

美国城市与区域规划学家约翰·弗里德曼(John Friedman)在《区域发展政策》(1966)中提出了"中心—外围理论"的基本思想,并在《极化发展的一般理论》(1972)中对其做了进一步的发展。弗里德曼认为,区域发展是通过一个不连续的、逐步积累的创新过程来实现的,而发展通常起源于区域内少数的"变革中心",创新由这些中心向周围地区扩散,周围地区依附于中心而获得发展,发展本身包含着极化过程。这些根本的革新只在相对数量较小的城市地区形成,这些区域就是中心区域,剩下的所有地区都是依附性的外围区域,它们依赖中心区域,其发展取决于中心区域的制度。①

不同以往的理论,弗里德曼认为仅仅从经济的角度阐述区域间发展的不平衡还不够,需要进一步将社会、政治因素引入模型作出更全面的解释。按照弗里德曼的观点,中心区域之所以能对外围区域施加影响,除了创新活动活跃之外,还具有使外围区域服从和依附的权威和权力,这种权力可以归结为优势效应、信息效应、心理效应、现代化效应、联动效应和生产效应六种自身强化的反馈效应。② 然而,中心对外围的优势并非长期保持不变。政治与经济权力不平衡,区域间文化信息不对称,投资和资源配置不均匀,这些都会使中心和外围之间在文化、心理、政治等方面的矛盾尖锐化。此时,只有加速中心区域的扩展效应,并削减外围区域对中心区域的依赖才能得以缓和。最终,随着市场的扩展、交通和通信设施的改善以及城市规模的拓展,中心区出现外部不经济现象,逐渐转向外围区域发展,从而中心区与外围区将变得模糊,区域之间的差异将缩小。

弗里德曼的中心—外围理论通过强调社会过程,把极化理论观点发展成为社会转变理论,超越了经济关系,将区域发展视作是一个社会和政治发展的过程。

(五) 倒 U 形曲线模型

上述非均衡的极化理论都是运用演绎或者归纳方法,通过抽象的思考得出结论,并没有得到经验上的支持。直到倒 U 形曲线的出现,才提供了

---

① Friedman, J., "A General Theory of Polarized Development", in N. M. Hansen, ed., *Growth Centers in Regional Economic Development*. New York: The Free Press, 1972.

② 陈秀山、张可云:《区域经济理论》,商务印书馆,2003 年,第 210 页。

这方面的经验研究实证材料。①

倒U形曲线假说由西蒙·库兹涅茨(Simon Kuznets)在1955年研究收入分配差别时首次提出,即在经济发展过程中,收入分配差别的长期变动轨迹是先恶化、后改进,类似于一个倒写的U字。② 美国经济学家J.威廉姆逊(J. Williamson)在《区域不平等与国家发展过程》(1965)中,把库兹涅茨的收入分配倒U形曲线应用到分析经济增长与区域平衡的关系,提出了区域经济差异的倒U形曲线理论。威廉姆逊根据20世纪50年代24个国家有关区域差异的实证研究结果指出,在国家经济发展的初期阶段,区域间的差异会扩大,倾向于不平衡增长,之后随着经济发展,区域间的不平衡程度将趋向稳定,当达到成熟阶段,区域间的增长差异将逐渐缩小,倾向均衡增长。③

威廉姆逊的研究结果揭示了经济增长与区域发展不平衡之间的相互关系,调和了区域均衡发展与非均衡发展的对立观点,说明了回流效应和扩散效应的强弱关系,以及极化效应和涓滴效应的影响力大小,并提示要根据国家和地区发展阶段的不同提供相匹配的区域发展策略。

二、梯度转移理论

20世纪70年代,在弗农(Vornon,1966)等人的产品生命周期论基础上,区域经济学家克鲁默(Krumme)、海特(Hayor)等人探讨工业产品生产的过程以及相关的地区扩散特征,将工业生产生命周期理论应用于区域经济学,创立了区域发展梯度转移理论。20世纪80年代,梯度转移理论引入中国之后,引发了中国学术界关于梯度转移理论的激烈争论,对中国区域经济发展战略的制定也产生了很大的影响。

1. 梯度转移理论的主要内容

梯度转移理论认为,客观上存在经济与技术发展的区域梯度差异,并且存在产业与技术由高梯度地区向低梯度地区扩散与转移的趋势。区域经济发展水平及其盛衰主要取决于产业结构的优劣,而产业结构的优劣又取决于该地区主导专业化部门在产品生命周期循环中所处的发展阶段。一个地区究竟属于哪个梯度层次,主要由该地区的创新能力的强弱决定。

---

① 陈秀山、张可云:《区域经济理论》,商务印书馆,2003年,第211页。

② Kuznets, S., "Economic Growth and Income Inequality", *American Economic Review*, 1955, 45(1), pp.1—28.

③ Williamson, J. G., "Regional Inequality and the Process of National Development: A Description of the Patterns", *Economic Development and Cultural Change*, 1965, 13, pp.3—45.

如果一个地区的主导专业化产业处于创新阶段或发展阶段，则被列为高梯度地区；如果一个地区的主导专业化产业多处于成熟阶段后期或衰退阶段，则该地区被列为低梯度地区。高梯度地区具备的有利条件较多，创新活动大多起源于该地区，而且会随产品生命循环阶段的变化，逐步由高梯度地区向低梯度地区转移。①

区域梯度转移的方式有局部扩散和大范围扩散两种形式。局部扩散中，创新活动由处于高梯度地区的发源地向经济联系紧密的邻近地区转移，决定转移去向的关键是距离远近；大范围扩散中，创新活动由高梯度发源地向广泛区域扩散，此时决定转移去向的是接受创新能力的强弱。之所以产生这种有序的梯度转移，是由于创新阶段的工业部门大都在少数实力强的大城市，随着产业的发展，作为高梯度发达地区有产业调整的需要，低梯度的落后地区逐渐具备生产和市场条件，接受产业转移对其本身发展也利多弊少。

区域梯度转移的快慢与程度受到极化效应、扩散效应和回流效应三种力量的影响。极化效应会使生产向优势突出的高梯度地区集聚，导致梯度差扩大；扩散效应会促进低梯度地区的发展，减少梯度差；而回流效应则会遏制低梯度地区的发展，从而扩大梯度差。②

2. 关于梯度转移理论的争论

梯度转移理论肯定了区域经济发展中因差异的存在而形成不同梯度的客观状况，揭示了梯度转移的必然性及其形式。然而，有些学者认为梯度转移理论存在明显的缺陷，在理论与中国实践对接中也暴露出不少问题，诸如梯度确定指标的单一简单化，梯度转移只限于宏观层面而忽视了中微观层面，三大地带的划分过于粗略以及梯度转移方向的机械化等缺点。针对上述问题，反梯度转移理论认为，转移并不一定按梯度的三个等级顺次进行，当一种新技术、新产品进入市场的初期，即使是低梯度地区也会与高梯度地区处于同一条起跑线上。反梯度转移理论主张，资源丰富的落后地区可以依靠其资源优势，从国际上引进资金和技术，实现跨越式发展，不必依赖国内高梯度地区转移产业和技术。落后地区的不足部分，可以通过政府的政策扶持和优惠措施予以弥补，推动新产业的兴起，并由此帮助低梯度地区转变为高梯度地区。因此，高、低梯度不是永恒不变的。③

---

① 李国平，许扬："梯度理论的发展及其意义"，《经济学家》，2002 年第 4 期，第 69—75 页。

② 陈秀山、张可云：《区域经济理论》，商务印书馆，2003 年，第 334 页。

③ 孙翠兰："梯度理论及其在我国中部崛起战略实践中的综合应用"，《晋阳学刊》，2006 年第 3 期，第 54—57 页。

另外,由于历史、现实和潜在的诸多原因,产生区域竞争力和区域环境的区位差异以及区位引力场现象,导致区域梯度转移不能循序进行,从而会出现梯度转移粘性。① 造成区域梯度转移粘性的因素主要有生产要素的区位引力场、沉没成本、产业群的生产协作网络、基础设施、市场化程度与容量、技术消化能力以及信息传导与思想意识等。

三、区域产业结构理论

区域经济总体发展水平与区域产业结构密切相关并相互影响,区域产业结构在一定程度上决定了区域经济增长的速度,区域产业结构的调整也会对其他区域产生影响。早在17世纪,英国经济学家威廉·配第(William Petty)就注意到了产业结构演变的规律,随后A.费希尔(Fisher)、科林·克拉克(Colin Clark)、库兹涅茨、霍利斯·钱纳里(Hollis Chenery)对区域产业结构的演变规律和影响因素做了进一步的阐述。

1. 区域产业结构演变的规律

产业结构转化是区域经济发展的重要条件和内容,有着一般的共性。受配第的启发,根据费希尔提出的三次产业划分,英国经济学家克拉克在《经济进步的条件》论著中,通过对四十多个国家不同时期三次产业的实证研究与比较,发现随着经济的发展,第一产业的就业比重不断降低,第二、第三产业的就业比重将会增加,劳动力从第一产业向第二、第三产业转移,称为配第—克拉克定理。②

库兹涅茨在克拉克研究的基础上,从国民收入的角度论证了产业结构演变的规律。他发现,在工业化初始阶段,第一产业比重较高,第二产业比重较低;随着工业化进程的推进,第一产业比重持续下降,第二和第三产业比重相应提高,且第二产业比重高于第一、第三产业,工业化进入中期阶段;随后第二产业比重上升至最高,比重保持相对稳定或有所下降,工业化进入后期阶段。整个工业化过程中,工业在国民经济的比重经历一个倒U形变化。③

钱纳里通过对34个准工业国经济发展的研究发现,经济发展一般会规律性地经过三个时期六个阶段,从任何一个发展阶段向更高一级的阶段

① 魏敏、李国平等:"基于区域经济差异的梯度推移粘性研究",《经济地理》,2005年,第1期。

② Clark, C., *The Conditions of Economic Progress*. London:Macmillan, 1951.

③ 〔美〕西蒙·库兹涅茨:《各国额经济增长:总产值和生产结构》,常勋等译,商务印书馆,1999年。

跃进都是通过产业结构的转化来推动。从第一阶段传统社会的农业为主，通过工业化结构转变逐步向工业化社会转型，直至第六阶段的现代化社会，第三产业开始分化，智能密集型和知识密集型产业从服务业分离出来并占主导地位。①

2. 区域产业结构演变的影响因素

导致区域产业结构变化的原因很复杂，主要包括技术创新、需求结构、区域贸易、区域政策等。从长期来看，区域产业结构演变是由技术创新与传播决定的。技术创新、技术扩散与传播会导致区域产业结构一系列的变化。需求结构的变化是区域产业结构变化的直接原因。需求结构有多种，除个人消费需求结构外，中间需求与最终需求的比例、消费需求和投资需求的比例以及投资需求结构的变动都会推动产业结构的变化。区域贸易结构是导致区域产业结构变化的重要原因，资本、技术、人员与商品的区际流动无论对输入区域还是输出区域的产业结构都会产生重大影响。而区域产业政策则会直接影响区域产业结构。区域政策通过鼓励或抑制某一产业在特定区域的发展，或者通过间接诱导生产要素流向特定区域的特定产业，可以起到改组区域产业结构的效应。

区域产业结构的优劣是一个地区经济发展的重要标志，区域产业结构的优化程度差异直接引致区域经济发展程度的差异。合理高效的区域产业结构是区域经济发展的必备条件。区域产业结构理论为不断优化区域产业结构，从而获得持续的区域经济发展动力提供了理论基础。

第三节　新经济地理学理论述评

自 1990 年以来，以克鲁格曼(Krugman)为代表的新经济地理学，放弃完全竞争市场结构和生产函数规模收益不变假设，采用迪克西特与斯蒂格利茨的垄断竞争模型，把空间因素纳入主流经济学的理论体系，从而使得人们对贸易开放与区域经济发展理论的研究进入了一个新的阶段。

一、新经济地理学的基本理论框架："核心—边缘"模型

(一) 模型的基本逻辑

新经济地理学中的"核心—边缘"模型(CP 模型)最初由克鲁格曼(Krugman，1991b)提出，此后经过不同学者的完善，目前是新经济地理学

① 〔美〕钱纳里：《结构变化与发展政策》，朱东海、黄钟译，经济科学出版社，1991 年。

最为成熟完善、最有代表性的模型。该模型的基本框架是一国国内的两地区、两部门模型，同其他经济模型一样是建立在诸多假设之上，其主要的假设包括以下几个方面①：

（1）经济中存在两个部门，分别为处于垄断竞争下的工业部门和处于完全竞争状态的农业部门，各部门分别使用工人和农民这一劳动力生产要素进行生产。工人可以在两地区之间自由流动，而农民则不能在两地区之间流动。

（2）两个地区的消费者效用函数、企业的生产函数均是一致的，初始的要素禀赋在两地之间均匀分布。

（3）工业部门在 D-S 框架下进行生产，存在规模经济效应，其成本函数由固定成本和可变成本两部分组成，可变成本随着产量的变动而变动。不同企业所生产的产品存在异质性（heterogeneity），能够给消费者带来不同的效用。

（4）农业部门在完全竞争和规模收益不变的情况下进行生产，各地区的农业部门所生产的产品是同质的（homogeneity），农产品实行边际成本定价。

（5）工业品和农产品在本地市场消费无运输成本，且均能在两地区之间流动。农产品在不同地区之间流动不存在贸易成本，但工业品的流动存在“冰山成本”形式的运输成本。

（6）农业劳动力在不同地区间的分布是外生给定的，而工人在不同地区的分布却是不断变化的，他们在不同地区之间的流动由不同地区间的工资率差异所决定。

在上述假设基础之上，通过对消费者行为和生产者行为的设定求解出短期均衡条件，即实现商品市场和劳动力市场的同时出清。在短期内，可流动要素即制造业工人在国内两地区的空间分布是给定的。而当制造业工人和企业在不同地区之间进行流动时，就需要对长期均衡状态进行考察，在这个过程中随着工人的流动，企业会在不同地区实现产业的集聚和扩散。

在上述过程中有三种效应发挥着重要的作用。第一种效应为本地市场效应（Home Market Effect）。这种效应是指遵循规模收益递增的产品，其在有着更大需求（市场）的区域会有着更大的产出，换句话说生产规模收

---

① 藤田昌久、克鲁格曼、维纳布尔斯：《空间经济学—城市、区域与国际贸易》，梁琦译，中国人民大学出版社，2005 年。

益递增产品的企业会在市场容量较大的地区生产并在该地区销售,因为该地区的市场需求更加旺盛,同时这些企业也会在市场容量相对较小的地区进行销售。第二种效应为生活成本效应(Living Cost Effect),是指产业集聚对于本地消费者实际生活水平的影响。在产业集聚程度较高的区域,由于企业个数较多,能够为本地居民提供相对较多的产品品种和数量,而不需要由外地进口太多的商品,考虑到由外地运输商品的成本较高,在价格篮子中本地商品多而外地商品少,由此会使得该区域的物价水平相对较低,扣除物价因素的影响之后,居民的实际收入水平会较高。第三种效应为市场拥挤效应(Market Crowding Effect),是指在某一给定的市场范围内,企业个数越多的话,则企业之间的竞争程度就越大,企业面临的竞争压力也就越大,此时有些企业会转移到竞争相对较弱的地区进行生产,以减小企业面临的竞争压力。从产业集聚的角度来看,这三种效应对于产业集聚的作用方面不尽相同,本地市场效应和生活成本效应会引导企业进行集聚,以获得更高的收益,这两种效应被称为集聚力。而市场拥挤效应则会抑制企业集聚,会促使企业的分散布局,这一效应被称为分散力。最终产业的集聚和分散状态将取决于这两种作用力的相对大小。

在“核心—边缘”模型中,两地区之间的贸易成本是决定长期均衡状态的关键,也就是决定上述集聚力和分散力大小的决定性因素。Baldwin(2003)利用贸易自由度和作用力强度图形象地展示了以交易成本为基础的集聚力和分散力之间的依赖关系。

如图 2.1 所示横轴表示贸易自由度(即各地区之间的贸易成本),其取值范围一般在(0,1)之间。当贸易自由度为 0 时,两地区之间的交易成本为无限大,当贸易自由度为 1 时,两地区之间不存在贸易成本。当贸易自由度较小时,分散力曲线位于集聚力曲线之上,此时分散力大于集聚力,不利于产业集聚的形成。当贸易自由度提高时,各地区之间的交易成本也会随之下降,此时分散力的减弱速度要快于集聚力的增强速度,当到达某一临界值时(图 2.1 中的 Φ 点),集聚力的作用强度将超过分散力,此时产生了突发性集聚,而该点也被称之为突破点。此时原本均匀分布的要素(制造业劳动力)会形成集聚,原本对称的区域结构会演变为非对称的区域结构,最终实现长期的均衡。

长期均衡的稳定性和分布特征可以由所谓的“战斧图解”的形式加以形象的展现。如图 2.2 所示。

在图 2.2 中,横轴表示两地区之间的贸易自由度 Φ,纵轴表示某地区所占制造业劳动力的份额。其中实线表示局部稳定的长期均衡,虚线表示

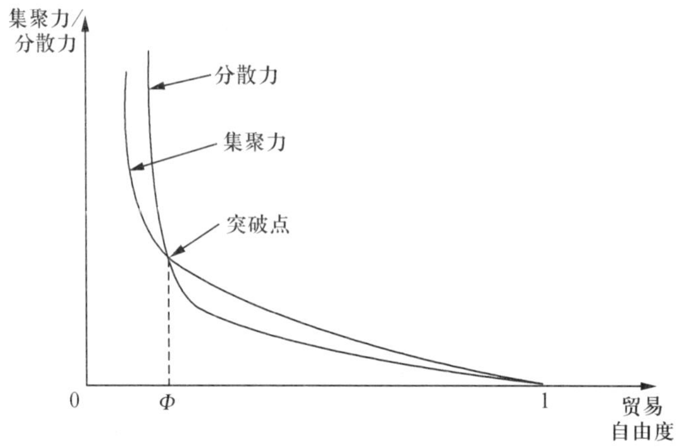

图 2.1　贸易自由度与集聚力分散力变动图

资料来源:Richard Baldwin et al. , *Economic Geography and Public Policy*. Princeton University Press,2003, p. 26.

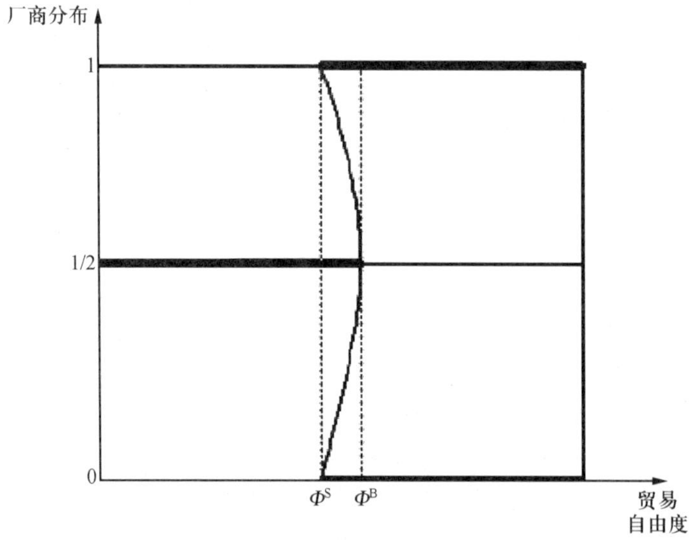

图 2.2　战斧图解

资料来源:Richard Baldwin et al. , *Economic Geography and Public Policy*. Princeton University Press,2003, p. 26.

局部不稳定的长期均衡。由图 2.2 可知,与制造业劳动力份额相对存在三种不同的长期均衡,分别为 0,1/2 和 1,即本地区的制造业劳动力为 0,占全部劳动力的 1/2 和本地拥有全部的制造业劳动力。

（二）模型的主要结论

Baldwin(2003)对“核心—边缘”模型的主要结论和特征进行了系统的总结，这些结论为我们加深对该模型的理解提供了很好的参考，这些结论主要包括以下几个方面：

1. 本地市场放大效应

该效应是“核心—边缘”模型的重要特征。在该模型框架下，如果原有各地区需求空间分布的格局由于某种外生冲击而发生了改变，使得其中某一个地区的需求扩大，那么这种扩大了的需求会吸引原先处于其他地区的企业向该地区集中，从而形成集聚。可以看出本地市场放大效应就是一种典型的集聚力。该效应作用力的大小取决于区域间贸易自由化的程度。Baldwin(2003)指出随着贸易自由化程度的提高，企业向某一区域转移集中的速度会加快。从实施区域政策的角度而言，该效应告诉我们封闭度更高的区域更倾向于对区域内的企业进行补贴，区域政策和区域贸易自由度之间的关系并非简单的线性关系，而是非线性的。

2. 非对称性的内生性

非对称性的内生性是指在本模型的框架下，随着两地区之间贸易成本的不断减少，原本处于对称状态的地区，会演变成为两个不对称的地区，所谓的不对称是指企业和劳动力分布的不均衡。在新古典模型中的H-O模型中不存在类似新经济地理学模型的集聚力，从而会出现要素价格均等化的现象，即区域间的非对称性会消失。而在本模型中，由于集聚力的存在，当贸易自由化程度提高时，随着要素的流动，产业会内生性地向系统内的某一区域流动，并形成集聚。它表明在两个具有相同自然禀赋的区域，企业也不一定会对称分布，而有可能在某一地区形成集聚，这也是传统的经济地理学无法解释的问题。

3. 循环累积因果关系

“核心—边缘”模型中的集聚力具有自我强化(self-reinforcement)的显著特征，也被称之为循环累积因果关系。这种关系主要包括两类，第一类是基于需求相关的循环因果关系。当制造业劳动力由某一区域向另外一个区域流动时，由于劳动力通常会将收入用于本地产品的消费，这会使得流入地的市场规模扩大，而流出地的市场规模缩小。在模型的假设条件下，企业会选择市场规模较大的地区进行生产。而企业流入某地区后又会增大对于制造业劳动力的需求，使得该地区的工资水平上升，继续吸引其他地区的劳动力引入，由此形成一个循环往复的过程，上述机制就称为与需求相关的循环累积因果关系。第二类是基于成本相关的循环累积因果关系。当制造业劳动力向某地区转移后,企业的随之进入会使得该地区的产品种类增加,在模型的假设条件下,产品种类的变化会使得移入地的价格指数下降,而移出地的价格水平上升,进而导致移入地的生活成本下降和移出地的生活成本上升。生活成本的此消彼长会进一步吸引制造业劳动力的迁移,这种机制就被称为与成本相关的循环累积因果关系。

4. 突发性集聚

在“核心—边缘”模型中,上述内生性的集聚的发生并不是一个渐进的过程,而是一个突发的现象。在由对称向集聚转化的过程中,存在一个临界值,该临界值本身由贸易自由度决定。在达到这一临界值之前,贸易自由度的提高不会改变原有对称分布的空间布局,但一旦突破临界值,贸易开放度提高会使原有对称的状态立刻发生改变,产生所谓突发性的集聚,使得产业向某一地区进行集聚。

5. 驼峰状集聚租金

当“核心—边缘”结构形成后,包括劳动力在内的流动性生产要素会以集聚租金为目的而进行区位的选择。从函数表达式来看,此类租金是贸易自由度的一种凹函数,随着贸易自由度的逐渐上升,租金会呈现出先增加再减少的变动态势,与骆驼弯曲的驼峰非常形似,因此也被形象的称为驼峰状租金。

6. 路径依赖性

路径依赖性也是“核心—边缘”模型的一个核心特征,也被称之为“区位粘性”特征。这种路径依赖出现在模型存在多重均衡的区域,具体来讲就是图 2.2 中长期均衡重叠的地区。路径依赖的含义是指以往的演变过程会对现有的过程产生影响。如果整个系统从接近“核心—边缘”结构的地方开始演变,并不断向“核心—边缘”结构趋近,但最终不会转变为稳定均衡状态。此时一旦发生某种外生冲击,会使得模型从当前的均衡状态变动到另外一种均衡状态。即使这种暂时冲击最终得以消失,模型会停留在现有的均衡状态上,而不是回复到以前的状态,形成所谓的路径依赖。

7. 自我实现预期

在如图 2.2 所示的叠加区域中,无论贸易自由度如何变动,对称结构和两种“中心—外围”结构都是局部(local)的长期稳定均衡,这也是“核心—边缘”模型区别于其他模型的一个重要特征。在这个叠加区间内,存在着劳动力的自我实现预期现象。当劳动力的预期由于某种外生冲击而发生改变时,劳动力将根据预期的变化来决定在哪种结构下定居。

二、新经济地理学理论框架下的贸易与经济增长思想

克鲁格曼和维纳布尔斯（Krugman 和 Venables，1995）在克鲁格曼（Krugman，1980）和埃瑟尔（Ethier，1982）基础之上建立了国际贸易的新经济地理模型，迈出了新经济地理聚焦国际贸易的第一步，建立起产业集聚和国际贸易之间的桥梁，随后新经济地理学家帕格和维纳布尔斯（Puga 和 Venables，1996）、鲍德温和福斯里德（Baldwin 和 Forskild，1997）做了进一步的深化和完善。

新经济地理学认为，包括运费在内的贸易费用与规模经济所带来的利益间的关系是决定厂商集聚或分散的主要动力机制。当运费和其他贸易费用较低时，制造业厂商将在一个地区不断集中；当运费和其他贸易费用超过集聚产生的收入递增效益时，集聚趋势将会减弱并可能出现分散的趋势。如果一个国家对某种产品的国内需求不断增长，由于包括运费在内的贸易成本，该国的国内生产规模增加，规模经济将会不断发挥作用。厂商间的需求关联和成本关联会使得厂商越来越多地聚集于该地区。当运输成本降低到一定程度，世界经济就会自发形成以制造业国家为核心，非工业化地区为边缘的产业分布形式。① 但是如果运输成本和其他贸易费用继续下降，厂商会逐渐失去接近市场和供应商所带来的前向联系和后向联系的优势。此时，处于边缘的非工业化地区由于工资率较低从而生产成本也较低。当运输成本足够低时，外围地区低成本的优势将足以抵消远离市场和供应商带来的不利。此时，制造厂商将搬出核心地带，到边缘地区进行生产，从而使得核心和边缘地区的工资率差距逐渐缩小。

对于贸易开放与一国产业空间结构变化的关系，新经济地理学认为随着贸易开放的加速，整体而言会出现产业空间的分散化，但是随着产业专业化的发展，不同区域将会出现特定产业的集聚。

三、对新经济地理学理论的简要评价

新经济地理学打开了一扇大门，为贸易开放理论的研究引入了地理空间的分析方法。新经济地理学构建了清晰、严谨、精致的理论模型，打破了传统的国际贸易理论中关于生产要素不能自由流动和商品贸易零成本等不符实际的假设，使得经济集聚与空间问题成为了主流经济学越来越关注

① Krugman, Paul R. and A. J. Venables, "Globalization and the Inequality of Nations", *Quarterly Journal of Economics*, 1995, 110, pp. 857—880.

的重要议题,并从微观经济机制上解释了产业集聚与扩散的向心力与离散力。

新经济地理理论是包含非均衡力的经济理论,它的核心模型是非线性模型,因而得出了许多富有特色的理论观点,揭示了经济活动空间模式的复杂性。本地市场放大效应、循环累积因果链、内生的非对称性、突发性集聚、多重均衡、路径依赖性、驼峰状集聚租金、预期的自我实现等观点都是极有洞察力的理论观点。与此相对应,新经济地理学与新古典经济学相比,能给出更加符合现实的经济政策分析框架。

但是,新经济地理学理论还是受到了来自经济地理学、区域经济学和城市经济学的学者们的批评,他们认为新经济地理学既无什么新意,也未涉及地理学,没有实际利用价值可言,尤其对新经济地理理论模型单一化的"愚蠢假定"(D-S 模型、冰山成本、演化、计算机模拟)做了猛烈抨击。这些批评主要集中于如下几个方面:一是研究方法严重依赖数学模型,但这些模型的建模思想对传统经济地理学家并没有太大吸引力,因为 20 世纪 60 年代的计量革命对地理空间模型应用已相当成熟;二是缺乏实证研究,新经济地理学理论注重的仅仅是抽象、简化的数学建模,这些建模又与复杂的现实相去甚远。① 不管怎么说,新经济地理学理论让经济学家们开始意识到地理空间的重要性,并且将其应用到模型中去。

① 梁琦:《空间经济学:过去、现在与未来——兼评〈空间经济学:城市、区域与国际贸易〉》,《经济学》(季刊),2005 年第 4 卷第 4 期,第 1067—1086 页。

第二章　中国的贸易开放进程、成就与区域格局

自1978年年末改革开放启动至今，中国的改革开放已经走过了三十多年的光辉历程，改革开放加速了中国参与经济全球化的步伐，而经济全球化也给中国对外贸易的发展带来了各种机遇和挑战。1978年以来，中国对经济管理体制特别是对外贸易体制进行了一系列卓有成效的改革，给中国的国民经济带来了翻天覆地的变化，造就了中国经济和对外贸易增长的奇迹。

随着中国经济的快速发展，中国的对外贸易增长极为迅猛。中国的货物贸易进出口总额世界排名从1978年的第三十名，上升到2007年的世界第三大贸易国和第二大出口国。2008年，货物贸易进出口总额已达25 616.3亿美元，同比增长17.8%，其中，出口14 285.5亿美元，增长17.2%；进口11 330.9亿美元，增长18.5%。[①] 贸易依存度也从1978年的9.8%上升至2007年的64.8%。中国已成为世界贸易体系重要的成员，中国对外贸易的快速发展，不仅推动了中国经济的快速发展，也带动了世界经济的发展，逐渐成为世界经济增长的“发动机”之一。

第一节　中国的贸易开放和体制改革进程

中国的贸易开放过程是渐进的。在地域范围上，从沿海的部分经济特区逐渐向整个沿海地区，从东部向西部推进；在贸易政策上，从主张完全的进口替代战略向部分产品进口替代战略转变，直至最终放弃进口替代战略，减少政府对外贸的直接管制；在自由化安排上，从自主性开放向被动自由化转变，从政策性开放向制度性开放转变。[②]

---

① 中华人民共和国国家统计局：《2008年国民经济和社会发展统计公报》，http://www.stats.gov.cn/tjgb/ndtjgb/qgndtjgb/t20090226_402540710.htm。

② 张二震：《贸易投资一体化与中国的战略》，人民出版社，2004年。

在改革开放之前，中国一直奉行计划经济，实行进口替代的贸易战略，政府对外贸采取直接行政手段的干预形式，所有的对外贸易均由国营外贸公司来经营和控制，完全处于政府垄断之下。1978 年改革开放以后，中国的对外贸易体制和政策进行了一系列变革。虽然中国外贸体制改革从一开始就带有“渐进性”和“试验性”特征，但改革的方向一直与世界范围内的贸易自由化趋势保持一致。经济体制改革和贸易自由化为中国对外贸易的快速发展奠定了制度上的保证，这些变革通过改善资源配置效率、促进社会分工、扩大市场规模、加快技术转移和扩散等渠道，将中国对外贸易带上高速发展之路。①

中国外贸体制改革与大多数发展中国家贸易自由化②过程一样，经历了不同阶段。

一、第一阶段：1978—1987 年贸易开放和体制改革初期阶段

从 1949 年到改革开放以前，中国一直实行优先发展重工业的“进口替代型贸易战略”和计划经济体制，高度集中的对外贸易体制是与新中国成立初期所面临的国际、国内形势以及国家整体的经济发展战略相适应的，有利于隔离不确定因素，控制进出口水平和构成，达到保护民族幼稚工业的目的。

但是，随着国内、国际形势的变化，这种体制的弊端开始显现。人们逐渐意识到中国原有对外贸易体制存在的主要问题：行政管理权过分集中在中央政府，经营管得过死，产销脱节，各级地方政府、工业部门和生产企业对发展对外贸易活动缺乏积极性和主动性，对外贸易财务上的统收统支和外汇分配制度不合理等。1978 年 12 月，党的十一届三中全会决定对内实行经济体制改革，进行制度上、组织上的重大改革，对外贸易体制为适应对外开放和参与国际多边贸易的需要，在 1979 年也迈出了改革的新步伐。

简政放权是这一时期对外贸易体制改革的主旋律，主要是下放进出口公司经营权，以充分调动各级地方政府、工业部门、外贸公司和生产企业的积极性，搞活外贸经营。其重点是要与总体经济改革相一致，把指令性的

① 李坤望：“改革开放三十年来中国对外贸易发展评述”，《经济社会体制比较》，2008 年 4 期，第 35—41 页。

② 在众多文献里，关于贸易自由化并没有一个统一的界定，在一份由世界银行出版的关于发展中国家贸易自由化的研究中，Michaely、Papageourgiou 和 Choksi（1991）给出了一个比较全面的界定。根据他们的定义，贸易自由化不仅指贸易政策中的反出口倾向的削弱，价格机制作用的增强，而且还意味着对贸易干预程度的降低。

计划体制改变为由指令性计划、指导性计划和市场调节相结合的体制。①这一时期对外贸易体制改革的主要内容有：

（1）改革对外贸易管理机构，分散和下放对外贸易经营权。1979 年设立的外国投资管理委员会和进出口管理委员会，由于存在多头管理机构重叠，造成工作效率不高，1982 年 3 月国家重建外贸管理机构，由最终合并②的对外贸易部（现商务部）统一领导和管理中国的对外贸易和对外经济合作事务。同时，又先后在有些省市③、成立对外贸易总公司，扩大其对外贸易权限。经过上述调整，我国建立起对外贸易行政两级管理体系，中央一级只负责集中管好少数大宗重要的商品，其他多数实行许可的商品则由地方一级管理。这样便改变了过去那种外贸行政管理权高度集中的体制。与此同时，国家允许部分工业部门和生产企业经营进出口贸易，通过逐步放开经营，打破原先专业外贸公司包打天下的局面，扩大对外贸易方式，增加了"三来一补"、对销贸易等方式。

（2）调整对外贸易财务体制，但中央统负盈亏的基本格局未变。原有外贸专业总公司及其分公司的盈亏仍由中央财政负责，专业部门所属外贸公司和工贸公司与中央财政脱钩，地方外贸公司的进出口盈亏由地方政府负责。

（3）改革外汇分配制度，实行外汇留成制。1979 年 8 月，国务院规定创汇企业及其所在地方或主管部门可以按照一定比例（一般为 25%）自主分配外汇。这就初步改变了长期以来形成的创汇与用汇脱钩，外汇使用效益低下的现象。

（4）推行代理制和设立海外贸易机构。自 1980 年开始，我国外贸专业公司开始开展代理业务，除了指定外贸专业公司统一经营的重要商品外，其余商品可由地方贸易公司、有外贸经营权的公司承接。为了加大出口商品的销售力度、了解国外行情、开辟国际市场，外贸专业公司在主要国外市场设立了常驻贸易机构。

（5）初步建立起对外贸易宏观调节体系，推出了一系列鼓励出口的措施。

1980 年 1 月 1 日起，国家恢复了对国营外贸专业公司进出口货物全面征收关税的制度。随后，对关税税率和税则进行了较大的调整，降低国内不

---

① 金哲松、李军：《中国对外贸易增长与经济发展——改革开放三十周年回顾与展望》，中国人民大学出版社，2008 年。

② 即原先的国家进出口管理委员会、对外贸易部、对外经济联络部和外国投资管理委员会。

③ 分别是广东、福建、北京、天津、上海、山东。

能生成的先进设备和供应不足的原材料以及机器、仪器的零部件税率，提高某些耐用消费品和国内已经能够生产供应的机器设备的关税，以鼓励或限制这些商品的进口。实行了一系列的鼓励出口措施，包括外贸承包责任制、出口退税、鼓励加工贸易等，刺激出口增长，以带动经济增长和工业化进程。

除此之外，为了加快对外开放步伐，1980 年中国正式设置了深圳特区，随后相继设立了珠海、汕头、厦门经济特区。1984 年，国务院决定进一步开放大连、秦皇岛、天津、烟台等 14 个沿海港口城市，由此形成了一条从南到北的沿海对外开放地带。

二、第二阶段：1988—1993 年贸易开放和外贸经营机制转变阶段

1988 年，在发达国家和新型工业化经济体转移劳动密集型产业的大背景下，国家根据当时经济发展中农村劳动力大量富余和重工业发展资金不足的情况，提出了沿海经济发展战略，旨在进一步参与国际分工和交换，大力发展外向型经济。

在"全面推行外贸承包经营责任制，逐步实行自负盈亏，放开经营，工贸结合，进一步完善鼓励出口的各项政策，积极推行进出口代理制，建立外汇调剂市场，为外贸企业全面实行企业化经营和自负盈亏创造条件"改革方案指导下①，改革重点开始向完善企业的经营机制转换。全面推行外贸承包经营责任制，改革外贸财务体制，取消国家财政对出口的财务"大锅饭"，外贸企业自主经营、自负盈亏；改革进出口经营体制，除了少数关系国计民生、大宗的、资源性的或者国际竞争激烈的重要商品由国家指定或有经营权的外贸公司经营外，其他大部分商品实行市场调节，放开经营，逐步建立和完善经济调节体制，全面实行出口退税；②改革进口管理体制，自 1992 年 1 月 1 日起，采用《国际商品税目和编码协调制度》，关税水平不断下调，并全部取消了进口调节税；改革外汇管理体制，取消原有使用外汇控制指标，改变按地方实行不同留成比例的做法，实行按不同商品统一比例留成制度，并允许自由使用，同时开放外汇调剂市场，建立一批外汇调剂中心，形成了官方汇率和市场汇率并存的双重汇率制度。

为推动贸易开放向纵深发展，在 1991 年后，国家相继设立了深圳盐田港、大连港等 11 个保税区。同时，扩大了经济开放区的范围，相继批准广

---

① 引自《1988 年深化经济体制改革的总体方案》，http://news.rednet.cn/c/2008/05/05/1499200.htm。

② 1988—1993 年实行彻底的退税政策，对实行产品税的出口产品核定综合退税率，并根据产品所含税款情况，退还以前所有环节的流转税。

东的韶关、河源、梅州，福建的三明、南平、龙岩、福安、福鼎，以及辽宁营口和山东东营列入沿海经济开放区。

三、第三阶段：1994—2001年贸易开放和体制改革深入发展阶段

十四大提出经济体制改革的目标是建立社会主义市场经济体制。1994年，为建立符合社会主义市场经济和国际规范的对外贸易新体制，中国政府开始了新一轮的对外贸易开放和改革。从这一年起，中国的外贸改革重点转向进口制度方面，推行了一系列更加自由化的政策改革，贸易自由化的速度和力度都是史无前例的。① 这一时期的贸易自由化和体制改革措施主要包括：

（一）不断降低关税水平

从1996年4月1日起，降低了4 900个税号产品的关税税率，将关税总水平降到了23%；1997年再次大幅度降低了4 874个税号产品的进口关税，关税算术平均税率降到17%。② 到2001年中国加入WTO前，未加权的平均关税率已经下降到15%，达到发展中国家的平均水平。

（二）规范进出口管理措施

调整了暂定税率，原则上取消了进口关税减免优惠政策，取消了170余种产品的配额许可证和控制措施，对进口商品进行规范化管理。至2000年，中国受许可证限制的进口值从60%降到约30%。在出口管理体制方面，根据国内经济发展情况，尽量把出口退税与征税结合起来，促进企业出口。2001年7月颁布《关于进出口经营资格管理的有关规定》，将对外贸易经营权由审批制改为登记制和核准制。

（三）改革外汇管理体制

从1994年1月1日起，实行双重汇率并轨，建立以市场供求为基础、单一、有管理的人民币浮动汇率制度。实行外汇收入结汇制，取消各类外汇留成，实行银行售汇制；并建立银行间外汇市场，改进汇率形成机制，保持合理、相对稳定的人民币汇率。1996年12月1日，中国还宣布实现人民币经常项目下可兑换。

（四）继续促进出口鼓励政策的实行

完善出口退税制度，使退税既做到足额及时、手续简便，又要采取措施

---

① 李坤望："改革开放三十年来中国对外贸易发展评述"，《经济社会体制比较》，2008年4期，第35—41页。

② 段英、冯宗宪："试论有效保护率理论在我国关税减让中的应用"，《经济问题》，1998年第9期，第55—58页。

防止骗税。1994 年我国成立了中国进出口银行，创建了出口信贷机制。1995 年对加工贸易试行银行保证金结账制度试点，1996 年 7 月全面实行该监管制度，保证加工贸易出口的健康发展。中国出口退税规模的变化见表 2-17。

表 2-1 1985—2001 年中国出口退税规模

年份	退税额（亿元）	同比增长（%）	年份	退税额（亿元）	同比增长（%）
1985	19.7	—	1994	450	49.5
1986	44	123.4	1995	549	22
1987	76.7	74.3	1996	826	50.4
1988	113	47.3	1997	432.5	-47.6
1989	153	35.4	1998	437	1
1990	185	20.9	1999	627.7	43.6
1991	254.4	37.5	2000	810.4	29.1
1992	285	12	2001	1 072	32.2
1993	301	5.6			

资料来源：中华人民共和国商务部综合司，《1985 年以来出口退税》，http://zhs.mofcom.gov.cn/aarticle/Nocategory/200411/20041100305791.html。

四、第四阶段：2001 年至今贸易开放和体制改革全面深化阶段

加入 WTO 以来，中国按入世承诺对贸易制度和与贸易有关的国内政策进行了全方位的改进，顺利融入到多边贸易体制中，并在多边贸易谈判中发挥越来越大的作用。

入世前后，中国在以下三个方面加快了改革。首先，中国在非歧视原则、自由贸易原则和公平竞争原则下，调整、修改了不符合 WTO 规定的政策法规。入世前后，中国大幅度修订了包括外资法、外贸法在内的多个法律法规，制定、修订废止了 2000 余件法律、行政法规和部门规章，清理了 19 万件以上的地方性法规、规章和其他政策措施；其次，中国加快了对外贸易主体多元化步伐，尤其是支持私营外贸企业的迅速发展。入世后三年内，各种不同所有制的企业均有权从事进出口贸易，这大大激发了非国有企业经营进出口的积极性，也促使国有外贸企业加快转变经营机制，增强竞争力。同时，中国大部分的服务业在 2005 年全面开放，允许外资企业进入。再者，中国转变了外经贸主管部门的职能，从以行政领导为主转变到以经济法律手段管理和为企业服务为主。2003 年新制定的《行政许可法》，对政府行为的透明度提出了更加严格和具体的要求。

入世后，中国的平均关税从2001年的15.6%下降到2008年的10%，其中工业品的平均税率由14.7%下降到11.3%，农产品的平均关税率由21.3%下降到15.1%。[①] 在降低关税的同时，中国取消或即将取消多种非关税壁垒，包括进口配额、投标资格、贸易经营权、国产化要求、技术转让要求、政府采购等。

第二节　中国的贸易开放成就

自1978年改革开放以来，中国的对外贸易实现了持续快速的发展，进出口贸易总额迅速增长，1994年后贸易顺差规模也不断扩大。改革开放三十年多年来，中国的商品进出口贸易额平均增长率高于GDP平均增长率，对外贸易依存度持续上升，商品贸易结构不断改善，中国已从封闭的国际贸易旁观者成长为一个积极参与全球化的贸易大国。

一、中国的货物商品进出口贸易发展

自中国实行对外开放政策以来，商品进出口贸易得到了迅速发展。1978年中国商品进出口总额仅为206.4亿美元；三十多年后的2011年，中国的商品进出口总额达到36418.7亿美元，增长了175倍。1988年，中国的商品进出口总额首次突破1000亿美元，2001年达到5000亿美元水平，2004年首次超过万亿美元，2007年就突破了两万亿美元大关，到2011年中国商品贸易进出口总额已经达到36000亿美元。其中，有两段连续高速的增长期尤其引人注目，一段是1991—1995年高速增长期，这期间的年平均增长速度接近20%；另一段是2001—2008年超高速增长期，这期间的年平均增长速度超过25%。

从商品出口总额的增长情况，1978年中国商品出口贸易总额仅为97.5亿美元，1994年首次突破了1000亿美元，2007年首次超过了万亿美元，而到了2011年中国商品出口贸易总额达到18983.8亿美元，是1978年的195倍。从商品进口总额的增长情况来看，1978年中国商品进口贸易总额仅为108.9亿美元，1994年首次突破了1000亿美元，2008年首次超过了万亿美元，而到了2011年中国商品进口贸易总额达到了17434.8亿美元，是1978年的160倍（见表2-2，图2-1，图2-2）。

---

① 余淼杰：《中国对外贸易三十年（1978—2008）》，北京大学国家发展研究院中国经济研究中心工作论文，No. C2008007，2008年12月。

表 2-2 1978—2011 年中国进出口贸易总额的变化 （单位：亿美元）

年份	进出口		进口		出口		贸易差额	
	总额	增长率（%）	总额	增长率（%）	总额	增长率（%）	总额	增长率（%）
1978	206.4	/	108.9	/	97.5	/	-11.4	/
1979	293.3	42.1	156.7	43.9	136.6	40.1	-20.1	-76.3
1980	378.2	28.9	198.3	26.5	179.9	31.7	-18.4	8.5
1981	440.2	16.4	220.13	11.0	220.07	22.3	-0.06	99.7
1982	416.1	-5.5	192.9	-12.4	223.2	1.4	30.3	50 600.0
1983	436.2	4.8	213.9	10.9	222.3	-0.4	8.4	-72.3
1984	535.5	22.8	276.7	29.4	258.8	16.4	-17.9	-313.1
1985	703.8	31.4	428.3	54.8	275.5	6.5	-152.8	-753.6
1986	747.3	6.2	433.9	1.3	313.4	13.8	-120.5	21.1
1987	828.6	10.9	433.7	0.0	394.9	26.0	-38.8	67.8
1988	1 026.8	23.9	552.1	27.3	474.7	20.2	-77.4	-99.5
1989	1 103.8	7.5	584.3	5.8	519.5	9.4	-64.8	16.3
1990	1 162.4	5.3	538.2	-7.9	624.2	20.2	86	232.7
1991	1 357.4	16.8	638.5	18.6	718.9	15.2	80.4	-6.5
1992	1 653.7	21.8	805.7	26.2	848.0	18.0	42.3	-47.4
1993	1 956.1	18.3	1 038.9	28.9	917.2	8.2	-121.7	-387.7
1994	2 364.8	20.9	1 155.6	11.2	1 209.2	31.8	53.6	144.0
1995	2 814.0	19.0	1 323.0	14.5	1 491.1	23.3	168.1	213.6
1996	2 902.7	3.2	1 390.1	5.1	1 512.6	1.4	122.5	-27.1
1997	3 253.1	12.1	1 424.2	2.5	1 828.8	20.9	404.6	230.3
1998	3 243.1	-0.3	1 404.3	-1.4	1 838.8	0.5	434.5	7.4
1999	3 611.4	11.4	1 659.3	18.2	1 952.1	6.2	292.8	-32.6
2000	4 744.1	31.4	2 251.5	35.7	2 492.6	27.7	241.1	-17.7
2001	5 096.5	7.4	2 435.6	8.2	2 660.9	6.8	225.3	-6.6
2002	6 207.3	21.8	2 951.6	21.2	3 255.7	22.4	304.1	35.0
2003	8 515.6	37.2	4 131.4	40.0	4 384.2	34.7	252.8	-16.9
2004	11 543.0	35.6	5 610.4	35.8	5 932.6	35.3	322.2	27.5
2005	14 273.2	23.7	6 625.5	18.1	7 647.7	28.9	1 022.2	217.3
2006	17 683.7	23.9	7 950.1	20.0	9 733.6	27.3	1 783.5	74.5
2007	21 927.9	24.0	9 637.6	21.2	12 290.3	26.3	2 652.7	48.7
2008	25 616.3	17.8	11 330.9	18.5	14 285.5	17.2	2 954.6	11.4
2009	22 075.2	-13.9	10 059.2	-11.2	12 016.0	-16	1 956.7	-34.4
2010	29 740.0	34.7	13 962.4	38.8	15 777.6	31.3	1 815.1	-7.2
2011	36 418.7	22.5	17 434.8	24.9	18 983.8	20.3	1 549.0	-14.7

资料来源：根据《中经网统计数据库》相关数据计算得到。

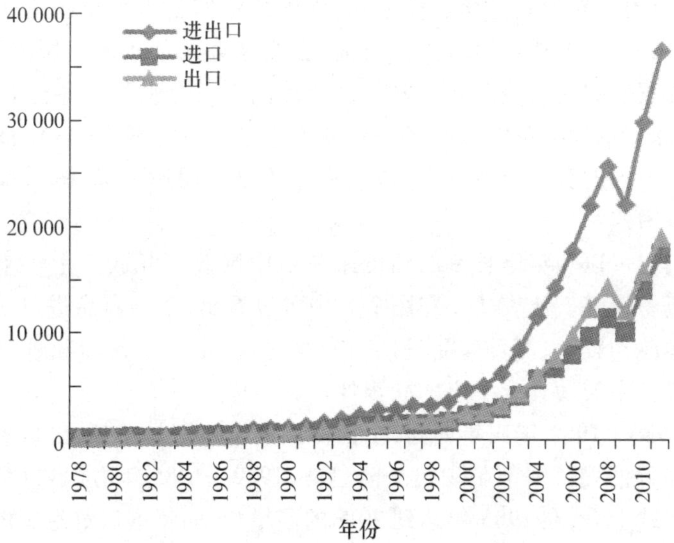

图 2-1　1978—2011 年中国进出口贸易变化趋势图(单位:亿美元)

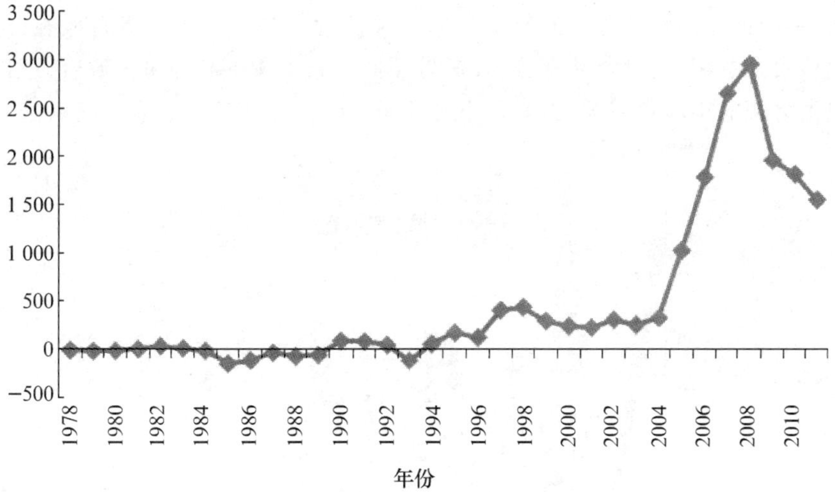

图 2-2　1978—2011 年中国贸易顺差变化趋势图(单位:亿美元)

在改革开放初期(1978—1981 年),中国贸易呈现逆差;在经历了 1982—1983 年的短暂顺差之后,中国对外贸易又出现了连续六年的逆差局面(1984—1989 年)。自 1990 年以来,除 1993 年贸易出现逆差外,中国呈现出长达 18 年的贸易顺差局面,并且贸易顺差逐年扩大。1990 年,中国贸易顺差为 86 亿美元,2005 年中国贸易顺差首次突破千亿美元,而 2008 年的贸易顺差扩大到了 2 954.6 亿美元,是 1990 年的 34 倍。特别是 2005

年以来,中国贸易顺差持续迅猛增加,中国外汇储备水平也随之快速增长而成为世界第一大外汇储备国。目前,在全球金融危机的阴影笼罩下,中国巨大的贸易顺差已经引起主要贸易伙伴国以及全世界的关注。2009 年以来,全球金融危机对中国的对外贸易产生极大的影响,全球经济的再平衡和针对中国的贸易摩擦增多,迫使中国的出口增速下降,进口增速开始超越出口增速。

我们也可以从年增长率的角度来分析中国改革开放三十年来的商品进出口贸易情况。从表 2-2 和图 2-3 中可以看出,中国商品进口贸易额年均增长率波动较大,而且商品进出口贸易总额、出口贸易额和进口贸易额的年均增长率波动具有一定的同步性。

在 1979—1982 年四年期间,中国商品进出口贸易总额、出口贸易额和进口贸易额的增长率都呈现出下降趋势;1982—1985 年,进出口贸易总额增长率持续上升,在 1985 年达到 30% 的高增长,同年进口贸易额增长率也达到历史高点 54.8%。经历了 1986 年、1987 年 10% 左右的增长率后,1988 年中国进出口贸易总额的增长率再次达到 24%。在 20 世纪 90 年代,中国进出口贸易总额的年增长率平缓波动,到 1998 年下降到低谷,进出口贸易总额、出口贸易额、进口贸易额的增长率都接近于 0。随后,进出口贸易额的年增长率开始回升,除了 2001 年不足 10% 外,21 世纪以来中

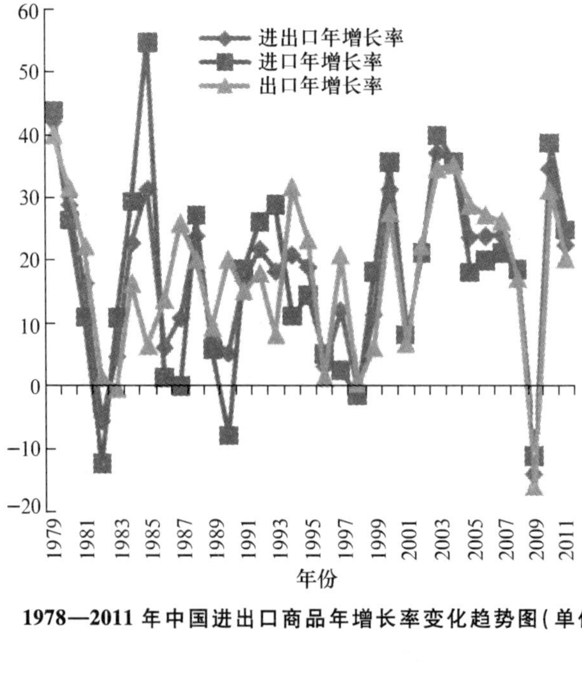

图 2-3　1978—2011 年中国进出口商品年增长率变化趋势图(单位:%)

国进出口贸易总额、出口贸易额以及进口贸易额的年增长率基本维持在20%以上。由于中国进出口贸易总额的基数已经很大，因此连续7年20%以上的年增长率，受到贸易伙伴国和全世界的广泛关注。2008年爆发的全球金融危机对2009年的进出口贸易产生“断崖式”的影响，出口贸易和进口贸易年增长率由前一年的两位数的正增长掉头跌入两位数的负增长。不过，经过及时的政策调整，2010年后又迅速地恢复了两位数的高增长态势。

二、中国的货物商品进出口结构变化

改革开放以来，随着中国的贸易开放程度不断提高，中国的进出口商品贸易结构也发生了很大变化，从以初级产品为主发展成为目前以工业制成品为主。从表2-3和表2-4中可以看出，1980年中国出口贸易额中排前三位的商品类是“矿物燃料、润滑油及有关原料”、“轻纺产品、橡胶制品、矿冶产品及其制品”和“食品及活动物”，在进口贸易额中排名前三位的商品类则是“机械及运输设备”、“轻纺产品、橡胶制品、矿冶产品及其制品”和“非食用原料”，这种状况说明在改革开放初期，中国存在以出口燃料、原料换取机械设备的贸易特征。2001年中国出口贸易额中排名前三位的商品类已经转变为“机械及运输设备”、“杂项制品”和“轻纺产品、橡胶制品、矿冶产品及其制品”，而在进口贸易额中排名前三位的商品类是“机械及运输设备”、“轻纺产品、橡胶制品、矿冶产品及其制品”和“化学工业品及有关产品”。此后，中国出口贸易结构基本保持不变，到2011年占比最大的前三位商品出口额分别达到9 017.7亿美元、4 593.7亿美元和3 195.6亿美元；而进口商品结构则有所变化，“非食用原料”和“矿物燃料、润滑油及有关原料”的进口额快速增长，2008年后已经超过“轻纺产品、橡胶制品、矿冶产品及其制品”和“化学工业品及有关产品”的进口额，成为仅次于“机械及运输设备”的进口商品，说明中国加工贸易化特征日益明显的同时，对原材料和能源的需求也日益扩大。

随着中国贸易开放程度不断提高，中国的初级产品出口比重已经从1980年的50.3%，迅速下降到2001年占比不足10%（占出口比重9.9%），2006—2011年间初级产品出口比重保持在5%—6%之间；相比而言，工业制成品出口比重则从1980年的49.7%，迅速上升至2001年占比超过90%（占出口比重90.1%），2006—2011年间工业制成品出口比重稳定在94%—95%之间。从进口商品结构来看，初级产品进口比重从1980年的34.77%下降到1985年的最低点12.5%，随后进入“上升—下降—再上升”的循环波动阶段，至2010年其比重再度超过30%；相反，工业制成品

表 2-3 1980—2011 年中国出口商品构成

单位:亿美元

年份	初级产品						工业制成品					
	总额	食品及活动物	饮料及烟类	非食用原料	矿物燃料、润滑油及有关原料	动植物油脂及蜡	总额	化学工业品及有关产品	轻纺产品、橡胶制品、矿冶产品及其制品	机械及运输设备	杂项制品	未分类的商品
1980	91.1	29.9	0.8	17.1	42.8	0.6	90.1	11.2	40.0	8.4	28.4	2.1
1981	102.5	29.2	0.6	19.5	52.3	0.9	117.6	13.4	47.1	10.9	37.3	9.0
1982	100.5	29.1	1.0	16.5	53.1	0.8	122.7	12.0	43.0	12.6	37.1	18.1
1983	96.2	28.5	1.0	18.9	46.7	1.1	126.1	12.5	43.7	12.2	38.0	19.7
1984	119.3	32.3	1.1	24.2	60.3	1.4	142.1	13.6	50.5	14.9	47.0	16.0
1985	138.3	38.0	1.1	26.5	71.3	1.4	135.2	13.6	44.9	7.7	34.9	34.1
1986	112.7	44.5	1.2	29.1	36.8	1.1	196.7	17.3	58.9	10.9	49.5	60.1
1987	132.3	47.8	1.8	36.5	45.4	0.8	262.1	22.4	85.7	17.4	62.7	73.9
1988	144.1	58.9	2.4	42.6	39.5	0.7	331.1	29.0	104.9	27.7	82.7	86.9
1989	150.8	61.5	3.1	42.1	43.2	0.9	374.6	32.0	109.0	38.7	107.6	87.3
1990	158.9	66.1	3.4	35.4	52.4	1.6	462.1	37.3	125.8	55.9	126.9	116.3
1991	161.5	72.3	5.3	34.9	47.5	1.5	557.0	38.2	144.6	71.5	166.2	136.6
1992	170.0	83.1	7.2	31.4	46.9	1.4	679.4	43.5	161.4	132.2	342.3	NA
1993	166.7	84.0	9.0	30.5	41.1	2.1	750.8	46.2	163.9	152.8	387.8	NA
1994	197.1	100.2	10.0	41.3	40.7	5.0	1 013.0	62.4	232.2	219.0	499.4	0.1
1995	214.9	99.5	13.7	43.8	53.3	4.5	1 273.0	90.9	322.4	314.1	545.5	0.1

（续表）

年份	初级产品						工业制成品					
	总额	食品及活动物	饮料及烟类	非食用原料	矿物燃料、润滑油及有关原料	动植物油脂及蜡	总额	化学工业品及有关产品	轻纺产品、橡胶制品、矿冶产品及其制品	机械及运输设备	杂项制品	未分类的商品
1996	219.3	102.3	13.4	40.5	59.3	3.8	1 291.2	88.8	285.0	353.1	564.2	0.1
1997	239.5	110.8	10.5	42.0	69.9	6.5	1 588.4	102.3	344.3	437.1	704.7	0.0
1998	204.9	105.1	9.8	35.2	51.8	3.1	1 632.2	103.2	324.8	502.2	702.0	0.1
1999	199.4	104.6	7.7	39.2	46.6	1.3	1 749.9	103.7	332.6	588.4	725.1	0.1
2000	254.6	122.8	7.5	44.6	78.6	1.2	2 237.4	121.0	425.5	826.0	862.8	2.2
2001	263.4	127.8	8.7	41.7	84.1	1.1	2 397.6	133.5	438.1	949.0	871.1	5.8
2002	285.4	146.2	9.8	44.0	84.4	1.0	2 970.6	153.3	529.6	1 269.8	1 011.5	6.5
2003	348.1	175.3	10.2	50.3	111.1	1.2	4 034.2	195.8	690.2	1 877.7	1 260.9	9.6
2004	405.5	188.6	12.1	58.4	144.8	1.5	5 527.8	263.6	1 006.5	2 682.6	1 564.0	11.1
2005	490.4	224.8	11.8	74.8	176.2	2.7	7 129.2	357.7	1 291.2	3 522.3	1 941.8	16.1
2006	529.2	257.2	11.9	78.6	177.7	3.7	9 160.2	445.3	1 748.2	4 563.4	2 380.1	23.2
2007	615.1	307.4	14.0	91.2	199.5	3.0	11 562.7	603.2	2 198.8	5 770.5	2 968.4	21.8
2008	779.6	327.6	15.3	113.2	317.7	5.7	13 527.4	793.5	2 623.9	6 733.3	3 359.6	17.1
2009	631.1	326.3	16.4	81.5	203.7	3.2	11 384.8	620.2	1 848.2	5 902.7	2997.5	16.3
2010	816.9	411.5	19.1	116.0	266.7	3.6	14 960.7	875.7	2 491.1	7 802.7	3 776.5	14.7
2011	1 005.5	504.9	22.8	149.8	322.7	5.3	17 978.4	1 147.9	3 195.6	9 017.7	4 593.7	23.4

资料来源:《中经网统计数据库》综合年度数据库。

表 2-4　1980—2011 年中国进口商品构成

（单位：亿美元）

年份	初级产品						工业制成品					
	总额	食品及活动物	饮料及烟类	非食用原料	矿物燃料、润滑油及有关原料	动植物油脂及蜡	总额	化学工业品及有关产品	轻纺产品、橡胶制品、矿冶产品及其制品	机械及运输设备	杂项制品	未分类的商品
1980	69.6	29.3	0.4	35.5	2.0	2.4	130.6	29.1	41.5	51.2	5.4	3.3
1981	80.4	36.2	2.1	40.3	0.8	1.0	139.7	26.1	40.4	58.7	5.6	9.1
1982	76.3	42.0	1.3	30.1	1.8	1.1	116.5	29.4	39.1	32.0	4.9	11.2
1983	58.1	31.2	0.5	24.6	1.1	0.7	155.8	31.8	62.9	39.9	7.8	13.4
1984	52.1	23.3	1.2	25.4	1.4	0.8	222.0	42.4	73.2	72.5	11.8	22.2
1985	52.9	15.5	2.1	32.4	1.7	1.2	369.6	44.7	119.0	162.4	19.0	24.6
1986	56.5	16.3	1.7	31.4	5.0	2.1	372.6	37.7	111.9	167.8	18.8	36.3
1987	69.2	24.4	2.6	33.2	5.4	3.5	363.0	50.1	97.3	146.1	18.8	50.8
1988	100.7	34.8	3.5	50.9	7.9	3.7	452.1	91.4	104.1	167.0	19.8	69.8
1989	117.5	41.9	2.0	48.4	16.5	8.8	473.9	75.6	123.4	182.1	20.7	72.2
1990	98.5	33.4	1.6	41.1	12.7	9.8	434.9	66.5	89.1	168.5	21.0	89.9
1991	108.3	28.0	2.0	50.0	21.1	7.2	529.6	92.8	104.9	196.0	24.4	111.5
1992	132.6	31.5	2.4	57.8	35.7	5.3	673.3	111.6	192.7	313.1	55.9	NA
1993	142.1	22.1	2.5	54.4	58.2	5.0	897.5	97.0	285.3	450.2	65.0	NA
1994	164.9	31.4	0.7	74.4	40.4	18.1	991.3	121.3	280.8	514.7	67.7	6.8
1995	244.2	61.3	3.9	101.6	51.3	26.1	1 076.7	173.0	287.7	526.4	82.6	6.9

（续表）

年份	初级产品					工业制成品					
	总额	食品及活动物	饮料及烟类	非食用原料	矿物燃料、润滑油及有关原料	动植物油脂及蜡	总额	化学工业品及有关产品	轻纺产品、橡胶制品、矿冶产品及其制品	机械及运输设备	杂项制品	未分类的商品
1996	254.4	56.7	5.0	107.0	68.8	17.0	1 133.9	181.1	313.9	547.6	84.9	6.5
1997	286.2	43.0	3.2	120.1	103.1	16.8	1 137.5	193.0	322.2	527.7	85.5	9.1
1998	229.5	37.9	1.8	107.2	67.8	14.9	1 172.9	201.6	310.8	568.5	84.6	7.5
1999	268.5	36.2	2.1	127.4	89.1	13.7	1 388.5	240.3	343.2	694.5	97.0	13.5
2000	467.4	47.6	3.6	200.0	206.4	9.8	1 783.6	302.1	418.1	919.3	127.5	16.5
2001	457.4	49.8	4.1	221.3	174.7	7.6	1 978.1	321.0	419.4	1 070.2	150.8	16.8
2002	492.7	52.4	3.9	227.4	192.9	16.3	2 459.0	390.4	484.9	1 370.1	198.0	15.6
2003	727.6	59.6	4.9	341.2	291.9	30.0	3 400.0	489.8	639.0	1 928.3	330.1	12.8
2004	1 172.7	91.5	5.5	553.6	479.9	42.1	4 439.6	654.7	739.9	2 528.3	501.4	15.3
2005	1 477.1	93.9	7.8	702.3	639.5	33.7	5 122.4	777.3	811.6	2 904.8	608.6	20.1
2006	1 871.3	99.9	10.4	831.6	890.0	39.4	6 043.3	870.5	869.2	3 570.2	713.1	20.3
2007	2 430.9	115.0	14.0	1 179.1	1 049.3	73.4	7 128.7	1 075.5	1 028.8	4 124.6	875.1	24.7
2008	3 624.0	140.5	19.2	1 667.0	1 692.4	104.9	7 701.7	1 191.9	1 071.7	4 417.7	976.4	44.1
2009	2 898.0	148.3	19.5	1 413.5	1 240.4	76.4	7 161.2	1 120.9	1 077.4	4 078.0	851.9	33.1
2010	4 338.5	215.7	24.3	2 121.1	1 890.0	87.4	9 623.9	1 497.0	1 312.8	5 494.2	1 135.6	184.4
2011	6 042.7	287.7	36.9	2 849.2	2 757.8	111.1	11 392.2	1 811.1	1 503.0	6 305.7	1 277.2	495.1

资料来源：《中经网统计数据库》综合年度数据库。

进口比重从1980年的65.23%提升至1985年的87.5%,随后进入"下降—上升—再下降"的循环波动阶段,至2011年其比重再度降至65.3%。如图2-4、图2-5所示。

这种商品结构的巨大变化,表明中国的经济结构已经升级为工业占主导地位,改革开放三十多年来中国在工业制成品生产、出口的能力显著提高,当前的商品进出口贸易结构不仅体现出根据比较优势进行国际分工的特点,同时体现出国际间的行业内贸易特点。

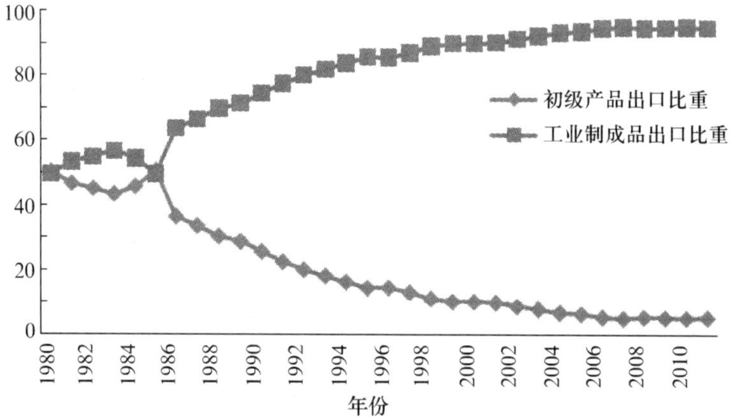

图2-4　1980—2011年出口商品构成比例(单位:%)

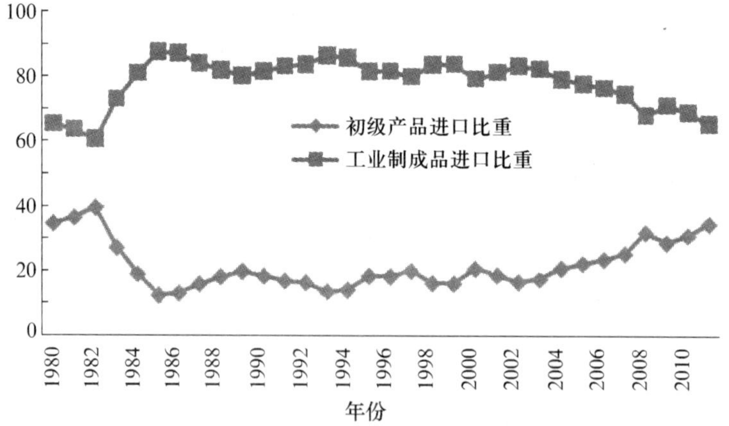

图2-5　1980—2011年进口商品构成比例(单位:%)

三、中国的对外贸易与经济增长的关系

从图2-6和表2-5,我们容易看出国内生产总值和进出口总额之间存

在明显的相关关系。通过计算1978—2011年中国GDP与商品进出口贸易总额的相关系数,我们得到两者的线性相关系数高达0.96,证实中国对外贸易和经济增长之间确实有非常密切的相互关系。

为进一步弄清中国对外贸易与GDP之间的关系,我们利用格兰杰因果关系检验对GDP和对外贸易之间的因果关系进行统计检验。在做格兰杰因果关系检验前,需要先对GDP和进出口总额做平稳性检验(单位根检验)。按照通常做法,将GDP和进出口总额分别取自然对数后进行ADF单位根检验,检验结果如表2-6、表2-7所示,GDP和进出口总额取对数后的一阶差分均为平稳序列。在此基础上,我们可以对GDP和进出口总额进行格兰杰因果检验。检验结果如表2-8所示,在滞后两阶的时候,对外贸易的增长是GDP增长的格兰杰原因;同时,GDP的增长也是对外贸易增长的原因。也就是说,格兰杰因果关系检验表明,对外贸易的增长促进了GDP的增长,同时GDP的增长也促进了对外贸易的增长。

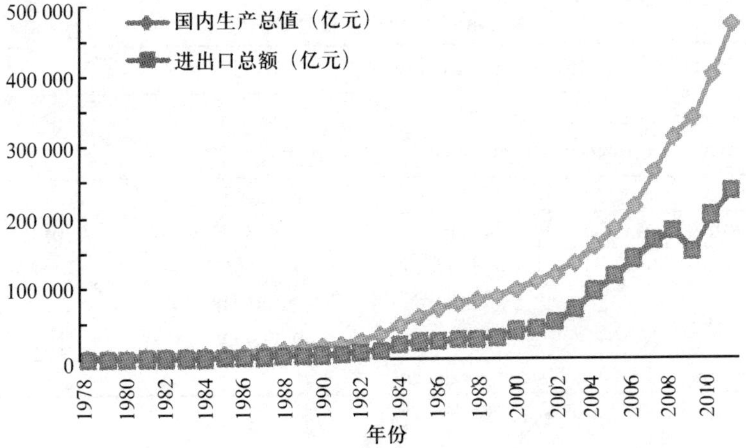

图2-6　国内生产总值和进出口总额变化趋势

表2-5　1978—2011年国内生产总值与对外贸易总额

年份	国内生产总值（亿元）	进出口总额（亿元）	年份	国内生产总值（亿元）	进出口总额（亿元）
1978	3 645.2	355	1995	60 793.7	23 499.9
1979	4 062.6	454.6	1996	71 176.6	24 133.8
1980	4 545.6	570	1997	78 973	26 967.2
1981	4 891.6	735.3	1998	84 402.3	26 849.7
1982	5 323.4	771.3	1999	89 677.1	29 896.2
1983	5 962.7	860.1	2000	99 214.6	39 273.2

（续表）

年份	国内生产总值（亿元）	进出口总额（亿元）	年份	国内生产总值（亿元）	进出口总额（亿元）
1984	7 208.1	1 201	2001	109 655.2	42 183.6
1985	9 016	2 066.7	2002	120 332.7	51 378.2
1986	10 275.2	2 580.4	2003	135 822.8	70 483.5
1987	12 058.6	3 084.2	2004	159 878.3	95 539.1
1988	15 042.8	3 821.8	2005	183 217.5	116 921.8
1989	16 992.3	4 156	2006	211 923.5	140 971.4
1990	18 667.8	5 560.1	2007	257 306	166 740.2
1991	21 781.5	7 225.8	2008	300 670	177 982.1
1992	26 923.5	9 119.6	2009	340 902.8	150 648.1
1993	35 333.9	11 271	2010	401 512.8	201 722.1
1994	48 197.9	20 381.9	2011	473 104.0	236 402.0

资料来源:《中经网统计数据库》综合年度数据库。

表 2-6　GDP 单位根检验结果

Null Hypothesis: D(LNGDP) has a unit root			
Exogenous: Constan Lag Length: 3 (Automatic based on AIC, MAXLAG = 7)			
		t-Statistic	Prob. *
Augmented Dickey-Fuller test statistic		-3.418300	0.0195
Test critical values:	1% level	-3.711457	
	5% level	-2.981038	
	10% level	-2.629906	
* MacKinnon (1996) one-sided *p*-values.			

注:使用 EVIEWS 6.0 得到检验结果。

表 2-7　进出口额单位根检验结果

Null Hypothesis: D(LNTRADE) has a unit root			
Exogenous: Constant Lag Length: 0 (Automatic based on AIC, MAXLAG = 7)			
		t-Statistic	Prob. *
Augmented Dickey-Fuller test statistic		-4.248232	0.0025
Test critical values:	1% level	-3.679322	
	5% level	-2.967767	
	10% level	-2.622989	
* MacKinnon (1996) one-sided *p*-values.			

注:使用 EVIEWS 6.0 得到检验结果。

表 2-8　进出口与 GDP 格兰杰因果关系检验结果

Pairwise Granger Causality Tests			
Sample：1978—2011 Lags：2			
Null Hypothesis：	Obs	F-Statistic	Prob.
TRADE does not Granger Cause GDP	32	5.38148	0.0117
GDP does not Granger Cause TRADE		8.97074	0.0012

注：使用 EVIEWS 6.0 得到检验结果。

为了论证对外贸易与 GDP 增长之间关系结论的一般性，我们进一步分析分省对外贸易数据和 GDP 之间的关系。从表 2-9 中可以看出，2007 年中国分省进出口贸易额在各省之间的差距很大。2007 年进出口贸易额最大省份广东省的进出口额为 63 418 595 万美元，而进出口贸易额最小省份西藏自治区的进出口额仅为 39 346 万美元，相差 1 600 倍。2007 年中国进出口贸易额前六位的省份（直辖市）为广东、江苏、上海、北京、浙江、山东，其年进出口贸易额均超过千亿美元，前六位的合计值为 175 881 785 万美元，占 2007 年全国进出口贸易总额的 81%。而最后六个省份（自治区）甘肃、海南、贵州、宁夏、青海、西藏的进出口贸易额合计值仅为 1 387 137 万美元，在 2007 年全国进出口贸易总额中所占比重不足 1%。从中国分省对外贸易数据中，我们可以看到，经济发展水平和对外贸易之间存在着正相关关系。经济较为发达的省份，其对外贸易额相对较高，而经济欠发达的省份，其对外贸易也不发达。2000 年、2005 年、2006 年和 2007 年分省对外贸易与 GDP 之间的正相关关系分别高达 0.73、0.788、0.786 和 0.79。

第三节　中国的贸易开放度测度及区域格局

贸易开放度反映的是一国国内市场对外开放的程度，但是中国的贸易开放度究竟处在一个怎样的水平，国内理论界至今还没有形成一个公认的界定。20 世纪 90 年代以来，国外在贸易开放度的测度领域出现了许多新观点、新方法，涌现了大量的研究文献，但由于对贸易开放度的分析角度和测度方法各不相同，也未能形成明确的共识。本节将在系统梳理贸易开放度测度研究的基础上，选择相对适宜的贸易开放度测度方法，对中国的贸易开放度及其区域格局进行详尽的分析，给出中国贸易开放的时空变动图景。

表 2-9　2000 年、2005 年、2006 年、2007 年分省进出口与 GDP 情况统计表

地　区	2000 年		2005 年		2006 年		2007 年	
	进出口（万美元）	GDP（亿元）	进出口（万美元）	GDP（亿元）	进出口（万美元）	GDP（亿元）	进出口（万美元）	GDP（亿元）
北京	4 962 189	3 161	12 550 643	6 886.31	15 803 663	7 870.28	19 299 976	9 353.32
天津	1 715 400	1 701.88	5 327 680	3 697.62	6 446 194	4 359.15	7 144 973	5 050.4
河北	523 862	5 043.96	1 607 035	10 096.11	1 853 088	11 660.43	2 552 341	13709.5
山西	176 438	1 845.72	554 565	4 179.52	662 710	4 752.54	1 157 948	5 733.35
内蒙古	262 205	1 539.12	487 625	3 895.55	596 082	4 791.48	773 589	6 091.12
辽宁	1 903 148	4 669.1	4 101 327	7 860.85	4 839 024	9 251.15	5 947 435	11 023.49
吉林	257 042	1 951.51	652 772	3 620.27	791 404	4 275.12	1 029 800	5 284.69
黑龙江	298 637	3 151.4	956 602	5 511.50	1 285 655	6 188.90	1 729 559	7 065
上海	5 470 802	4 771.17	18 633 674	9 164.10	22 752 420	10 366.37	28 285 388	12 188.85
江苏	4 563 636	8 553.69	22 792 276	18 305.66	28 397 838	21 645.08	34 947 179	25 741.15
浙江	2 783 262	6 141.03	10 738 966	13 437.85	13 914 161	15 742.51	17 684 737	1 8780.44
安徽	334 684	2 902.09	911 939	5 375.12	1 224 514	6 148.73	1 593 229	7 364.18
福建	2 122 046	3 764.54	5 441 119	6 568.93	6 265 963	7 614.55	7 444 738	9 249.13
江西	162 405	2 003.07	406 461	4 056.76	619 486	4 670.53	944 854	5 500.25
山东	2 498 976	8 337.47	7 673 587	18 516.87	9 521 381	22 077.36	12 247 444	25 965.91

（续表）

地区	2000 年		2005 年		2006 年		2007 年	
	进出口（万美元）	GDP（亿元）	进出口（万美元）	GDP（亿元）	进出口（万美元）	GDP（亿元）	进出口（万美元）	GDP（亿元）
河南	228 290	5 052.99	772 492	10 587.42	979 457	12 495.97	1 278 513	15 012.46
湖北	322 286	3 545.39	905 475	6 520.14	1 176 219	7 581.32	1 486 895	9 230.68
湖南	251 222	3 551.49	600 019	6 511.34	735 226	7 568.89	968 585	9 200
广东	17 009 888	10 741.25	42 796 497	22 366.54	52 719 910	26 204.47	63 418 595	31 084.4
广西	203 379	2 080.04	518 150	4 075.75	666 756	4 828.51	925 900	5 955.65
海南	128 786	526.82	254 234	894.57	284 621	1 052.85	351 441	1 223.28
重庆	178 590	1 603.16	429 284	3 066.92	546 968	3 491.57	743 794	4 122.51
四川	254 520	3 928.2	790 196	7 385.11	1 102 082	8 637.81	1 437 812	10 505.3
贵州	65 998	1 029.92	140 357	1 979.06	161 771	2 282.00	227 030	2 741.9
云南	181 276	2 011.19	474 344	3 472.89	622 484	4 006.72	879 357	4 741.31
西藏	13 031	117.8	20 547	250.21	32 838	291.01	39 346	342.19
陕西	214 008	1 804	457 687	3 772.69	536 029	4 523.74	688 734	5 465.79
甘肃	56 953	1 052.88	263 027	1 933.98	382 493	2 276.70	552 367	2 702.4
青海	15 973	263.68	41 331	543.32	65 172	641.58	61 207	783.61
宁夏	44 292	295.02	96 657	606.26	143 713	710.76	158 152	889.2
新疆	226 404	1 363.56	794 049	2 604.19	910 327	3 045.26	1 371 583	3 523.16

资料来源：《中经网统计数据库》年度数据库。

一、贸易开放度测度方法的研究综述

贸易开放度最直接的测度方法应该是对一国对外贸易所涉及的政策和制度的开放性进行度量,但是会面临绝大部分的政策和制度难以量化的难题。而最早也是最常用的贸易开放度测度是对外贸易依存度,即用进出口贸易总额与国内生产总值(GDP)的比值来表示,但是该方法也有较大的局限性。以上两种角度就是目前关于贸易开放度测度研究的主要切入点,前者是基于政策规则的测度,后者是基于结果影响的测度。在贸易开放度的测度方法上主要有两类:一是指标体系法,分为单一指标法和综合指标法;二是模型构建法(也称为"回归法"),通过选取一定的指标运用回归计量方法确定其理论预测值,然后比较选取指标的实际值与理论预测值之间的差异来测度贸易开放度。①

表 2-10 贸易开放度测度类型与方法

贸易开放度测度类型	测度方法	具体形式
基于政策规则的贸易开放度测度	单一指标法	关税税率、非关税壁垒、BMP
	综合指标法	Sachs-Warner 综合指标、世界银行外向指数、Edwards 综合指标
基于结果影响的贸易开放度测度	指标体系法	贸易依存度、CTI 指标、Dollars 指标
	模型构建法	回归模型法、要素禀赋模型法、引力模型法

(一) 指标体系法

有关贸易开放度测度指标体系法的研究可分为单一指标法和综合指标法。

1. 单一指标法

一些学者使用与贸易限制有关的变量作为贸易开放度测度指标,比如关税水平或非关税壁垒。但是,由于关税税率结构的复杂性,其测度形式多种多样,使用较多的指标有平均关税率、加权平均关税率、集成关税率(CTR)、有效保护率(ERP)等。虽然关税税率具有直接、简单、易得的特点,但是 Anderson 和 Neary(1994)提出只有当关税是贸易保护的唯一形式时,才可以用关税税率来测度贸易开放度。因此,单独使用关税税率作为贸易开放度测度指标要非常慎重。② 随着关税水平不断降低,非关税壁垒

① 许和连、亓朋:《贸易开放度与经济增长研究进展述评》,《国际经贸探索》,2008 年第 7 期,第 4—9 页。

② 周茂荣、张子杰:"对外开放测度研究述评",《国际贸易问题》,2009 年第 8 期,第 121—128 页。

(NTBs)对国际贸易的影响越来越大。有的学者提出,使用非关税壁垒覆盖率指标,也就是受非关税壁垒影响的贸易额占比来测度贸易开放度。但是,由于非关税壁垒难以量化,且其覆盖率仅能代表非关税壁垒的影响,Edwards(1992)认为该指标是最糟糕的贸易开放度测度指标之一。还有一些学者采用外汇市场的黑市交易费用(BMP)来代表对外贸易的扭曲程度(Levine 和 Renelt,1992;Lundberg 和 Squire,2003),但是 Rodriguez 和 Rodrik(2001)认为使用黑市交易费用(BMP)作为贸易开放度测度指标要慎重,因为黑市交易费用高企很可能是由于宏观政策失误引起,而其中大部分却与贸易开放度无关。

另一类贸易开放度单一指标测度则是基于对外贸易的结果。由于数据的易得性和可比性,对外贸易依存度因而成为最常用的贸易开放度指标。但是,对外贸易依存度不仅受到一国贸易政策和制度的影响,还受到该国的经济发展水平、资源禀赋状况、国内市场规模、国内消费需求等因素的影响,因此贸易依存度并不能完全真实地反映贸易开放度的变动(Edwards,1998)。Dollar 和 Kraay(2002)、Alcala 和 Ciccone(2004)提出的真实对外贸易开放度是对名义对外贸易依存度的修正,该指标是用以美元计算的进出口总额除以用购买力平价转化后以美元计算的 GDP 所得的比值。Squalli 和 Wilson(2006)就对外贸易依存度指标作了进一步改进,提出了综合贸易强度指标(Composite Trade Intensity, CTI),认为贸易开放度是个二维概念,应当包括贸易强度(Trade Intensity,TI)和相对世界贸易强度(Relative World Trade Intensity, RWTI)两个维度。

Dollar(1992)基于国际贸易的一价定律假设,建立了反映贸易开放度的 Dollars 指标。Dollars 指标又称为实际汇率扭曲指数,其计算公式为$R = PT_i/(E_i \times PT_m)$,这里 PT_i、PT_m 分别代表特定国家 i 和美国国内可贸易商品价格,E_i 代表该国货币对美元的名义汇率。① Dollars 指标实际是用贸易开放条件下商品实际价格的偏差程度来反映贸易开放度。由于无论采取何种贸易政策措施其结果最终都会体现在商品价格上,因而 Dollars 指标可以回避量化贸易政策过程的复杂性和不确定性,从而使得测度方法简单而且结果真实可信,为很多研究者所采用。但是,Dollars 指标有严格的三项前提条件,Rodriguez 和 Rodrik(2001)发现要同时满足这三项条件很难。

---

① 高小红、周茂荣:"贸易开放度测度研究述评",《经济评论》,2008 年第 6 期,第 145—150 页。

2. 综合指标法

在贸易开放度单一指标测度的基础上,有学者构造了综合指标来分析贸易开放度。Sachs 和 Warner(1995)构建的 Sachs-Warner 综合指标体系是其中影响最大的。采用两分法,Sachs-Warner 综合指标体系运用 5 个指标来判定一个国家开放或封闭。这 5 个指标包括:一是平均关税税率是否超过 40%(TAR);二是进口非关税壁垒覆盖率是否超过 40%(NTB);三是国家是否实行计划经济体制(SOC);四是主要外贸出口中是否有国家垄断行为(MON);五是黑市外汇溢价是否超过官方汇率 20%(BMP)。如果符合上述 5 个条件中的任意一条,则该国贸易开放度为 0,属于封闭国家;如果对照这 5 个条件都不符合,则该国贸易开放度为 1,属于开放国家。Sachs-Warner 综合指标体系实现了判别贸易开放标准的多样化,Charles(2003)、Wacziarg 和 Welch(2008)认为该指标是最值得参考和采纳的贸易开放度测度指标。但是,该指标所测度的贸易开放度只有开放和封闭两个极端,指标中的数值阀值的设定带有很强的随意性,使得该指标缺乏坚实的理论与现实基础。

另一个广泛使用的贸易开放度综合测度指标是世界银行(1987)构造的世界银行外向指数。基于数量限制、出口刺激的持续性、汇率高估和有效保护率等这些对外贸易政策中进口限制措施的强度,世界银行外向指数将国家的贸易开放程度划分为从完全外向到完全内向的四个层次。

Edwards(1998)将已有的贸易开放度测度方法加以综合,从中抽取各类方法的合理成分从而形成了一种新的测度方法。Edwards(1998)选取了 9 种贸易开放度测度指标,包括:Sachs 和 Warner(1995)的综合指标、世界银行(1987)的外向指标、Leamer(1988)的开放度指标、黑市汇率与官方汇率差价所表示的 BMP、工业制成品平均关税水平、非关税壁垒覆盖率所表示的 NTBs、基于传统基金会的贸易开放指数、实际关税征收率以及 Wolf(1993)的进口扭曲指标,从而构造了贸易开放度的综合测度指标。该方法虽然没有理论上的创新,但却实际提高了贸易开放度测度的准确性,因而得到广泛认可。

(二) 模型构建法

一些学者提出通过建立贸易开放回归模型,使用贸易回归方程的残差,即排除其他影响因素之后贸易政策对贸易额的影响,来构造贸易开放度测度指标。Balassa(1985)最先采用回归模型来测度贸易开放度,他构造了一个出口总量结构模型,以出口额为被解释变量,人均收入、人口以及矿产资源为解释变量,利用 43 个国家 1973—1979 年期间数据来估计贸易比重,若残差为负则该经济体为封闭型,反之则为开放型。

Leamer(1988)使用包含资本、土地、劳动力、石油、煤炭等9种要素的Heckscher-Ohlin-Vanek要素禀赋实证模型,对53个国家在三位数商品分类标准(SITC)上183种商品的双边贸易数据估计净贸易流量和贸易强度比,然后利用贸易强度比的预测值与实际值之差的平均值作为贸易开放度测度指标。Wolf(1993)进一步扩展了Leamer(1988)的方法,运用更大数量的生产要素集和更细致的商品分类标准,利用实际发生的贸易额与非扭曲情况下贸易额预测值之间的距离来测度贸易开放度。

Stewart(1999)提出以引力模型为基础,并以贸易流量实际值与预测值之差来计算贸易开放度测度指标的方法。Stewart方法将贸易实际流量与引力模型预测的贸易流动值的比值作为贸易强度,并将贸易强度分为出口强度与进口强度两类,从而利用计算出来的贸易强度来代表贸易开放度测度指标。

要素禀赋模型和引力模型方法的最大优点在于两者都具有坚实的理论基础,而且与经验数据的拟合效果也很好。当然,这两种方法也有一些差别,要素禀赋模型注重于双边贸易流量,而引力模型更注重于贸易净流量。相比而言,引力模型更能反映贸易政策的变化,而且它还为实证研究中解决贸易内生性问题提供了一种参考方法。①

国内学者对贸易开放度测度的研究,主要集中在对于对外贸易依存度的修正上。包群、许和连和赖明勇(2003)用5种测度指标对中国改革开放以来的贸易开放度进行了测度和比较分析,认为对外贸易依存度最能反映中国的贸易开放度。许统生(2003)从相对经济规模、产业结构、购买力平价和汇率等方面对对外贸易依存度的计算进行了修正。沈利生(2005)认为GDP中包含的是净出口而并不是进出口总额,这就导致对外贸易依存度中分子与分母的内涵不同,为此他提出了经济活动总量的概念来修正外贸易依存度的缺陷。裴长洪和彭磊(2006)则提出对外贸易依存度=(出口增加值+进口原材料与中间产品价值)/(GDP+进口原材料与中间产品价值),从而避免对外贸易依存度中分子与分母内涵的不一致。张素芳和房剑(2006)在沈利生(2005)的基础上,进一步将经济活动总量细分为第一、第二产业的活动总量与第三产业的活动总量两类,不仅将服务贸易额考虑在内,同时还考虑到了经济规模的差异,并提出新的对外贸易依存度

① 周茂荣、张子杰:“对外开放测度研究述评”,《国际贸易问题》,2009年第8期,第121—128页。

公式,为探索准确的贸易开放度测度做出了有益的尝试。

二、中国贸易开放度的测度

基于近年来国内外关于贸易开放度测度方法的新进展,本书将对中国的贸易开放度进行实际测算。为了比较研究的方便,本书综合运用指标体系法和模型构建法同时选取多种指标来测度中国的贸易开放度。

(一)贸易开放度测度体系

1. 贸易依存度(TI)

反映一个国家经济与其他国家经济联系的密切程度或参与国际分工的程度,最常用的就是贸易依存度或者出口依存度,即中国历年进出口总额与当年国内生产总值之比或者出口额与国内生产总值之比。在对外贸易中,除了出口,进口也非常重要。通过进口能提高技术水平,优化产业结构,同时作为中间投入品的进口品对于国际贸易生产加工企业的成本控制非常重要。因此,本书以贸易依存度作为考察中国贸易开放的指标之一,比出口依存度更能体现贸易开放的全貌。

$$\mathrm{TI} = \text{进出口总额}/\mathrm{GDP}$$

2. 实际关税率(RT)

由于名义关税率并不能真实反映关税水平,因此本书在度量中国关税水平时选取实际关税率。有学者指出虽然中国名义关税率与其他发展中国家相比偏高,但实际上以关税收入反映的关税水平远低于其他国家。

$$\mathrm{RT} = \text{关税收入}/\text{进口额}$$

3. 黑市交易费用(BMP)

黑市交易费用衡量了一国汇率的扭曲程度,等于外汇市场黑市汇率(Black Market Exchange Rate,BME)超过官方汇率的比率。因为扭曲的贸易体制经常导致扭曲的汇率而最终体现在外汇黑市的升贴水上,外汇市场黑市汇率便是一个衡量贸易扭曲的间接指标。

4. 价格扭曲指数(PDI)

该指数是由 Dollar(1992)提出的,他先构造了以下方程:

$$\mathrm{RPI} = \alpha + \beta_1 \mathrm{GDP}pc + \beta_2 (\mathrm{GDP}pc)^2 + \varepsilon \tag{2.1}$$

这里,RPI 是相对价格指数,$\mathrm{RPI} = P/(EP_{us})$;GDP$pc$ 是价格经过调整的人均国内生产总值。根据回归结果构造 RPI 的预测值,记为$\widehat{\mathrm{RPI}}$。最后,以实际值 RPI 与预测值$\widehat{\mathrm{RPI}}$的比值来衡量 PDI。

5. 修正的贸易依存度(Adjusted TI)

可以对贸易依存度 TI 进行修正,以反映中国经济发展和人口规模对贸易开放度的影响。这里的修正借鉴了 Patrick 等(1998)提出的模型:

$$\ln(\mathrm{TI}_t) = \alpha + \beta_1 \ln(\mathrm{GDP}_t) + \beta_2[\ln(\mathrm{GDP}_t)]^2 + \beta_3 \ln(\mathrm{POP}_t) + \beta_4[\ln(\mathrm{POP}_t)]^2 + \beta_5 \ln(\mathrm{GDP}pc_t) + \beta_6[\ln(\mathrm{GDP}pc_t)]^2 + \varepsilon_t \quad (2.2)$$

对述方程进行回归,得到残差 ε_t 后,修正的贸易依存度可以表述为:

$$\text{Adjusted TI} = e^{\ln(\mathrm{TI}_t) - \varepsilon_t} \quad (2.3)$$

(二)贸易开放度测度指标的计算和比较

由于中国从 1985 年才开始统计消费者物价指数,所以价格扭曲指数只能从 1985 年开始统计。其中,中国的居民消费物价指数取自各年的《中国统计年鉴》,美国的消费价格指数取自美国劳工部统计数据,人民币兑美元平均汇率和人均国内生产总值采用《中经网统计数据库》综合年度数据库。

为了对比方便,与价格扭曲指数相适应,我们也从 1985 年开始计算贸易依存度、实际关税率、调整的贸易依存度,所需数据均取自《中经网统计数据库》综合年度数据库,结果如表 2-11 所示。

表 2-11 中国的贸易开放度测度指标

年份	TI	RT	PDI	BMP	Adjusted TI
1985	0.23	0.163	1.07	0.094	0.265
1986	0.253	0.101	0.988	0.091	0.219
1987	0.256	0.088	0.962	0.204	0.249
1988	0.254	0.075	1.104	1.687	0.267
1989	0.245	0.083	1.198	2.177	0.285
1990	0.298	0.062	0.963	1.595	0.293
1991	0.332	0.055	0.853	1.209	0.28
1992	0.339	0.048	0.877	0.825	0.303
1993	0.319	0.043	0.972	0.463	0.358
1994	0.423	0.027	0.761	0.083	0.376
1995	0.387	0.026	0.968	0.052	0.349
1996	0.339	0.026	1.041	0.046	0.333
1997	0.341	0.027	1.066	0.043	0.343
1998	0.318	0.027	1.059	0	0.369
1999	0.333	0.041	1.037	0.111	0.387

（续表）

年份	TI	RT	PDI	BMP	Adjusted TI
2000	0.396	0.04	1.022	0.086	0.414
2001	0.385	0.042	1.012	—	0.431
2002	0.427	0.029	0.998	—	0.462
2003	0.519	0.027	0.991	—	0.487
2004	0.598	0.022	0.999	—	0.473
2005	0.636	0.02	0.964	—	0.635

资料来源：根据《中国统计年鉴》(1986—2006 年)、《中经网统计年度数据库》以及美国劳工部相关统计数据计算。其中，BMP 数据转引自包群、许和连、赖明勇："贸易开放度与经济增长：理论及中国的经验研究"，《世界经济》，2003 年第 2 期，第 10—18 页。

对上述 5 个贸易开放度测度指标进行相关性分析，如表 2-12 所示，我们可以看到，TI、RT 和 Adjusted TI 这 3 种贸易开放度指标的相关性很强，其中 TI 和 RT 的相关系数高达 -0.805，TI 和 Adjusted TI 的相关系数也达到了 0.8，RT 和 Adjusted TI 的相关系数也有 -0.727；TI 和 PDI 的相关性也较高，其相关系数达到了 -0.564。

表 2-12 中国贸易开放度测度指标的相关性

	RT	TI	PDI	BMP	Adjusted TI
RT	1.000	-0.805	0.285	0.195	-0.727
TI	-0.805	1.000	-0.564	-0.411	0.800
PDI	0.285	-0.564	1.000	0.243	-0.107
BMP	0.195	-0.411	0.243	1.000	-0.403
Adjusted TI	-0.727	0.800	-0.107	-0.403	1.000

根据以上的相关性分析，我们发现贸易依存度、实际关税率和修正的贸易依存度这三种指标高度相关，统计学意义上可以通用。另外，为了统一省级和国家层面的统计口径，直观便利地进行比较，下文中我们将把贸易依存度指标定义为贸易开放度。

三、中国贸易开放的区域格局

（一）全国贸易开放度情况分析

利用《中经网统计数据综合年度数据库》的相关数据，采用贸易依存度作为度量贸易开放的指标，我们可以对中国从 1978 年改革开放至今的贸易开放情况进行测度。从图 2-7 中，我们很清楚地看到，自改革开放以来，中国的贸易开放度有了很大幅度的提高。在 20 世纪 80 年代，中国的的贸易开放度一直处于 30% 以下的水平；在 20 世纪 90 年代，中国的贸易开放度水平虽有起伏,但总体稳定在30%—40%之间;进入21世纪以来,特别是加入WTO以后,中国的贸易开放度水平有了迅速的提高,在2006年达到历史最高的67%的水平。

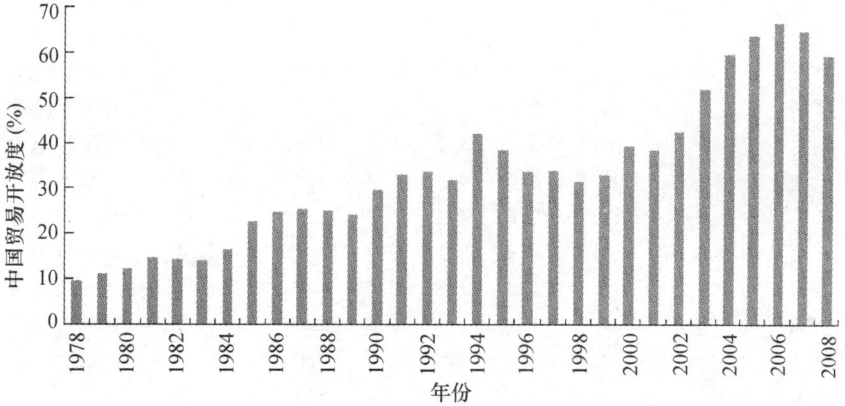

图2-7 中国贸易开放度指标

(二)中国区域贸易开放格局

同样利用《中经网统计数据综合年度数据库》、《中国统计年鉴》(1982—2009年)、《新中国五十五年统计资料汇编》的相关数据,采用贸易依存度作为度量贸易开放的指标,我们可以计算中国29个省、自治区、直辖市(海南省的数据缺失较多,香港特别行政区、澳门特别行政区和台湾地区数据无法获得,均未包括在内)的贸易开放度。其中,重庆市和四川省的数据合并为四川数据。各地区贸易开放度计算结果如表2-12所示。

表2-13 1981—2008年中国地区贸易开放度测度指标 (单位:%)

地区	1981	1982	1983	1984	1985	1986	1987	1988	1989	1990	1991
北京	8.4	8.2	7.5	7.9	11.1	20.2	17.6	18.0	16.9	20.5	23.0
天津	26.0	25.0	25.2	22.3	24.8	29.5	34.1	32.7	29.4	34.0	31.4
河北	6.0	7.1	6.2	5.7	10.5	8.9	11.4	9.4	8.5	10.4	10.0
山西	0.6	0.8	1.0	2.8	4.6	5.7	6.0	4.7	4.9	5.8	6.7
内蒙古	1.3	1.6	1.7	1.9	3.3	4.6	5.3	5.2	5.6	7.3	8.9
辽宁	25.6	25.7	21.6	26.2	30.5	19.6	22.0	18.8	20.0	28.4	29.9
吉林	2.6	2.7	2.9	4.4	8.1	10.9	8.0	7.7	10.0	12.5	15.7
黑龙江	1.2	1.5	2.3	3.0	4.2	7.0	7.9	8.4	8.4	10.0	13.0
上海	21.3	21.4	23.2	25.3	32.6	36.6	40.9	41.6	42.4	47.0	47.9
江苏	5.7	6.1	6.5	7.1	9.0	11.2	11.6	10.6	10.9	14.0	17.7
浙江	3.9	4.7	5.2	5.5	7.7	8.9	9.8	9.8	10.4	13.6	17.0

（续表）

地区	1981	1982	1983	1984	1985	1986	1987	1988	1989	1990	1991
安徽	1.1	1.6	1.8	2.5	3.8	4.4	5.3	4.8	4.3	5.4	6.7
福建	9.6	8.7	8.7	9.5	13.2	20.9	24.6	27.6	28.1	39.7	49.2
江西	2.9	2.5	3.3	3.5	4.5	5.6	6.9	6.8	5.9	7.2	8.1
山东	9.5	8.4	8.3	9.4	13.2	11.8	14.5	11.9	11.7	13.3	13.6
河南	1.9	2.0	1.8	2.3	2.9	3.5	4.6	4.2	4.4	5.1	6.2
湖北	2.7	3.0	3.3	3.5	5.1	6.7	8.0	8.1	6.4	6.9	8.0
湖南	3.5	3.4	3.5	3.6	4.4	5.4	5.9	5.3	5.0	6.0	8.8
广东	17.5	16.7	17.7	17.6	27.4	35.2	92.5	99.9	97.0	136.2	157.0
广西	5.9	5.4	5.9	6.2	8.5	9.2	12.2	9.6	7.4	9.6	10.5
四川	0.8	0.9	0.7	1.4	2.5	3.5	4.7	4.4	4.3	3.4	4.4
贵州	1.2	1.3	1.2	1.5	2.1	2.1	2.8	2.7	3.0	4.0	4.4
云南	2.4	2.3	2.4	2.4	4.5	6.2	7.6	8.4	8.3	8.0	7.8
西藏	3.1	2.0	3.1	2.4	3.0	2.4	5.2	4.1	6.7	5.9	6.1
陕西	1.2	1.5	1.7	1.9	2.6	3.9	5.3	5.8	5.6	6.8	9.3
甘肃	1.2	1.2	1.2	1.4	2.4	3.3	3.6	3.2	3.2	4.0	5.4
青海	1.2	1.4	2.0	2.7	3.0	3.9	4.4	3.7	4.0	4.8	5.5
宁夏	4.6	4.8	3.5	3.7	5.3	7.5	8.2	7.9	5.0	6.3	7.6
新疆	1.8	3.0	2.9	5.9	7.6	7.6	7.9	7.9	8.4	7.2	7.3

地区	1992	1993	1994	1995	1996	1997	1998	1999	2000
北京	24.6	24.0	220.3	205.1	136.2	121.4	106.3	106.2	129.9
天津	40.3	42.5	65.2	72.1	70.7	67.7	63.9	69.5	83.4
河北	10.6	8.4	12.4	11.5	10.1	8.6	8.2	8.4	8.6
山西	5.3	5.5	8.7	10.9	7.5	7.5	5.7	6.4	7.9
内蒙古	11.9	10.6	11.5	9.7	8.5	7.7	6.3	7.8	14.1
辽宁	30.3	24.4	35.8	39.5	37.0	34.5	27.2	27.2	33.7
吉林	19.6	20.1	25.7	19.1	13.0	10.5	8.7	10.9	10.9
黑龙江	17.2	15.9	13.0	10.0	8.6	7.7	6.0	6.3	7.8
上海	57.8	55.0	78.2	81.4	76.3	71.8	68.3	76.3	94.9
江苏	18.0	17.8	25.0	26.4	28.7	29.3	30.3	33.6	44.2
浙江	20.1	20.1	28.8	27.0	24.9	25.2	24.3	27.8	37.5
安徽	6.7	6.9	10.2	9.3	8.8	8.4	7.6	8.1	9.5
福建	56.4	51.9	63.9	57.6	51.9	52.5	44.9	42.7	46.7
江西	9.5	9.3	11.9	9.4	6.6	6.9	6.0	5.9	6.7
山东	14.7	15.1	21.6	23.5	22.8	22.4	19.7	20.2	24.8
河南	5.0	4.5	6.4	6.2	4.5	3.9	3.3	3.2	3.7
湖北	8.7	9.7	13.9	13.5	9.5	9.3	7.5	6.9	7.5

（续表）

地区	1992	1993	1994	1995	1996	1997	1998	1999	2000
湖南	9.0	8.0	11.2	8.0	6.1	5.5	4.9	5.0	5.9
广东	155.8	130.1	180.4	146.3	133.7	138.7	126.0	125.6	131.1
广西	11.4	13.6	21.8	17.2	9.9	13.1	10.4	7.4	8.1
四川	6.5	6.3	9.7	8.4	7.6	6.3	5.3	5.9	6.5
贵州	5.1	4.7	7.7	8.7	5.6	6.5	6.1	4.8	5.3
云南	8.5	8.6	14.3	14.7	10.1	8.3	7.4	7.2	7.5
西藏	30.5	29.1	121.3	32.3	22.6	18.9	10.9	13.0	9.2
陕西	10.1	11.2	14.6	13.6	11.9	10.5	11.6	10.4	9.8
甘肃	7.0	6.2	9.6	9.0	5.5	5.0	4.2	3.5	4.5
青海	6.0	5.3	9.5	7.7	5.8	5.3	4.4	3.7	5.0
宁夏	5.8	5.6	10.9	10.5	7.8	8.3	8.1	9.9	12.4
新疆	8.5	9.1	11.2	12.0	8.7	9.0	11.4	12.6	13.7

地区	2001	2002	2003	2004	2005	2006	2007	2008
北京	114.9	100.4	112.9	129.2	149.3	160.3	156.9	180.0
天津	78.4	87.8	94.2	111.8	118.0	118.3	107.6	87.9
河北	8.6	9.2	10.7	13.2	13.0	12.8	14.2	16.5
山西	7.9	8.2	9.0	12.5	10.9	11.2	15.4	14.4
内蒙古	9.8	10.4	9.8	10.1	10.3	9.8	9.7	8.0
辽宁	32.5	33.0	36.6	42.7	42.7	41.9	41.0	37.4
吉林	12.5	13.0	19.1	18.0	14.8	14.8	14.8	14.4
黑龙江	8.3	9.9	10.9	11.8	14.2	16.5	18.6	19.1
上海	96.7	104.7	138.9	164.1	166.6	175.0	176.5	163.4
江苏	44.9	54.8	75.6	94.3	102.0	104.6	103.2	89.9
浙江	39.4	43.4	52.4	60.5	65.5	70.5	71.6	68.3
安徽	9.2	9.8	12.5	12.5	13.9	15.9	16.5	16.0
福建	46.0	52.6	58.7	68.3	67.9	65.9	61.2	54.5
江西	5.8	5.7	7.5	8.4	8.2	10.6	13.1	14.7
山东	26.1	27.3	30.6	33.4	34.0	34.4	35.9	35.4
河南	4.2	4.4	5.7	6.4	6.0	6.3	6.5	6.6
湖北	7.6	7.8	8.9	9.9	11.4	12.4	12.2	12.6
湖南	6.0	5.7	6.6	8.0	7.5	7.8	8.0	7.8
广东	121.3	135.5	148.1	156.7	156.7	160.7	155.1	133.0
广西	6.5	8.0	9.3	10.3	10.4	11.0	11.8	12.9
四川	6.7	7.7	9.0	9.8	9.6	10.9	11.3	12.5
贵州	4.7	4.6	5.7	7.5	5.8	5.7	6.3	7.0

（续表）

地区	2001	2002	2003	2004	2005	2006	2007	2008
云南	7.7	8.0	8.6	10.0	11.2	12.5	14.1	11.7
西藏	5.5	6.5	7.0	7.5	6.9	9.0	8.7	13.5
陕西	8.5	8.2	8.9	9.5	9.9	9.5	9.6	8.5
甘肃	5.7	5.9	7.8	8.6	11.1	13.4	15.5	13.3
青海	5.7	4.8	7.2	10.2	6.2	8.1	5.9	5.0
宁夏	13.1	9.7	12.1	14.0	13.1	16.1	13.5	11.9
新疆	9.8	13.8	20.9	21.1	25.0	23.8	29.6	36.7

资料来源：根据《中经网统计数据综合年度数据库》、《中国统计年鉴》（1982—2008年）、《新中国五十五年统计资料汇编》的相关数据计算得到。

在计算的中国29个省级行政单位中，从1980年代起贸易开放度较高的省份大多集中在东部沿海地区，呈现出明显的区域特征，图2-8给我们更直观的感受。以2008年的数据来看，有三个贸易开放度超过100%的省份（直辖市），分别是北京（180%）、上海（163.4%）和广州（133%）。这三个地区中，广东从1990年起贸易开放度就一直持续位于100%之上，而北

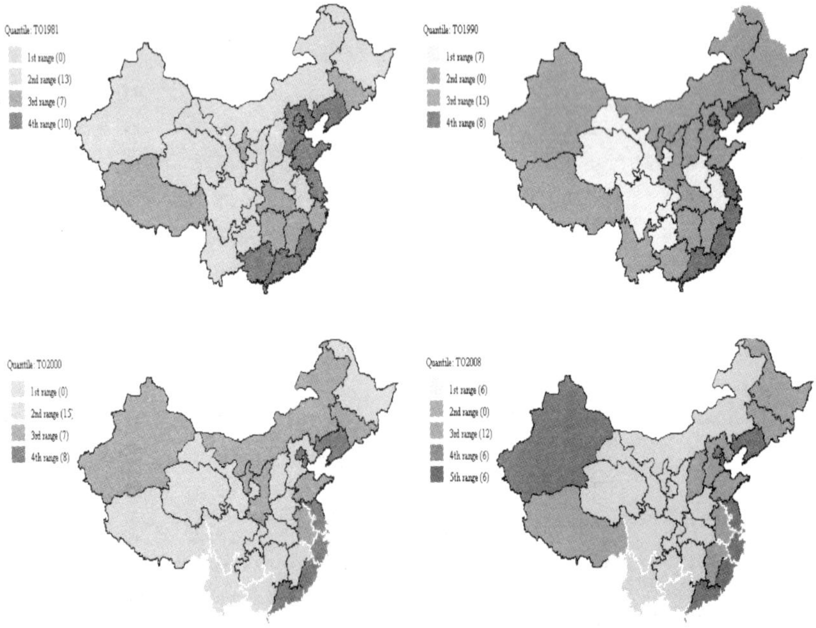

图2-8　1981年、1990年、2000年和2008年各地区贸易开放度四分位变化图

注：由于数据的原因，本图未包括海南、香港地区、台湾地区和澳门地区在内。

京从 1994 年起、上海从 2002 年起贸易开放度持续高于 100%。仍以 2008 年的数据为例,贸易开放度排在前十位的其他几个地区分别为:江苏、天津、浙江、福建、辽宁、新疆和山东。除了新疆,其他几个省份(直辖市)处于东部沿海区域。值得注意的是,新疆在 2002 年时贸易开放度只有 13.8%,到 2008 年迅速增长到 36.7%,并一举超过山东,排名第九。其他省份(自治区)的贸易开放度都在 20% 以下,增长缓慢,甚至有的地区贸易开放度不进反退。比如,内蒙古、吉林、湖南、西藏、陕西和青海地区 2008 年的贸易开放度均比 1992 年的要低。

我们采用变异系数和泰尔指数对 1981 年以来中国对外贸易开放的地区差异进行动态定量分析。变异系数的计算公式为①:

$$\text{变异系数} = \frac{\sqrt{\dfrac{\sum_{i=1}^{n}(X_I - \bar{X})^2}{n}}}{\bar{X}} \tag{2.4}$$

式中 X_i 为各省贸易开放度,$\bar{X}$ 为全国贸易开放度平均值。

泰尔指数的计算公式为②:

$$\text{泰尔指数} = \sum_{i=1}^{n}\left[\frac{\text{TR}_i}{\text{TR}}\ln\left(\frac{\text{TR}_i/\text{TR}}{\text{GDP}_i/\text{GDP}}\right)\right] \tag{2.5}$$

式中 TR_i 和 GDP_i 为各省对外贸易额和国内生产总值,TR 和 GDP 为全国对外贸易额与国内生产总值。

基于上述公式(2.4)和(2.5),我们计算出了 1981—2008 年中国对外贸易开放的变异系数和泰尔指数。不难看出,以变异系数和泰尔指数两种指标测度的中国对外贸易开放省际差异,其演变趋势具有相似的特征,即呈现出“先下降、后上升、转而再缓慢下降”的趋势特征,如图 2-9 所示。该趋势特征以 1986 年和 1991 年为两个转折点,将中国对外贸易发展的省际间差异演变历程划分为三个阶段:首先是 1981—1986 年,中国对外贸易开放地区差异缓慢缩小,1986 年达到最低点;接着是 1987—1991 年,这期间中国对外贸易开放的地区差异迅速扩大,省际贸易开放度的变异系数和泰尔指数都大幅度提高,1991 年达到最高点;然后是 1992—2008 年,1992、1993 年省际贸易开放度的变异系数和泰尔指数都有较大幅度回落,而后 1994—2008 年,省际对外贸易开放的变异系数和泰尔指数进入缓慢下降

---

① 赵伟、何莉:“中国对外贸易发展省际差异及其结构分解”,《经济地理》,2007 年第 2 期,第 187—190 页。

② 关于泰尔指数的详细介绍和应用将在第三章中进一步讨论。

阶段,虽然每年变化幅度较小,但长期来看下降幅度仍然明显。

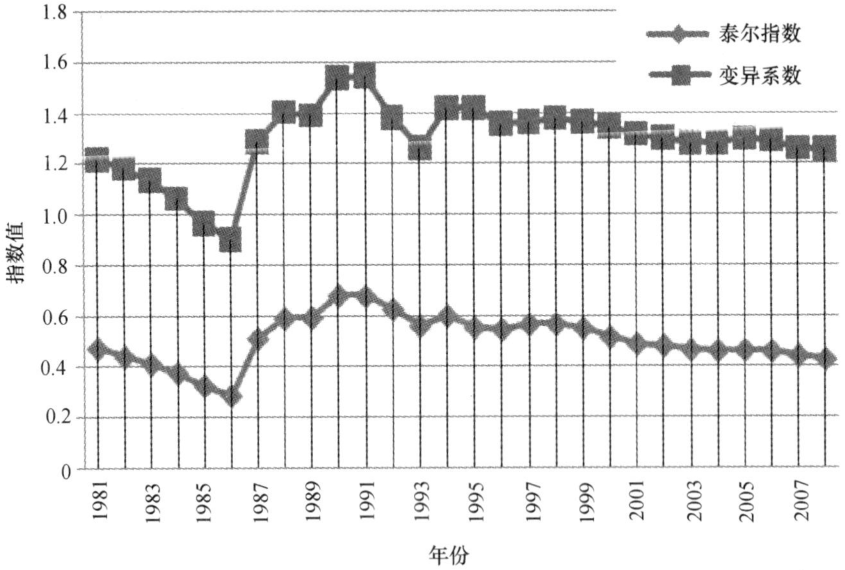

图 2-9 中国地区间贸易开放度差异变化趋势

结合本章第一节的内容,我们可以简要地对中国的区域贸易开放差异及其变化的成因进行分析。中国对外贸易开放度的省际差异演变受到国内经济制度、对外贸易体制和区域发展战略的影响。改革开放初期,中国经济制度仍是以计划经济为主,实行高度集中的外贸经营管理体制,进出口贸易都由国有外贸公司垄断经营,国内生产企业基本上没有外贸经营自主权。因此,在改革开放初期,计划经济占主导地位,计划主导下的区域平衡策略,使得对外贸易发展的地区差距呈现出逐步缩小的趋势。

但是,自 1987 年起承包经营责任制开始在对外贸易行业推行,这一改革措施极大地刺激了地方外贸的积极性,广东、福建、上海等东部沿海地区由于地理条件优越、经济基础较好和政策导向优惠,这些地区的对外贸易步入了快速发展的轨道。与此同时,中国实行由沿海向内地逐步推进的对外开放战略,率先在广东、海南、福建、上海等东部沿海地区设立经济特区和经济开发区,优先享受各项土地、税收和融资优惠政策,吸引了大量外商直接投资涌入东部沿海地区,带动了东部沿海地区加工贸易的发展,从而使得东部与中、西部地区的对外贸易发展差距迅速拉大,到 1991 年达到顶峰。

1990 年代初期开始,尤其是邓小平南方讲话以后,中国确立了社会主义市场经济的改革方向，对外开放战略也由沿海地区向内陆地区逐步推进，内陆地区所有的省会城市都相继开放，中国逐渐形成了全方位的对外开放格局，国内各省、直辖市、自治区基本上都设立了不同类型的经济开发区，对外贸易的优惠政策得到普及。与此同时，中央政府意识到区域发展差异扩大化不利于进一步的改革开放，在“八五”计划（1991—1995 年）和“九五”计划（1996—2000 年）期间，将区域发展战略的重心转向区域经济协调发展和缩小区域发展差距上，相继出台了一系列的协调区域经济发展的战略政策。区域协调发展政策的实施，改善了内陆地区的基础设施和经济、贸易环境，客观上阻止了省际对外贸易差距的进一步扩大①。

进入 21 世纪后，中国加入 WTO 开启了对外开放的新阶段，同时区域发展战略也转向区域统筹发展，西部大开发、东北振兴和中部崛起战略的相继实施，东部沿海地区的加工贸易产业不断向中西部地区转移，有力地提升了中西部地区的对外开放广度和深度，进一步降低了省际间对外贸易差距。

① 赵伟、马瑞永：“中国区域金融增长的差异——基于泰尔指数的测算”，《经济地理》，2006 年第 1 期，第 11—15 页。

第三章 中国的区域经济发展差异研究

区域经济发展差异,尤其是发展中国家的区域经济发展差异历来是区域经济学研究的核心问题之一。中国区域经济发展不平衡一直颇受人们关注,国内外学术界就中国区域经济差异问题进行了较为深入的研究。

本章首先对有关中国的区域经济发展差异研究现状进行梳理和述评,然后对改革开放以来中国的区域经济发展战略部署和实施过程进行系统的回顾和梳理,在此基础上采用量化指标对中国区域经济发展的差异现状和空间相关性进行实证分析,并对贸易开放和区域发展差异的关系进行初步探讨。

第一节 中国区域经济发展差异研究评述

现有的研究主要集中在两个方面:一是对中国区域经济发展差异的实证考察,结论并不一致,既有学者认为区域经济发展差异趋于收敛,也有学者认为区域经济发展差异趋于发散,还有学者认为区域经济发展差异呈现倒 U 形趋势,甚至是倒 U 形和 U 形的周期反复;二是分析中国区域经济发展差异产生的原因,其中重要的影响因素包括地理区位、对外开放、产业结构、要素禀赋以及区域政策等。

一、对中国区域经济发展差异的实证考察

从 20 世纪 90 年代初开始,关于中国区域经济发展差异历史与现状的研究进入了兴盛时期。目前,国内外学者关于中国区域经济发展差异的考察,大部分都集中于对区域经济发展差异缩小或扩大的实证研究,人均 GDP 和人均收入是最常使用的区域经济发展水平变量,变异系数和泰尔指数分解则是最常用的分析工具。由于研究对象、分析期间、指标选择和研究方法均有所不同,现有的研究文献并没有形成一致的结论。

对中国区域经济发展差异的研究起点,大致分为三类:一类是以 1952 年作为研究的起点,另一类是以 1978 年作为研究的起点,还有一类则专注

于1990年后的时间段。

以1952—1993年为研究区间,采用相对人均GDP作为核心指标,Jian、Sachs和Warner(1996)发现中国省域间的经济发展差异在此期间是收敛的。在基本相同的1952—1997年期间,Yao等(2001)采用真实的人均GDP作为核心指标,来分析中国区域经济发展差异的收敛性问题,其研究结果却表明中国区域间经济发展差异呈现发散趋势而不是收敛。而金相郁(2005)的结论更加有趣,他以1952—2004年为研究区间,发现中国的区域经济发展差异不是一个简单的收敛或者发散趋势,也不是先缩小后扩大的"U"形线,而是呈现"先倒U形,后U形"的趋势。董先安(2004)、徐建华等(2005)、Kanbur和Zhang(2005)、金相郁和武鹏(2010)的研究也得出了类似的结论。

以1978—1993年为研究区间,运用索洛经济增长模型,Chen和Fleisher(1996)研究发现该期间内中国各省份的人均GDP增长是条件收敛的,因而改革开放后中国区域间的差异有所缩小。以1978—1998年为研究区间,利用泰尔指数分析方法,蔡昉和都阳(2001)的研究却表明该期间中国省域间的经济发展差异呈现出持续扩大的趋势。基于人均GDP数据并使用变异系数方法,Ying(1999)和Zheng等(2000)分别对1978—1994年和1978—1995年期间中国的区域经济发展差异进行了分析,结果表明省级层面的区域经济发展差异呈现出U形趋势,也就是说改革开放后中国的区域经济发展差异经历了先缩小后扩大的走势。针对改革开放后的时间区间,刘夏明等(2004)、徐现祥和李郇(2004)、石磊和高帆(2006)、许召元和李善同(2006)、张茹(2008)的研究结论也基本认同"先缩小后扩大"的趋势。然而,以1978—2004年为研究区间,李文陆等(2007)通过计算人均GDP的加权变异系数,发现中国东、中、西三大区域经济发展的差异并非U形而是Amos假说的倒S形发展的态势。

以20世纪90年代中国的县际经济差异为对象,李小建和乔家君(2001)将县域经济发展数据与图形数据结合起来,对该阶段中国县际经济发展差异进行空间分析,发现中国的县域经济发展相对差异显著下降。然而,对于20世纪90年代中国的省际经济发展差异,周玉翠等(2002)以人均GDP为核心测度指标的研究发现差异明显增大,沿海与内陆地区的经济发展差异不断扩大,而沿海各省市之间经济发展差异逐渐缩小。李会宁和叶民强(2006)、陈良文和杨开忠(2007)的研究也发现自1990年以来中国区域经济发展差异不断扩大的特征事实。

二、对中国区域经济发展差异的原因探究

关于中国区域经济发展差异形成的原因,学者们从不同的角度进行了探究。

有的学者从区位因素和要素差异角度来解释中国区域经济发展差异形成的原因。魏后凯、刘楷等(1997)认为,地理区位的影响、资本投入的增长是中国东西部区域间经济发展差距扩大的重要因素;包群等(2003)认为,中国沿海地区与内陆地区经济发展差异的重要原因,就在于沿海地区拥有地理区位优势以及大量的外资和劳动力流入;林毅夫和刘培林(2003)认为,造成中国省域间经济发展差异的主要原因在于,受到重工优先赶超战略的影响,很多省区生产要素的存量配置结构与其要素禀赋结构决定的比较优势并不一致,造成本地比较优势难以发挥。郭金龙和王宏伟(2003)认为,政府政策导向引起的资本流动是20世纪90年代以来中国区域经济发展差异的主要原因。王小鲁和樊纲(2004)则认为,除了资本流动之外,要素生产率、城市化程度、市场化程度等因素都是中国东、中、西部地区经济发展差距扩大的原因。郭玉清和杨栋(2007)强调人力资本对区域经济内生增长的重要性,认为落后地区薄弱的人力资本积累难以和当地创新形成良性互动,是导致其经济增长缓慢的重要原因。

有的学者从对外开放的角度来阐释中国区域经济发展差异形成的原因。沈坤荣和耿强(2001)认为,外商直接投资(FDI)在中国不同区域间的不平衡分布是加剧区域间经济发展差异的重要原因。从更大尺度上来看,Fujita 和 Hu(2001)认为全球化和经济自由化是导致中国区域经济发展差异变化的不容忽视的原因。贺灿飞和梁进社(2004)的研究则发现对外开放政策和参与全球化程度,随同市场化程度和城市化进程等因素,是引致中国区域经济差异变化的显著原因。何莉(2011)的研究表明,对外贸易是导致中国部分省份经济差距发散的主要原因。

还有的学者从产业结构的角度分析了中国区域经济发展差异形成的原因。魏后凯和刘楷等(1997)、林毅夫等(1998)的研究以人均 GDP 和人均收入为核心指标来考察中国区域经济发展的差距变化,结果都发现第二产业的发展差异是区域整体经济发展差异扩大的主要原因。范剑勇和朱国林(2002) 采用基尼系数进行分解发现,第二产业的比重和非农产业在空间上的非均衡分布是改革开放以来中国区域经济发展差异持续扩大的根本原因。杨文举(2005)在对 1997—2002 年间中国区域经济发展差异情况进行分析时发现,区域间产业结构的差异是中国区域经济发展差异的重

要原因。

另外，有部分学者从制度、政策和技术进步的角度对中国区域经济发展差异的原因进行了解读。Aguighier(1988) 和 Yang(1990)对中国区域发展战略模式及其演变进行分析时认为，中国实施的区域不平衡发展政策加大了东中西部地区的经济发展差异。周民良(1997)认为，造成区域经济发展差异扩大的主要动因是非国有制经济发育程度、经济结构、投资规模、区域优惠政策等的不同。而杨晓光等(2002)认为，技术进步和资源优化所带来的全要素生产率提升，是推动区域经济增长的主要力量，也是20世纪90年代中国区域经济发展差异扩大的主要因素。

综合来看，刘夏明等(2004)将中国区域经济发展差异形成的主要原因概括为五个方面，即地区发展战略和政策、全球化和经济自由化、要素市场化程度、地区特定因素和累积性因果循环。而许召元和李善同(2006)则认为，有些因素促使区域经济发展差距不断扩展，如不同地区的地理位置、经济环境差别、受教育水平、基础设施水平以及城市化水平等，也有些因素促使区域经济发展差距逐步减少，主要是市场经济体制不断完善，对投资、劳动力流动放宽限制以及区域经济一体化程度不断提高，这些因素都提高了区域间经济增长的条件收敛性。

第二节　改革开放以来中国的区域经济发展进程

要研究和理解中国区域经济发展差异的现状与成因，首先必须对中国的区域经济发展历史进程有一个深入和准确的把握。因此，本节对改革开放以来中国的区域经济发展战略部署和实施过程进行系统的回顾和梳理。

改革开放之前，在计划经济体制下中国的区域经济发展战略主要是以均衡发展战略为指导思想，实践中区域投资政策、区域产业结构和区域优先发展政策基本上遵从重工业发展和国防安全的需要来布局，力求改变中国生产力布局和经济发展水平严重不平衡的局面。改革开放以来，在对以往区域经济发展历程的总结和反思基础上，根据不同时期的经济发展特征和环境，中国对区域经济发展战略进行了适时调整，先后经历了“非均衡发展战略”、“协调发展战略”、“统筹发展战略”三个阶段。区域经济发展战略的嬗变，既体现了作为发展战略必须具有的继承关系，反映了社会各界特别是决策层不断总结区域发展的经验教训，对区域发展内在规律认识的逐渐深入①。

一、区域经济非均衡发展战略阶段

改革开放初期到20世纪80年代末，随着经济发展战略的转轨，中国政府通过对经济战略的深刻反思，结束了以牺牲效率为代价的均衡发展战略，在邓小平“两个大局”的战略思想指导下提出了区域非均衡发展战略，通过一些经济区域和产业部门的率先发展，带动其他区域和部门的全面发展，形成了效率优先、向沿海地区倾斜的非均衡发展战略。鼓励有条件的沿海地区率先发展起来，正是对该时期区域经济非均衡发展战略的最为简洁的概括。

（一）区域经济非均衡发展战略形成的宏观背景

区域非均衡发展战略的形成，是中国政府对改革开放之前区域均衡发展战略进行反思的结果，同时也是由中国当时所面临的国内国际经济、政治和社会宏观环境等决定的。

改革开放前，服从于国防安全需要、追求区域均衡发展的战略，事实上并没有考虑到各个区域自身的发展优势和区域之间的内在经济关系。随着改革开放向前推进，经济不断发展，人们逐渐认识到，由于中西部地区的地理区位不利、经济基础较差，投资回报率显著低于沿海地区。如果不顾东、中、西部地区的客观差异而人为强制推行区域均衡发展的战略，虽然能够在表面上缩小东、中、西区域间的发展差异，但最终却会导致总体经济效率的下降，从而致使整体经济发展速度滞缓。另外，由于经济基础薄弱，经济发展受到建设资金短缺、基础设施落后、资源供给紧张等因素的制约，区域均衡发展战略的推行缺乏雄厚的基础，本身也难以为继。

就当时的国内环境而言，经过新中国成立后30年左右的建设，中国仍然没有摆脱贫困和落后的状况，人民生活水平依然只能维持温饱，这种现状在一定程度上动摇了人们对社会主义的坚定信念和信心，并引发了社会各界对“什么是社会主义”的深入探讨。② 邓小平及时提出了对社会主义本质的科学认识：“贫穷不是社会主义，社会主义要消灭贫穷。不发展生产力，不提高人民的生活水平，不能说是符合社会主义要求的。”③邓小平还

① 高新才：“与时俱进：中国区域发展战略的嬗变”，《兰州大学学报（社会科学版）》，2008年第3期，第2—17页。

② 高新才：“与时俱进：中国区域发展战略的嬗变”，《兰州大学学报（社会科学版）》，2008年第3期，第2—17页。

③ 邓小平：《邓小平文选》（第三卷），人民出版社，1994年。

指出，要允许一部分地区、一部分人生活先好起来，这必然产生极大的示范效应，带动其他地区和其他人，使得整个国民经济不断波浪式向前发展。①对发展生产力的肯定，为中国实行经济体制改革和对外开放奠定了理论基础，同时也为区域经济发展战略的转型提供了基本依据。

就当时的国际环境而言，和平与发展成为世界的主题，中国的地缘政治军事形势相对趋缓，世界经济格局也发生了重大变化。一些工业发达国家开始进行产业结构的调整、升级和转移，亚洲"四小龙"由于迅速适应国际经济形势的转变，吸纳发达国家产业转移，加快产业结构调整步伐，从而提高了经济增长速度，创造了经济增长奇迹。国际经济形势的变化，为中国进入国际经济循环，参与国际市场竞争，发展外向型经济提供了千载难逢的机遇。这在客观上要求中国在区域发展战略上做出相应调整。

（二）区域非均衡发展战略部署和实践过程

从20世纪80年代开始，中国进入新一轮的区域非均衡发展战略阶段，也就是沿海地区经济发展战略阶段。该阶段主要经历了以下两个时期：

1. "六五"时期(1981—1985年)区域非均衡战略的实施

1980年，为贯彻改革开放大政方针，国务院决定重新制定"六五"计划，1982年全国计划会议专门讨论了"六五"计划草案，1982年12月全国人大五届五次会议正式批准了"六五"计划。

"六五"计划提出，要充分发挥沿海地区在区位条件、技术水平、科研能力和管理水平等方面的优势，调整产业结构，积极发展对外贸易，并通过内陆地区发展能源、交通和原材料产业来缓解沿海地区的交通和能源紧张问题。"六五"计划充分考虑到了利用区域比较优势，通过进行产业上的区域分工来加速整体经济增长的速度，明确提出了优先发展沿海地区、并通过沿海地区的发展带动内地发展的区域发展战略方向。一大批重点建设项目布局在沿海地区，沿海地区建设投资占到全国投资的47.7%，中西部地区只占全国投资的46.5%。② 这期间全国更新改造投资中，沿海地区占51.5%，内地只占45.8%。③

"六五"时期，区域非均衡发展战略一个极为重要的具体措施，就是经济特区和沿海开放城市的设立。在此期间，中国先后设立了深圳、珠海、厦

① 邓小平：《邓小平文选》(第二卷)，人民出版社，1994年。

② 沿海与内地投资比重相加不等于100%，是因为少数单位的部分投资不便按照地区划分。

③ 陈栋生主编：《区域经济学》，河南人民出版社，1993年，第294页。

门、汕头4个经济特区,以及14个沿海港口城市和沿海经济开发区[①],给予这些地区外资项目审批、外汇留成、财税信贷等方面的优惠政策。这些沿海开放地区不仅发挥了作为技术、管理、知识和对外政策窗口等方面的作用,而且对中国区域经济发展战略制订与实施也产生了重大而深远的影响。正是由于经济特区特别是深圳特区的巨大成就,实践证明了区域非均衡发展战略在促进特定区域经济跨越式发展方面的显著效果,直接催生了全国经济开发区热潮和各类非均衡发展创新模式,促使中国非均衡发展战略不断走向成熟和完善。

2. "七五"时期(1986—1990年)区域非均衡战略的实施

"七五"计划继承了沿海地区经济发展战略思想,通过优先发展沿海地区来带动内地的经济发展,并根据经济技术发展水平和地理区位差异把中国划分为东、中和西三大区域,东部地区继续作为当时开发的重点,中部地区为能源和原材料的开发重点,西部地区作为东中部地区的战略发展后方。该时期的沿海地区经济发展战略,强调三方面重点:沿海地区大力发展外向型经济,积极参加国际交换和竞争,扩大产品出口;积极扩大劳动力密集型产品与技术密集型产品的出口,实行原材料和销售"两头在外,大进大出";加强沿海与内地的横向经济联系,带动整个国民经济的发展。[②]"七五"期间,国家进一步扩大了沿海开放的范围,设立了海南省和海南经济特区,随后又做出了开放上海浦东的决定。在这一战略的推动下,沿海经济开放地区的范围被大大扩展,成为涵盖面积32万平方公里、拥有1.6亿人口的广大地带[③]。

"七五"计划中关于中国东、中、西三大经济区域的划分是一个首创,充分体现了中国对区域非均衡发展战略更深入的理解和把握。[④] 区域非均衡发展战略以经济效率为目标,充分发挥各地区比较优势,并适当向沿海地区政策倾斜,符合当时中国经济社会环境发展的要求,使沿海地区获得了先行发展。从宏观整体上来看,非均衡发展战略加速了东部区域经济的经济发展,使东南沿海地区成为推动国民经济连续快速发展的增长极和动力源,并通过示范效应和扩散效应带动中国中西部地区经济向前发展,从整体上显著提高了收入水平和生活水平。在非均衡发展战略的影响下,

① 14个沿海开放城市包括天津、上海、大连、秦皇岛、烟台、青岛、连云港、南通、宁波、温州、福州、广州、湛江、北海。

② 张秀生、张平主编:《中国区域经济发展》,中国地质大学出版社,2009年,第10页。

③ 冯之浚:《区域经济发展战略研究》,经济科学出版社,2002年,第58页。

④ 高新才:"与时俱进:中国区域发展战略的嬗变",《兰州大学学报(社会科学版)》,2008年第3期,第2—17页。

无论是沿海开放地区还是内陆地区,都开始注重区域比较优势以及相应主导产业发展方向的认识和挖掘,这对中国区域经济发展产生了深远的影响。

但是,由于该战略受梯度转移理论影响,着力在东、中、西部地区形成经济与技术梯度,按计划推动东部地区集中发展资本、技术密集型等高技术产业,中西部地区发展东部转移的能源消耗型和原材料依赖型产业,西部地区则集中发展能源开发、原材料生产和劳动密集型产业,这种人为推行的区域产业分工格局容易导致落后地区陷入静态比较优势陷阱。

二、区域经济协调发展战略阶段

区域非均衡发展战略的实施,使得全国经济重心向东部沿海地区明显倾斜,1980—1990年间中国的区域经济发展差距被迅速拉大。尽管许多国家在经济发展初期都曾出现区域经济发展差距扩大的现象,这也是中国渐进式经济体制改革与梯度式对外开放的必然结果,但是长期持续的区域经济发展差距扩大不利于中国的经济社会发展、民族团结和政局稳定①。

进入20世纪90年代,区域非均衡发展战略的弊端开始受到学术界和决策层的普遍关注。针对东、中、西地区差距日益扩大的现象,社会各界逐渐形成效率与公平兼顾的发展共识,更加强调区域间经济社会的协调发展,更加注重在发挥区域比较优势基础上采取有效措施逐步缩小区域经济发展差距。

(一)区域经济协调发展战略形成的宏观背景

在全国经济取得连续十多年的快速增长的同时,地区间发展的差距迅速扩大。这种差距广泛地存在于各省(直辖市、自治区)之间、沿海地区与内陆地区之间、东中西三个地带之间、少数民族聚集地区与汉民族聚集地区之间、城市与乡村地区之间。从人均GDP来看,1984年东部分别是中部和西部的14.5倍和9.7倍,1994年该比值上升为18.7倍和22.7倍。从人均收入来看,1995年东部占有城镇居民可支配收入和农民家庭人均收入最高的5个省份,而相应最低的5个省份则全部位于中西部地区。从城市化水平来看,东部城市占全国总数的50%,而中西部所占的比重分别只有30%和20%,中西部的城市化水平远低于东部。从社会发展水平来看,社会发展总指数低于全国平均水平的16个省区都属于中西部,而"经济基

① 杨祖义:"20世纪90年代中国区域经济发展的历史考察与基本经验",《当代中国史研究》,2006年第3期,第50—59页。

础”和“收入分配”两项指标居前10名的均位于东部。①

不断扩大的区域差距引起了地方对中央政府投入上的不平等、政策环境的不公平、价格上的不公平以及竞争不是处于一个起跑线上等的批评。与此同时,由于地区之间利益的矛盾和冲突,还导致了各地区低效盲目的重复投资、保护主义的再度盛行、社会稳定度下降等问题。

其实早在20世纪80年代末期,邓小平就已经在共同富裕和“两个大局”思想中,把解决区域发展差距扩大问题摆在了重要位置,并要求着手解决。因此,“八五”计划中就明确提出“正确处理发挥地区优势与全国统筹规划、沿海与内地、经济发达地区与较不发达地区之间的关系,促进地区经济朝着合理分工、各展其长、优势互补、协调发展的方向前进。”②其后,“九五”计划继续明确提出“要坚持区域经济协调发展,逐步缩小地区发展差距”。③

（二）区域经济协调发展战略部署和实践过程

为促进区域经济协调发展,缩小地区经济发展差距,自20世纪90年代初开始中国政府采取了一系列政策措施,引导区域经济健康发展,促进全国经济合理布局。在制度安排方面,推行沿江、沿线、沿边全方位开放战略;在投资与产业政策方面,加大对中西部地区的投入,不断提高向中西部地区倾斜力度;设立重庆直辖市,酝酿出台“西部大开发”战略,培育中西部地区新的经济增长极;开展扶贫协作和对口支援,促进东部沿海与中西部区域经济协调发展。

1. 推行沿江、沿线、沿边全方位开放战略

1992年邓小平南方讲话以后,中国逐步加快了中西部地区的对外开放步伐,相继开放了一批沿边城市、长江沿岸城市和内陆城市。1992年6月,国务院决定开放乌鲁木齐、西宁、昆明3个内陆边境城市。1992年7月,国务院进一步开放了重庆、岳阳、武汉、九江、芜湖5个长江沿岸城市,长春、哈尔滨、呼和浩特、石家庄4个边境、沿海地区省会(首府)城市,以及合肥、南昌、长沙、郑州、太原、西安、成都、贵阳、兰州、西宁、银川11个内陆地区省会城市。1993年2月和1994年8月,国务院决定进一步开放黄石、

① 高新才:“与时俱进:中国区域发展战略的嬗变”,《兰州大学学报(社会科学版)》,2008年第3期,第2—17页。

② 摘自1990年12月30日中国共产党第十三届中央委员会第七次全体会议通过的《中共中央关于制定国民经济和社会发展十年规划和“八五”计划的建议》,《人民日报》,1991年1月29日。

③ 摘自1995年9月28日中国共产党第十四届中央委员会第五次全体会议通过的《中共中央关于制定国民经济和社会发展“九五”计划和2010年远景目标的建议》,《人民日报》,1995年10月5日。

宜昌、万县、涪陵等长江沿岸城市，并批准建立了三峡经济开放区。[①] 国家针对沿海开放的优惠政策逐步对沿江、沿线、沿边开放城市适用。

2. 加大对中西部地区的投资支持，鼓励外商到中西部地区投资

"八五"期间，在资源开发利用和大中型建设项目布局上，国家对西部地区实行同等优先、提高投资比重的倾斜政策。"九五"期间，为加快推进中西部地区能源开发和原材料工业基地建设，国家进一步加大对中西部地区重点建设项目的投资力度。1996 年在建国家重点工程中，中西部地区已占到 52.9%，1998 年国家重点建设项目中的工业项目中，中西部地区已占到 60.3%。[②] 除对中西部地区重点建设项目进行直接投资外，国家还采取系列措施鼓励外商直接投资到中西部地区。国务院提高了内陆省份和计划单列市吸收外商直接投资项目的审批权限，并鼓励东部地区的外商投资企业到中西部地区再投资，规定外商投资比例占到 25% 及以上的项目视同外商直接投资企业对待。2000 年，国家正式出台了《中西部地区外商投资优势产业目录》，对设在中西部地区鼓励类外商投资企业，在现行税收优惠政策执行期满后的 3 年内，可以减按 15% 的税率征收企业所得税。

3. 设立重庆直辖市，出台和实施"西部大开发"战略

重庆市是长江上游地区最大的内陆港口和西南地区最大的工商业中心，具有承东启西的枢纽作用。1997 年，国家决定将重庆市设立为中国第四个直辖市，呼应上海浦东的开放开发，形成以上海为龙头、以沿岸中心城市为龙身、以重庆为龙尾的长江流域整体开放开发格局，以龙头带动龙身、龙尾的发展，从而加快中西部的开放与振兴，起到协调东、中、西部区域经济发展的巨大作用。随后，中央关于加快西部地区发展的更大战略开始酝酿。1999 年 6 月，江泽民在陕西考察时第一次正式提出"西部大开发"的概念，指出："必须不失时机地加快中西部地区的发展，特别是抓紧研究西部地区大开发。"[③] 2000 年 10 月，十五届五中全会通过《中共中央关于制定国民经济和社会发展第十个五年计划的建议》明确提出："实施西部大开发战略，促进地区经济协调发展，力争用五到十年时间，使西部地区基础设施和生态环境建设有突破性进展，西部开发有一个良好的开局。"[④]2001 年 8 月，国务院正式出台了《关于西部大开发若干政策措施的实施意见》，

① 杨祖义："20 世纪 90 年代中国区域经济发展的历史考察与基本经验"，《当代中国史研究》，2006 年第 3 期，第 50—59 页。

② 杨祖义："20 世纪 90 年代中国区域经济发展的历史考察与基本经验"，《当代中国史研究》，2006 年第 3 期，第 50—59 页。

③ 《人民日报》，1999 年 6 月 19 日，第 1 版。

④ 中共中央文献研究室编：《十五大以来重要文献选编》，人民出版社，2003 年，第 1690 页。

提出了国家促进西部大开发的具体政策措施。自此,国家对西部地区的固定资产投资尤其是基础设施建设投资大幅度提高。

4. 开展扶贫协作和对口支援,促进区域经济协调发展

西部地区与东部沿海地区相比,处于相对落后状态,自身的发展存在诸多的限制因素。为加强东西部地区互助合作,实现区域经济协调发展,1996年国务院批转了《关于组织经济发达地区与经济欠发达地区开展扶贫协作的报告》,开展扶贫协作和对口支援工作。开展扶贫协作的主要任务就是按照优势互补、互惠互利、共同发展的原则,加大对贫困地区的扶贫开发力度,如期实现《国家八七扶贫攻坚计划》确定的目标,并确定经济发达的东部9个省市和4个计划单列市对口帮扶经济欠发达的西部10个省区。①

自20世纪90年代开始,中国政府开始重视区域经济协调发展的问题,对外开放逐渐覆盖中西部沿江沿边城市,投资重点和产业布局逐步向中西部转移,中西部地区投资增长明显加快,新的区域经济增长极开始形成,致使区域经济发展格局发生了积极可喜的变化。但是,东部沿海地区凭借其固有的区位优势、发展条件和政策优惠,经济持续快速发展,东、中、西部区域经济发展差距非但没有缩小反而继续扩大。

三、区域统筹发展战略阶段

2003年10月,在总结以往经济发展的经验教训基础上,根据中国经济社会发展的阶段性特点,中共十六届三中全会首次明确提出了"五个统筹"的思想②,统筹区域发展在"五个统筹"中具有非常重要的地位。统筹区域发展战略要求以科学发展观为指导,中央政府从全国区域经济发展布局的角度,继续发挥各地区的优势和积极性,通过宏观调控政策逐步协调区域关系,有重点和分阶段地全面解决各类区域发展问题,逐步扭转区域差距扩大的趋势,促进区域经济协调发展。统筹区域发展战略的提出,标志着我国区域发展战略的又一次重大转变。③

(一)区域统筹发展战略形成的宏观背景

自2000年"西部大开发"战略正式启动以来,国家制订和实施了涉及投资、人才、资金、财政、对口扶持等方面的很多优惠政策,西部地区经济发

① 胡兆量:《中国区域发展导论》,北京大学出版社,2000年,第193页。

② "五个统筹"即统筹城乡发展、统筹区域发展、统筹经济社会发展、统筹人与自然和谐发展、统筹国内发展和对外开放。

③ 胡乃武、张可云:"统筹中国区域发展问题研究",《经济理论与经济管理》,2004年第1期,第5—10页。

展速度开始加快,重点建设工程扎实推进,改革开放不断取得进展,生态环境得以保护改善,出现经济社会协调发展的良好势头。但是,由于客观上西部地区自然状况恶劣、基础设施薄弱,同时主观上市场意识落后、科技发展水平低、资金吸收能力差,造成投资西部的资金使用效率低下,而且很多西部开发的长期项目在短期内难以见效,削弱了“西部大开发”对整体国民经济的直接带动作用。

同时,“西部大开发”在客观上产生了对其他区域经济发展的要素挤占效应,约束了其他地区的经济发展,从而引发了西部地区与中部地区及东北地区之间的矛盾。包括山西、河南、安徽、湖北、湖南、江西等六省的中部地区,在国家区域发展总体格局中的地位逐渐下降,形成“中部塌陷”趋势。以东北地区为主的老工业基地,普遍面临企业设备老化、人员负担沉重、企业效益低下等困境,区域发展陷入恶化趋势。然而此时,与中央先后给予东部沿海和西部地区各种优惠政策形成对照,中部地区和东北地区似乎成为被人们遗忘的角落,让其倍感失落。显然,适度平衡政府投入在各个地区的分配,给予东北老工业基地和中部地区以更多的关注,已经是一个刻不容缓地必须直接面对的问题。①

另外,中国生态恶化、环境破坏、资源耗竭等问题日显突出,不仅使广大居民生活质量下降,而且还直接制约着经济的可持续增长。“西部大开发”过程中产生的生态问题和环境问题,不断警示我们协调区域发展、缩小区域差距不能建立在生态恶化和环境破坏的基础上。要解决好区域发展问题,就必须统筹兼顾,坚持以人为本,树立全面、协调、可持续的发展观,处理好全局利益与局部利益之间的关系,处理好东部沿海地区和中西部地区经济发展之间的关系,处理好城乡发展之间的关系,处理好经济发展与社会发展之间的关系,处理好人与自然协调发展之间的关系。②

(二)区域统筹发展战略部署和实施措施

为切实贯彻统筹区域发展的重要战略,2003 年 9 月和 2004 年 3 月国家先后实施振兴东北老工业基地和促进中部地区崛起的发展战略。2005 年 10 月,中共十六届五中全会审议通过了《中共中央关于制定国民经济和社会发展第十一个五年规划的建议》,2006 年 3 月,十届全国人大四次会议审查并批准了《中华人民共和国国民经济和社会发展第十一个五年规划纲要》。“十一五”规划纲要将我国区域总体发展战略明确定义为“坚持实

① 陈宣庆、张可云:《统筹区域发展的战略问题与政策研究》,中国市场出版社,2006 年。
② 吴敬华等:《中国区域经济发展趋势与总体战略》,天津人民出版社,2007 年。

施推进西部大开发，振兴东北地区等老工业基地，促进中部地区崛起，鼓励东部地区率先发展的区域发展总体战略，健全区域协调互动机制，形成合理的区域发展格局。”①2006 年 10 月，中共十六届六中全会通过了《中共中央关于构建社会主义和谐社会的若干重大问题的决议》，指出要落实区域发展总体战略，促进区域协调发展。

1．继续深入推进“西部大开发”战略

“西部大开发”是关系中国经济社会发展全局的大战略，其长久动力在于依靠市场化机制强力推动，走出一条制度性、长期性开放的发展新路。2004 年 3 月，国务院印发《国务院关于进一步推进西部大开发的若干意见》，针对西部地区发展面临的矛盾和问题，提出了进一步推进西部大开发的 10 条意见，涉及生态环保、基础设施建设、产业结构调整、重点地带开发、经济体制改革、资金人才保障以及社会法制建设等方面。为了落实上述 10 条意见，结合西部地区的实际发展情况，“十一五”规划纲要提出：“西部地区要加快改革开放步伐，通过国家支持、自身努力和区域合作，增强自我发展能力。坚持以线串点，以点带面，依托中心城市和交通干线，实行重点开发。”②“十一五”规划纲要从加强基础设施建设、巩固和发展退耕还林成果、加强青藏高原生态安全屏障保护和建设、支持发展特色优势产业、加强和改善公共服务、加强与毗邻国家的经济技术合作、加大政策扶持和财政转移支付力度等方面作了具体部署。在“十一五”期间，国家将继续在建设资金和财政转移支付方面向西部倾斜，同时为推进西部特色优势产业发展，中央政府将积极引导国内外民间资本参与西部大开发。

2．实施振兴东北老工业基地战略

东北老工业基地是新中国工业的摇篮，为国家的经济建设做出过巨大的贡献，具有雄厚的工业基础和发展潜力。东北问题的实质是传统产业技术的老化和传统体制的僵化，振兴东北老工业基地的关键在于创新。2003 年 9 月，国务院讨论并通过了《关于实施东北地区等老工业基地振兴战略的若干意见》，提出按照新型工业化道路的要求，坚持以市场为导向，推进产业结构升级，提高企业的整体素质和竞争力。为落实振兴东北战略，针对东北老工业基地的实际情况，“十一五”规划纲要中提出，东北地区要加

① 《中华人民共和国国民经济和社会发展第十一个五年规划纲要》，2006 年 3 月 14 日第十届全国人民代表大会第四次会议批准，见 http://www.gov.cn/gongbao/content/2006/content_268766.htm。

② 《中华人民共和国国民经济和社会发展第十一个五年规划纲要》，2006 年 3 月 14 日第十届全国人民代表大会第四次会议批准，见 http://www.gov.cn/gongbao/content/2006/content_268766.htm。

快产业结构调整和国有企业改革改组改造，在改革开放中实现振兴。①“十一五”规划纲要从发展现代农业、强化粮食基地建设、建设先进制造业基地、发展高技术产业、建立资源开发补偿机制和衰退产业援助机制、加强基础设施建设、加快市场体系建设、扩大与毗邻国家的经济技术合作等方面做出了具体规划部署，支持东北老工业基地的振兴。② 国家将加大对东北老工业基地的财政资金支持力度，如在东北老工业基地继续享受增值税转型、完善城镇社会保障体系、改变企业办社会的模式等改革试点，对部分行业和企业在税收、贷款、投资支持等方面给予灵活优惠政策，加大中央财政对国有企业重组的支持力度，加快编制《振兴东北老工业基地总体规划》，并继续做好东北老工业基地水利、科技、人才、高新技术产业发展等专项规划。

3. 大力实施促进中部地区崛起战略

2004 年 3 月，国务院总理温家宝在十届人大二次会议所作《政府工作报告》中首次提出促进中部地区崛起战略，加快中部地区发展是区域协调发展的重要举措。中部地区崛起的关键是如何利用连接东西的区位条件和长期积累的农业、基础产业与流通等方面的优势，快速提高其在全国的地位。国家对中部地区发展问题非常重视，在“十一五”规划纲要专辟章节“促进中部地区崛起”提出：“中部地区要依托现有基础，提升产业层次，推进工业化和城镇化，在发挥承东启西和产业发展优势中崛起。加强现代农业特别是粮食主产区建设，加大农业基础设施建设投入，增强粮食等大宗农产品生产能力，促进农产品加工转化增值。支持山西、河南、安徽加强大型煤炭基地建设，发展坑口电站和煤电联营。加快钢铁、化工、有色、建材等优势产业的结构调整，形成精品原材料基地。支持发展矿山机械、汽车、农业机械、机车车辆、输变电设备等装备制造业以及软件、光电子、新材料、生物工程等高技术产业。构建综合交通运输体系，重点建设干线铁路和公路、内河港口、区域性机场。加强物流中心等基础设施建设，完善市场体系。”③2006 年 4 月，中共中央、国务院发出《关于促进中部地区崛起的若

---

① 《中华人民共和国国民经济和社会发展第十一个五年规划纲要》，2006 年 3 月 14 日第十届全国人民代表大会第四次会议批准，见 http://www.gov.cn/gongbao/content/2006/content_268766.htm。

② 《中华人民共和国国民经济和社会发展第十一个五年规划纲要》，2006 年 3 月 14 日第十届全国人民代表大会第四次会议批准，见 http://www.gov.cn/gongbao/content/2006/content_268766.htm。

③ 《中华人民共和国国民经济和社会发展第十一个五年规划纲要》，2006 年 3 月 14 日第十届全国人民代表大会第四次会议批准，见 http://www.gov.cn/gongbao/content/2006/content_268766.htm。

干意见》,要求把中部地区建成“三基地一枢纽”①,以武汉城市圈、长株潭城市群、皖江城市带、中原城市群的建设,带动中部六省整体的发展。四大城市群的建设正式进入中国区域宏观发展战略的视野,这既是中部崛起战略从理论层面走向实践层面的重大标志性事件,也意味着中部崛起战略一开始便有了后发优势。

4. 继续倡导东部地区率先发展战略

东部地区肩负着带动和帮助中西部地区发展的历史重任,西部的大开发、东北的振兴和中部的崛起,不能以牺牲东部地区经济发展为代价。东部地区发展的关键是继续长期保持强劲的发展活力,主要依靠自身力量,注重增长方式的转变和国际竞争力的增强。2004 年 5 月,国务院总理温家宝在江苏考察时指出,加快东部地区发展是我国现代化建设总体战略的重要组成部分,2006 年 3 月他再次在政府工作报告中提出鼓励东部地区率先发展。“十一五”规划纲要具体提出:“东部地区要率先提高自主创新能力,率先实现经济结构优化升级和增长方式转变,率先完善社会主义市场经济体制,在率先发展和改革中带动帮助中西部地区发展。加快形成一批自主知识产权、核心技术和知名品牌,提高产业素质和竞争力。优先发展先进制造业、高技术产业和服务业,着力发展精加工和高端产品。促进加工贸易升级,积极承接高技术产业和现代服务业转移,提高外向型经济水平,增强国际竞争力。加强耕地保护,发展现代农业。提高资源特别是土地、能源利用效率,加强生态环境保护,增强可持续发展能力。继续发挥经济特区、上海浦东新区的作用,推进天津滨海新区开发开放,支持海峡西岸和其他台商投资相对集中地区的经济发展,带动区域经济发展。”②在“十一五”期间,国家继续鼓励东部地区率先发展,这既是实现中国经济快速增长的重要支撑,也是支持区域协调发展的重要基础。

从发展历程来看,开放的先后顺序和开放的程度差异是导致区域经济发展差异的重要原因。目前,随着促进中部崛起战略的推进,中国已初步形成东部率先、西部开发、中部崛起和东北振兴的区域发展格局,区域的内涵也在不断演化,从核心向边缘再到外围的空间扩展进一步扩大。并且在继深圳特区、浦东新区、滨海新区成功模式之后,2007 年西部的成都和重庆、中部的武

---

① 即全国重要的粮食生产基地、能源原材料基地、高技术产业及现代装备制造基地和综合交通运输枢纽。

② 《中华人民共和国国民经济和社会发展第十一个五年规划纲要》,2006 年 3 月 14 日第十届全国人民代表大会第四次会议批准,见 http://www.gov.cn/gongbao/content/2006/content_268766.htm。

汉城市圈以及长株潭城市圈也相继成为国家级的综合配套改革试验区，中国初步完成了由沿海到内陆综合配套改革试验区的全面布局。

第三节　中国区域经济发展差异的实证研究

一、中国区域经济发展差异的量化分解

（一）中国区域经济发展差异的量化指标及区域划分

一般用来衡量地区差距的指标，有泰尔指数、基尼系数、标准差、变异系数、加权变异系数、离均差系数、加权均离差系数等多种指标可供选择。在此，我们选择泰尔指数，主要是因为与上述其他方法相比，泰尔指数有以下优点：(1) 可以进行产业结构或空间结构的多层次分解，分析各个部分在总的变化过程中的作用和贡献；(2) 不受考察的空间单元个数的影响，因而可以比较不同区域系统内的差距；(3) 满足达尔顿—庇古转移原理①；(4) 收入零均质性②和人口规模独立性③。

泰尔指数最早是由 Theil 和 Henri 于 1967 年研究国家之间的收入差距时首先提出来的。其主要思想是国家之间的收入差距总水平等于各个国家收入份额与人口份额之比的对数的加权总和，权数为各国的收入份额。泰尔指数包括两个泰尔指数分解指标（T 和 L），两者的不同在于泰尔 T 指标以 GDP 比重加权，泰尔 L 指标以人口比重加权，一般研究中大多采用泰尔 T 指标，下面的泰尔指数分解也是就泰尔 T 指标展开的。其中泰尔 T 的计算公式为：

$$T = \sum_{i=1}^{n} y_i \ln \frac{y_i}{p_i} \tag{3.1}$$

(3.1)式中，n 为地区数，y_i 为 i 地区 GDP 占全国的份额，p_i 为 i 地区的人口数占全国的份额。泰尔 T 指标越大，就表示各地区间经济发展水平差异越大；反之，泰尔 T 指标越小，就表示各地区之间经济发展水平差异越小。

根据这一思想，这里以省（直辖市或自治区）为单位构造衡量中国区域经济总体差异程度的泰尔指数（T_p），可以定义如下：

---

① 达尔顿—庇古转移原理是指，从富裕者向贫困者所作的任何支出转移，在不改变他们的相对位次的情况下，将减少泰尔指数的值。

② 收入零均质性是指，如果每个人的支出按相同的比例变动，泰尔指数将保持不变。

③ 人口规模独立性是指，指数值只取决于各个支出水平上相对人口的频数，而不取决于绝对人口的频数。

$$T_p = \sum_i \sum_j \left[\frac{Y_{ij}}{Y}\right] \ln\left[\frac{Y_{ij}/Y}{N_{ij}/N}\right] \tag{3.2}$$

其中 Y_{ij} 是 i 地带中 j 省区的 GDP,Y 为全国的 GDP,N_{ij} 代表 i 地带中 j 省区的人口数,N 为全国人口数。如果定义 T_{pi} 为 i 地带内省区间的差异:

$$T_{pi} = \sum_j \left[\frac{Y_{ij}}{Y_i}\right] \ln\left[\frac{Y_{ij}/Y_i}{N_{ij}/N_i}\right] \tag{3.3}$$

其中 Y_i 和 N_i 分别为 i 地带的 GDP 和人口数。同时定义 T_{BR} 为地带间的差异:

$$T_{BR} = \sum_i \left[\frac{Y_i}{Y}\right] \ln\left[\frac{Y_i/Y}{N_i/N}\right] \tag{3.4}$$

那么,中国全国省际经济总体差异可以分解为地带内差异 T_{WR} 和地带间差异 T_{BR} 之和:

$$T_p = \sum_i \sum_j \left[\frac{Y_{ij}}{Y}\right] \ln\left[\frac{Y_{ij}/Y}{N_{ij}/N}\right] = \sum_i \left[\frac{Y_i}{Y}\right] T_{pi} + T_{BR} = T_{WR} + T_{BR} \tag{3.5}$$

在过去,已经有很多学者基于不同的区域划分思想,利用泰尔指数对中国区域经济进行了研究。例如魏后凯(1996)、邓翔(2002)、鲁凤和徐建华(2004)、冯星光和张晓静(2005)用泰尔指数对中国三大地带差距进行了测度和分解;杨明洪和孙继琼(2006)基于七分法划分区域,张宗益和邹畅(2006)基于八分法划分区域后,分别用泰尔指数对中国区域经济差距进行了测度和分解。基于上节有关统筹区域发展战略的论述,我们将全国划分为四大地带(表 3-1),利用泰尔指数对中国区域经济差距进行测度和分解,从而分析中国区域经济差距的变化趋势与来源。

表 3-1 中国四大地带的划分和省份构成

地带名称	各大地带省份构成
东部	北京、天津、河北、上海、江苏、浙江、福建、山东、广东、海南
中部	山西、安徽、江西、河南、湖北、湖南
西部	内蒙古、广西、重庆、四川、贵州、云南、西藏、陕西、甘肃、青海、宁夏、新疆
东北	辽宁、吉林、黑龙江

(二) 中国区域经济发展差异的数据处理和实证结果

计算泰尔指数要用到的主要原始数据为全国各省、自治区和直辖市(由于数据难以获得,本研究不包括中国香港、台湾和澳门地区)人均 GDP、GDP 和人口的数据。我们可以从《中经网统计数据库》中获得时间跨度为 1978—2007 年共 30 年的数据,其中重庆的数据合并到四川。利用上节所给的公式,我们便可计算得出全国泰尔指数和四大区域内部及四大区域之间的差距对总差距的贡献率,如表 3-2、表 3-3、图 3-1、图 3-2 所示。

表 3-2　1978—2007 年全国区域发展差距泰尔指数及其分解

年份	全国泰尔指数	东部	中部	西部	东北	地带内差距总和	地带间差距
1978	0.15810	0.10389	0.00271	0.00398	0.00314	0.11371	0.04439
1979	0.14054	0.09121	0.00969	0.00328	0.00264	0.10683	0.03372
1980	0.13996	0.08759	0.00246	0.00318	0.00325	0.09648	0.04349
1981	0.12451	0.07620	0.00215	0.00265	0.00222	0.08323	0.04128
1982	0.11461	0.06688	0.00274	0.00229	0.00212	0.07403	0.04058
1983	0.10785	0.06125	0.00167	0.00298	0.00167	0.06757	0.04029
1984	0.10511	0.05431	0.00291	0.00302	0.00201	0.06225	0.04286
1985	0.10385	0.05219	0.00209	0.00398	0.00231	0.06057	0.04329
1986	0.10108	0.04779	0.00190	0.00406	0.00270	0.05645	0.04463
1987	0.09713	0.04131	0.00154	0.00353	0.00231	0.04868	0.04844
1988	0.09489	0.03594	0.00138	0.00357	0.00222	0.04310	0.05179
1989	0.09015	0.03187	0.00163	0.00300	0.00258	0.03908	0.05107
1990	0.07704	0.03045	0.00195	0.00444	0.00201	0.03885	0.03819
1991	0.08876	0.03002	0.00207	0.00366	0.00215	0.03790	0.05086
1992	0.09666	0.03033	0.00189	0.00365	0.00246	0.03832	0.05834
1993	0.11433	0.03319	0.00109	0.00362	0.00338	0.04128	0.07305
1994	0.11831	0.03168	0.00086	0.00404	0.00237	0.03895	0.07937
1995	0.11490	0.02926	0.00055	0.00407	0.00154	0.03542	0.07948
1996	0.11282	0.02863	0.00063	0.00366	0.00118	0.03410	0.07872
1997	0.11608	0.02995	0.00069	0.00386	0.00142	0.03592	0.08016
1998	0.12114	0.03226	0.00077	0.00383	0.00153	0.03840	0.08275
1999	0.12798	0.03497	0.00058	0.00368	0.00171	0.04094	0.08704
2000	0.12852	0.03338	0.00067	0.00399	0.00160	0.03963	0.08888
2001	0.13360	0.03560	0.00062	0.00412	0.00154	0.04188	0.09172
2002	0.13826	0.03687	0.00064	0.00425	0.00145	0.04320	0.09506
2003	0.14347	0.03670	0.00095	0.00494	0.00122	0.04380	0.09967
2004	0.13875	0.03476	0.00101	0.00541	0.00082	0.04200	0.09675
2005	0.12330	0.02997	0.00113	0.00586	0.00091	0.03786	0.08544
2006	0.12119	0.02806	0.00118	0.00678	0.00095	0.03696	0.08423
2007	0.11471	0.02630	0.00137	0.00729	0.00101	0.03598	0.07874

资料来源:笔者计算得到。

表 3-3 四大地带及地带间差距对总差距的贡献度 （单位:%）

年份	东部	中部	西部	东北	地带内差距	地带间差距
1978	65.71	1.71	2.52	1.98	71.92	28.08
1979	64.90	6.89	2.34	1.88	76.01	23.99
1980	62.58	1.75	2.27	2.32	68.93	31.07
1981	61.20	1.73	2.13	1.79	66.84	33.16
1982	58.36	2.39	2.00	1.85	64.59	35.41
1983	56.79	1.55	2.76	1.55	62.65	37.35
1984	51.67	2.76	2.87	1.91	59.22	40.78
1985	50.26	2.01	3.83	2.23	58.32	41.68
1986	47.27	1.88	4.02	2.67	55.85	44.15
1987	42.53	1.58	3.63	2.38	50.12	49.88
1988	37.87	1.45	3.76	2.34	45.42	54.58
1989	35.35	1.80	3.33	2.86	43.35	56.65
1990	39.53	2.53	5.76	2.61	50.43	49.57
1991	33.83	2.33	4.12	2.42	42.70	57.30
1992	31.38	1.95	3.77	2.54	39.65	60.35
1993	29.03	0.95	3.16	2.96	36.11	63.89
1994	26.78	0.73	3.41	2.00	32.92	67.08
1995	25.46	0.48	3.54	1.34	30.83	69.17
1996	25.38	0.56	3.24	1.05	30.22	69.78
1997	25.80	0.60	3.32	1.23	30.94	69.06
1998	26.63	0.64	3.16	1.26	31.70	68.30
1999	27.33	0.46	2.87	1.34	31.99	68.01
2000	25.97	0.52	3.10	1.25	30.84	69.16
2001	26.65	0.46	3.09	1.15	31.35	68.65
2002	26.66	0.46	3.07	1.05	31.24	68.76
2003	25.58	0.66	3.44	0.85	30.53	69.47
2004	25.05	0.73	3.90	0.59	30.27	69.73
2005	24.30	0.92	4.75	0.74	30.71	69.29
2006	23.15	0.97	5.59	0.78	30.50	69.50
2007	22.93	1.20	6.36	0.88	31.36	68.64

资料来源:笔者计算得到。

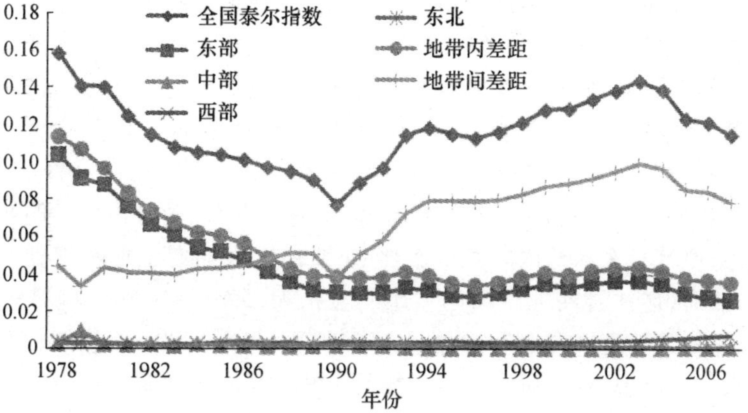

图 3-1　区域发展差距泰尔指数及其分解变化趋势图

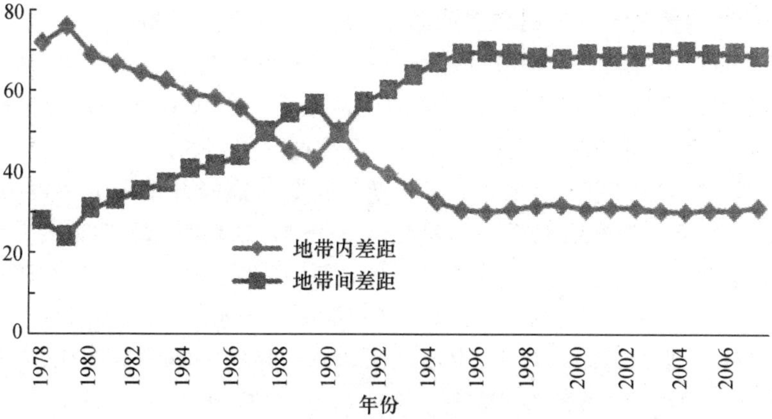

图 3-2　地带内和地带间差距对总差距的贡献变化图

通过观察区域发展差距泰尔指数的变动轨迹可以看出,中国区域经济发展差异的变动情况可以分为三个阶段:

第一阶段自改革开放伊始至 1990 年,全国泰尔指数由 0.1581 下降至 1990 年最低的 0.07704。这一阶段泰尔指数的下降,主要是由于地带内差距尤其是东部地区内的差距迅速减小而致;与此同时,地带间的差距不降反升,逐渐超过地带内差距而成为全国总差距的主要部分;在这期间,中部地区、西部地区和东北地区的内部差距变化很小,在全国泰尔指数的贡献比重也是微乎其微。这种现象与我们上一节关于中国区域经济发展战略历程的分析非常吻合。这一阶段,正是中国实行非均衡区域发展战略的时期,区域发展战略的重点就在东部地区。一方面,对东部地区的各种优惠和倾斜,使得东部地区各省份在这一时期得到了强大的支持,经济快速发展,各省份之间的差距不断缩小;另一方面,东部地区的快速发展逐渐拉大了与中西部和东北地区的差距,然而此时地带间差距的上升没有地带内差距缩小幅度明显,所以总体来看全国区域经济发展差距呈现减小趋势。

第二阶段从 1991 年至 2003 年,泰尔指数呈现出持续明显的上升趋势。虽然期间 1994—1996 年出现短暂微弱的回调,泰尔指数仍然由 1991 年的 0.08876 上升至 2003 年的 0.14347。这一阶段,地带内的差距基本保持平稳,不管是东部地区还是中西部、东北地区内部泰尔指数都没有大的变化;然而,这一时期地带间的差距明显扩大,1991—1994 年地带间差距上升迅猛,其后速度虽有所减缓,但仍保持了 1995—2003 年连续较快上升的势头。可以说,这一阶段泰尔指数的上升主要就是来源于地带间的差距拉大,其贡献度达到 60% 以上。而这一时期也恰好是中国从非均衡区域发展战略过渡到区域协调发展战略的时期。这一时期,中国政府虽然逐步认识到非均衡发展带来的各种问题,并采取了一系列措施协调区域发展,但由于东部沿海地区凭借其优越区位条件、先发优势和政策优惠,地区经济持续快速发展,东西部地区发展的绝对差距非但没有缩小反而继续扩大。中部塌陷、东北衰退逐渐成为各界关注的热点问题。

第三阶段从 2004 年至 2007 年,泰尔指数从高峰开始较大幅度下降,到 2007 年泰尔指数已经降到 0.11471。这一阶段,地带间和地带内差距同步出现下降趋势,它们对总差距指标的贡献度分别稳定在 70% 和 30% 左右。其中,地带间的差距指数由 2004 年的 0.09675 消减到 2007 年的 0.07874;地带内差距指数中,中部地区和东北地区基本没有变化,东部地区从 0.03476 下降到 0.02630,而西部地区从 0.00541 小幅上升到 0.00729。这一期间,正是中国提出并实施统筹区域发展战略时期。继续大力推进西部大开发,必将带动西部地区加快发展步伐,现阶段西部地区泰尔指数有所上升,正是西部大开发战略实施初期的正常反应,随着西部大开发战略的深入,经济发展效应必将由点及面逐步扩散;振兴东北老工业基地、促进中部崛起战略的实施,为东北地区和中部地区带来了前所未有的发展机遇,这也是这一时期区域间差距缩小的重要动力。

二、中国区域经济发展差异与区域贸易开放差异的关系

通过本章和上一章的计算,我们分别得到衡量中国区域经济发展差异的泰尔指数(RDTP)和区域贸易开放差异的泰尔指数(TOTP),为了便于分析两者之间的关系,我们统一选取 1981—2007 年时间段的数据(见表 3-4 和图 3-3、图 3-4)。

表 3-4　1981—2007 年中国的 RDTP 和 TOTP

年份	TOTP	RDTP	年份	TOTP	RDTP
1981	0.472583	0.124510	1995	0.552172	0.114900
1982	0.438788	0.114610	1996	0.544217	0.112820
1983	0.410674	0.107850	1997	0.564529	0.116080
1984	0.374498	0.105110	1998	0.565362	0.121140
1985	0.325086	0.103850	1999	0.549651	0.127980
1986	0.284658	0.101080	2000	0.513990	0.128520
1987	0.510508	0.097130	2001	0.486927	0.133600
1988	0.589752	0.094890	2002	0.480783	0.138260
1989	0.591856	0.090150	2003	0.463626	0.143470
1990	0.679036	0.077040	2004	0.459737	0.138750
1991	0.676914	0.088760	2005	0.462105	0.123300
1992	0.625162	0.096660	2006	0.458214	0.121190
1993	0.558969	0.114330	2007	0.439995	0.114710
1994	0.598679	0.118310	/	/	/

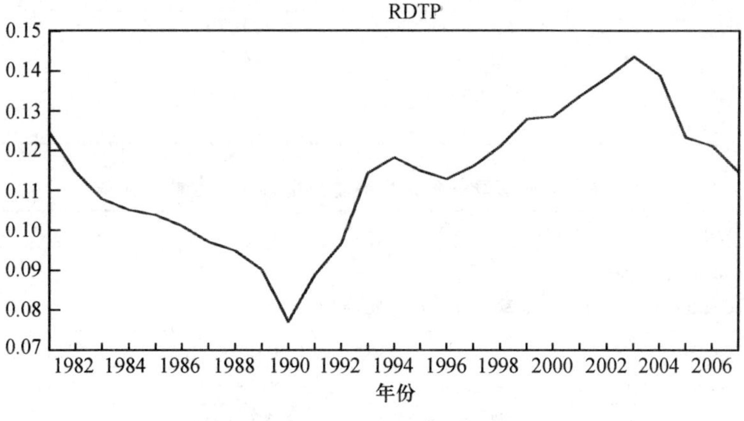

图 3-3　中国区域贸易开放差异的泰尔指数变化趋势图

RDTP 和 TOTP 作为两个时间序列变量，我们要考察它们之间关系，首先必须对它们进行平稳性即单位根检验。我们利用 EVIEWS 6.0 软件，使用 ADF 方法对其进行检验，结果如表 3-5 和表 3-6 所示。检验结果表明，RDTP 和 TOTP 都是一阶单整序列。

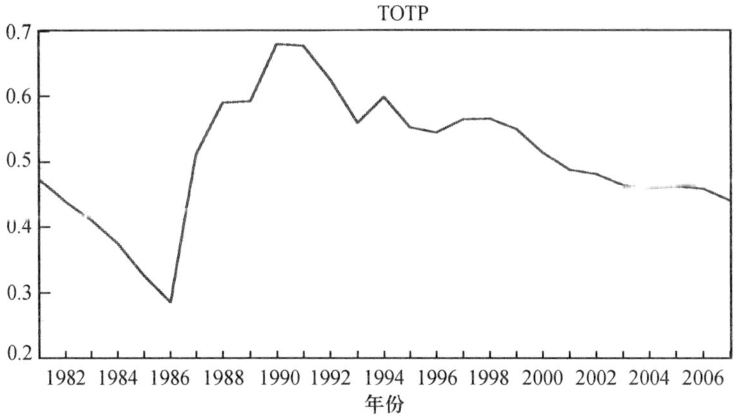

图 3-4 中国区域经济发展差异的泰尔指数变化趋势图

表 3-5 区域经济发展差异的泰尔指数单位根检验结果

Null Hypothesis: D(RDTP) has a unit root			
Exogenous: Constant Lag Length: 0 (Automatic based on AIC, MAXLAG = 6)			
		t-Statistic	Prob. *
Augmented Dickey-Fuller test statistic		-3.265449	0.0278
Test critical values:	1% level	-3.724070	
	5% level	-2.986225	
	10% level	-2.632604	
* MacKinnon (1996) one-sided *p*-values.			

表 3-6 区域贸易开放差异的泰尔指数单位根检验结果

Null Hypothesis: D(TOTP) has a unit root			
Exogenous: Constant Lag Length: 0 (Automatic based on AIC, MAXLAG = 4)			
		t-Statistic	Prob. *
Augmented Dickey-Fuller test statistic		-3.999231	0.0053
Test critical values:	1% level	-3.724070	
	5% level	-2.986225	
	10% level	-2.632604	
* MacKinnon (1996) one-sided *p*-values.			

在此基础上,我们可以对 RDTP 和 TOTP 进行协整关系和格兰杰因果关系检验。我们利用 EVIEWS 6.0 软件,使用 Johansen 协整检验方法对其进行协整检验,结果如表 3-7 所示:

表 3-7　区域贸易开放差异与区域经济发展差异的协整关系检验结果

Sample (adjusted): 1985 2007				
Included observations: 23 after adjustments				
Trend assumption: Linear deterministic trend				
Series: RDTP TOTP				
Lags interval (in first differences): 1 to 3				
Unrestricted Cointegration Rank Test (Trace)				
Hypothesized		Trace	0.05	
No. of CE(s)	Eigenvalue	Statistic	Critical Value	Prob. **
None *	0.696581	33.18164	15.49471	0.0000
At most 1 *	0.221229	5.750874	3.841466	0.0165
Trace test indicates 2 cointegrating eqn(s) at the 0.05 level				
Unrestricted Cointegration Rank Test (Maximum Eigenvalue)				
Hypothesized		Max-Eigen	0.05	
No. of CE(s)	Eigenvalue	Statistic	Critical Value	Prob. **
None *	0.696581	27.43077	14.26460	0.0003
At most 1 *	0.221229	5.750874	3.841466	0.0165
Max-eigenvalue test indicates 2 cointegrating eqn(s) at the 0.05 level				
* denotes rejection of the hypothesis at the 0.05 level				
** MacKinnon-Haug-Michelis (1999) *p*-values				

迹检验和最大特征值检验结果都表明，RDTP 和 TOTP 之间在 5% 显著水平下存在稳定的协整关系，说明从长期角度来看，区域经济发展差距和区域贸易开放差异相互之间关系非常密切。格兰杰因果关系检验结果如表 3-8 所示：

表 3-8　区域贸易开放差异与区域经济发展差异的格兰杰因果关系检验结果

Pairwise Granger Causality Tests			
Sample: 1981　2007			
Lags: 4			
Null Hypothesis:	Obs	F-Statistic	Prob.
TOTP does not Granger Cause RDTP	23	3.70123	0.0295
RDTP does not Granger Cause TOTP		2.25127	0.1156

格兰杰因果关系检验结果显示，区域贸易开放度差异是区域经济发展差距的格兰杰原因，但是区域经济发展差距不是区域贸易开放差异的格兰杰原因。

三、中国区域经济发展差异的空间统计分析

作为国内外学者一直关注的热点问题之一的中国区域经济发展差异

问题,区域和地理单元间的空间相互作用是理解区域经济增长的重要指标之一①。空间的影响,尤其是空间自相关和空间异质性必须在研究不同尺度的区域差异问题时加以考虑。但尽管空间作用是如此重要,直到最近才有国内外学者利用空间统计和空间经济学的方法,在研究区域差异问题时将空间维度的影响加以合适考虑。空间依赖性和空间异质性的研究,可以帮助我们更加深入地理解区域经济问题②。

（一）空间统计分析理论与工具

根据 Tobler(1970)的地理学第一定律"在地球上,任何事务都和其他事务有关系,但是距离近的比距离远的关系更大",几乎所有空间数据都具有空间依赖或空间自相关特征。空间统计的核心就是认识与地理位置相关的数据间的空间依赖、空间关联和空间自相关,逐渐发展和完善的探索性空间数据分析(Exploratory Spatial Data Analysis,ESDA)技术,即是空间分析技术的核心内容之一。由于 ESDA 系列方法强调了区域经济发展问题之中地理区位的重要性,利用属性数据的空间特性,在分析空间关系的基础上进行数值的相关分析,突出空间相互作用,更为科学地揭示区域经济联系。③ 因此,对于中国经济差异这一问题,基于 GIS、GeoDA 采用 ESDA 一系列的空间统计方法进行研究,可更形象、更深刻地揭示出中国各省区经济活动的空间分布特征,并能进行各种深层次的分析。

1. 空间权重矩阵

空间数据和时间序列数据的根本区别是观测对象在空间的排列特征。这种空间的联系可以通过定义一个连接矩阵来衡量。空间权重矩阵表示的是空间单元间潜在的相互作用的力量。空间权重矩阵一般表示为 N 维的矩阵 $W(n\times n)$,一般通过空间相邻和空间距离来确定。

$$W(n\times n)\begin{pmatrix} w_{11} & \cdots & w_{1n} \\ \vdots & \ddots & \vdots \\ w_{n1} & \cdots & w_{nn} \end{pmatrix} \tag{3.6}$$

二进制邻接空间权重矩阵,其定义为:

$$w_{ij}=\begin{cases}1, & \text{当区域 } i \text{ 和 } j \text{ 相邻接}\\ 0, & \text{其他}\end{cases}$$

① Nijkamp, P, and J. Poot, "Spatial Perspectives on New Theories of Economic Growth", *The Annals of Regional Science*, 1998, 32(2), pp. 7—37.

② Goodchild, M., L., Anselin and R. Applebaum, "Towards a Spatially Integrated Social Science", *International Regional Science Review*, 2000, 23 (1), pp. 139—159.

③ 刘旭华、王劲峰、孟斌:"中国区域经济时空动态不平衡发展分析",《地理研究》,2004 年第 4 期,第 530—540 页。

基于距离的二进制空间权重矩阵，其定义为：

$$w_{ij}=\begin{cases}1, & \text{当区域 } i \text{ 和 } j \text{ 的距离小于指定距离}\\ 0, & \text{其他}\end{cases}$$

关于空间邻接矩阵的构造，很多 GIS 软件都提供了相应功能，也有一些专门的算法来获得空间连接矩阵。[①] 本文采用基于 Rook 规则[②]的简单二进制邻接空间权重矩阵。因为海南省是一个岛屿，所以在生成邻接矩阵会出现“孤岛”现象。解决此问题有两种办法，一是将海南排除在研究范围之外，二是人为定义海南与广东、广西相邻。本节在计算空间权重矩阵时研究采用第一种方法。

2. 全局空间自相关

全局空间自相关是对属性值在整个区域的空间特征的描述。表示全局空间自相关的指标和方法很多，主要包括连接统计、Moran I、Geary C 和 Getis G，其中常用的是 Moran I。

Moran I 用于衡量的是空间邻接或空间邻近的区域单元观测值的相似程度，与一般统计学中相关系数类似，其值在正负 1 之间。大于零表明存在空间的正相关，反之为负相关，等于零则表明不存在空间相关性。Morans I 计算公式如下：

$$\text{Moran I}=\frac{\sum_{i=1}^{n}\sum_{j=1}^{n}w_{ij}(X_i-\bar{X})(X_j-\bar{X})}{S\sum_{i=1}^{n}\sum_{j=1}^{n}w_{ij}} \tag{3.7}$$

其中，X_i 为区域 i 的观测值，$\bar{X}$ 为的均值，w_{ij}为空间权重矩阵元素，并且 $S=\frac{1}{n}\sum_{i=1}^{n}(X_i-\bar{X})^2$。

计算出 Moran I 之后，还需对其结果进行统计检验，一般采用 Z 检验，Z 统计量表示为：

$$Z=\frac{\text{Moran I}-E(I)}{\sqrt{\text{Var}(I)}} \tag{3.8}$$

其中，$E(I)$ 和 $\text{Var}(I)$ 分别为 Moran I 的期望值和方差。[③]

检验统计量可以对零假设（n 个区域单元的观测值之间不存在空间自相关）进行显著性检验，即检验所有区域单元的观测值之间是否存在空间

---

① 刘旭华、王劲峰：“空间权重矩阵的生成方法与实验”，《地球信息科学》，2002 年第 2 期，第 38—44 页。

② 即有共同边界的区域设定为相邻。

③ 王远飞、何洪林：《空间数据分析方法》，科学出版社，2007 年，第 110—120 页。

自相关。显著性水平可以由标准化 Z 值的 P 值检验来确定:如果 P 值小于给定的显著性水平 α(一般取 0.05),则拒绝零假设;否则接收零假设。P 值可通过正态分布、随机分布或置换方法来获取。当 Z 值为正且显著,表明存在正的空间自相关,即相似的观测值趋于空间集聚;当 Z 值为负且显著,表明存在负的空间自相关,相似的观测值趋于空间分散;当 Z 值为零时,则呈随机空间分布。

3. 局部空间自相关

全局空间自相关假定空间是同质的,即只存在一种充满整个区域的趋势。但事实上,区域要素的空间异质性并不少见。① 因此,需要发展局部统计方法来衡量每个空间要素属性在"局部(一般为相邻)"的相关性质。其结果一般可以采用地图可视化表达。

(1)空间联系局部指标(LISA)

在本书中,采用的是 local Moran I 来衡量局部空间自相关性。如同在全局空间自相关研究中一样,还有其他方法可供选择,比如局部 Getis G 和局域 Geary C 等方法。②

从本质上看,局部 Moran I 是将 Moran I 分解到各个区域单元。Anselin 将其称为 LISA,即空间联系局部指标(Local Indicators of Spatial Association, LISA)③。对于某个空间单元 i:

$$I_i = \frac{(X_i - \bar{X})}{S}\sum_{j=1} w_{ij}(X_j - \bar{X}) \tag{3.9}$$

式(3.9)中,X_i、$\bar{X}$、w_{ji}和 S 的含义同式(3.7)中相同,对 j 求和仅限于区域单元 i 的所有邻居。

LISA 的 Z 检验统计量为 $Z(I) = \frac{I_i - E(I_i)}{\sqrt{\mathrm{Var}(I_i)}}$。 (3.10)

(2) Moran 散点图(Moran Scatter plots)

Moran 散点图常被用于研究局部空间的异质性,其横坐标为各单元标准化处理后的属性值,纵坐标为其空间权重矩阵所决定的相邻单元属性值的平均值(也经过标准化处理)。散点图的四个象限分别表达了某一点(区域)和其周围点(区域)存在的四种类型局部空间联系,即"高—高"型(处于第一象限)、"高—低"型(处于第二象限)、"低—低"型(处于第三象

① Anselin, L., "Local Indicators of Spatial Association—LISA", *Geographical Analysis*, 1995, 27(2), pp. 93—115.

② 王远飞、何洪林:《空间数据分析方法》,科学出版社,2007 年,第 110—120 页。

③ Anselin, L., "Local Indicators of Spatial Association—LISA", *Geographical Analysis*, 1995, 27(2), pp. 93—115.

限）和“低—高”型（处于第四象限）。“高—高”型表示某一点（区域）和其周围点（区域）的属性值都较高，“高—低”型表示某一点（区域）的属性值较高，但其周围点（区域）的属性值较低。“低—高”型与“低—低”型的意义正好相反。“高—高”型和“低—低”型表明具有较高的空间正相关，提示区域的集聚和相似性。“高—低”和“低—高”则表示存在较强的空间负相关，反映区域具有异质性①。

（二）1978—2007 年 30 个省区人均 GDP 的空间统计分析

1. 1978—2007 年 30 个省区人均 GDP 的 Moran I 指数

运用从《中经网统计数据库》、《中国统计年鉴》以及《重庆统计年鉴》中获取的 1978—2007 年全国 30 个省区（海南除外，前文已有论述）人均 GDP 统计数据（软件计算和图中用 GDPPC 代表），利用 Anselin 等人编制的 GeoDa0.9.5-i 软件进行 Moran I 的计算和检验，结果如表 3-9 所示。图 3-5 清楚地显示，自 1978 年改革开放以来，虽然 Moran I 指数在 20 世纪 80 年末 90 年代初阶段略有起伏，但总体来看一直趋于上升，从 1978 年的 0.1307 上升至 2007 年的 0.4381。其显著性水平除 1978 年外，其他年份都很显著，并且显著性逐渐增强。这表明，自改革开放以来全国各省区人均 GDP 水平一直表现出相似值之间的空间集聚，即具有较高人均 GDP 水平的省区相对地趋于和较高的省区相邻，较低的省区则趋于和较低的省区相邻，并且这种空间相关性特征表现得越来越显著。这种空间集聚特征的演变可以从图 3-6 中 1978 年、1990 年、2000 年和 2007 年四个年份的全国各省区人均 GDP 五分位图得到更直观的感受。

表 3-9 1978—2007 年 30 个省人均 GDP 的 Moran I 指数及其显著性

年份	Moran I	P 值②	年份	Moran I	P 值	年份	Moran I	P 值
1978	0.1307	0.056	1988	0.3074	0.005	1998	0.3491	0.004
1979	0.1607	0.044	1989	0.3031	0.004	1999	0.3477	0.003
1980	0.1663	0.035	1990	0.2710	0.012	2000	0.3460	0.003
1981	0.1632	0.036	1991	0.2592	0.013	2001	0.3535	0.003
1982	0.1779	0.027	1992	0.2628	0.014	2002	0.3690	0.002
1983	0.2007	0.026	1993	0.3134	0.005	2003	0.3834	0.001
1984	0.2207	0.020	1994	0.3330	0.002	2004	0.4007	0.001
1985	0.2362	0.016	1995	0.3553	0.002	2005	0.4372	0.003
1986	0.2598	0.012	1996	0.3630	0.002	2006	0.4425	0.002
1987	0.2874	0.006	1997	0.3550	0.007	2007	0.4381	0.001

注：表中数据利用 GeoDa0.9.5-i 软件计算得到。

① 孟斌等：“基于空间分析方法的中国区域差异研究”，《地理科学》，2005 年第 4 期，第 393—400 页。

② 假设检验使用 999 次重复排列方法。

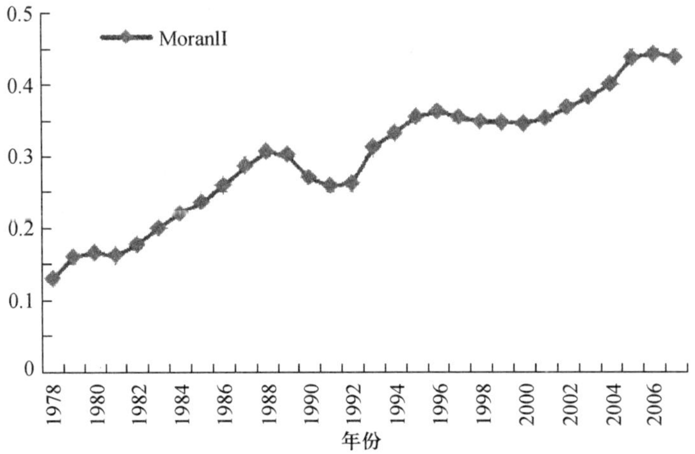

图 3-5 1978—2007 年 Moran I 指数变化趋势图

注:表中数据利用 GeoDa0.9.5-i 软件计算得到。

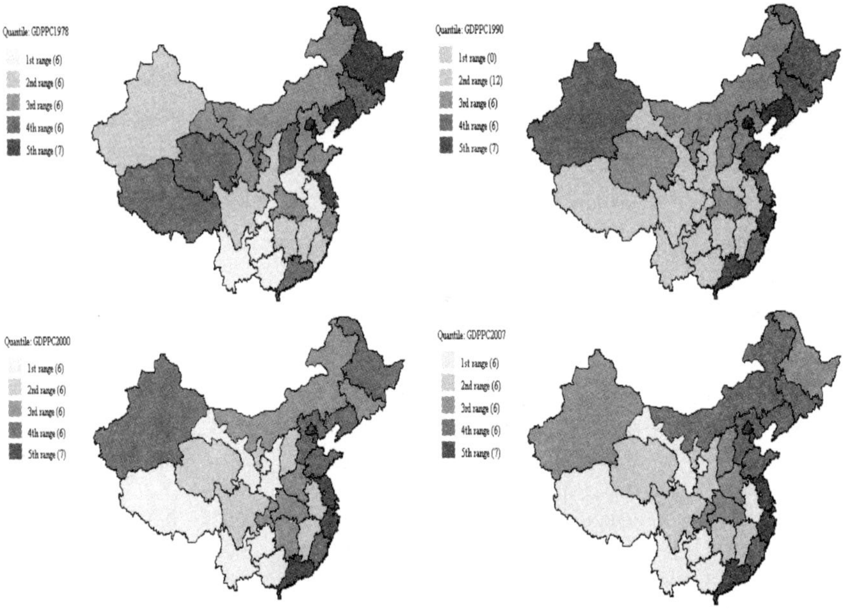

图 3-6 1978 年、1990 年、2000 年和 2007 年 30 个省区人均 GDP 五分位变化图

注:由于数据的原因,本图未包括海南、香港地区、台湾地区和澳门地区在内。

2. 1978—2007 年 30 个省区人均 GDP 的 Moran 散点图

与前文相同,我们选取 1978 年、1990 年、2000 年和 2007 年四个横断面数据,利用 GeoDa0.9.5-i 软件进行计算分析。图 3-7 依次显示了 1978

年、1990年、2000年和2007年中国30个省区人均GDP的Moran散点图。

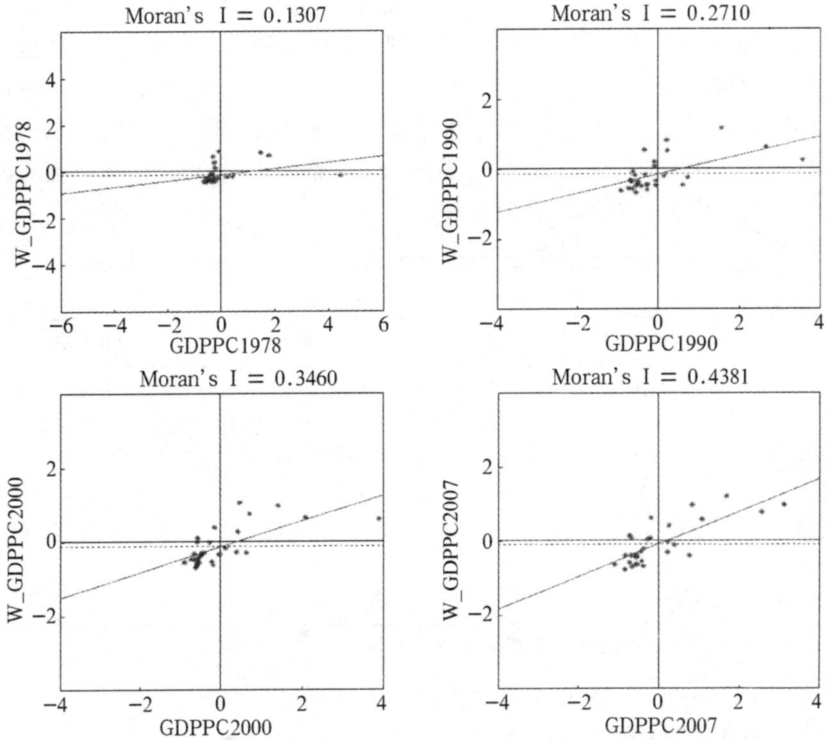

图3-7　1978年、1990年、2000年和2007年30个省区人均GDP的Moran散点图

四个年份的Moran散点图中,大多数的省区位于第一、三象限内,显示出区域间正的空间自相关,其中属于"低—低"类型的省区数量比属于"高—高"类型的省区数量更多。观察Moran散点图可知,非主流地区即偏离全局正的空间自相关的地区,如"高—低"和"低—高"类型的省区为数较少,一般只有3到5个。"高—高"类型区主要包括东部沿海省区,而"低—低"和"低—高"类型区则主要涵盖中西部省区和东北地区省份。Moran散点图从总体上揭示出全国省域经济发展水平在空间分布上的不均衡性,即经济发达的省区集聚于东部,欠发达地区则集聚于西部的特征。上述结果反映了中国经济发展区域差异的空间格局及演变过程,表明中国各省区人均GDP水平一直存在着空间自相关性和空间异质性。

由表3-10可知,四个年度不同象限所对应的省区都发生了改变。1990年,浙江和江苏得益于鼓励东部率先发展的改革开放政策,在周边发达省区的示范和带动作用下后来者居上,从"低—高"类型转变为"高—高"类型省区;而同样处于改革开放前沿的广东,1980年代的高速发展,使其由“低—低”类型转变为“高—低”类型。福建和山东在1990年代经济发展迅速，2000年由原来的“低—高”和“低—低”类型分别跨入“高—高”和“高—低”类型区，而此前属于“高—低”类型区的黑龙江则落入了“低—低”区，中部省份的江西和安徽进入“低—高”类型区，这些变化无不呼应了我们前面关于20世纪90年代东部快速发展、中西部和东北地区陷入衰落的分析。2007年，内蒙古进入“高—低”类型区，反映出我国西部大开发战略开始在广大西部地区见到成效。

表3-10 1978年、1990年、2000年和2007年30个省区人均GDP的Moran散点图对应省区

	1978年	1990年	2000年	2007年
高高型	北京、天津	北京、天津、浙江、江苏、上海	北京、天津、浙江、江苏、上海、福建	北京、天津、浙江、江苏、上海、福建
低高型	吉林、河北、江苏、浙江	吉林、河北、福建	吉林、河北、江西、安徽	吉林、河北、江西、安徽、黑龙江
高低型	黑龙江、辽宁、上海	黑龙江、辽宁、广东	辽宁、广东、山东	辽宁、广东、山东、内蒙古
低低型	其他省区	其他省区	其他省区	其他省区

注：GeoDa0.9.5-i软件运算结果对应得到。

3. 1978—2007年30个省区人均GDP的LISA分析

一般来说，显著的LISA表明该区域的人均GDP水平与核心发展地区的动态增长有关，或正或负，而不是随机出现的。从空间邻接的位置关系出发，显著的局部高值集聚区域一定程度上代表着全国的核心发展区域，而显著的局部低值的空间集聚区域则与全国贫困省区相联系。因此，LISA实际上可解释为空间相互作用的模式，运用LISA探测到的空间分布特征和区域经济学理论上的增长极理论相一致。正值反映了空间扩散效应，表现为经济水平较高的地区通过同周边地区开展多方面的区域合作，由于要素流动、报酬转移以及技术扩散等发挥作用，对周边地区产生较强的经济辐射作用，带动其共同发展，形成区域经济一体化发展的格局；而负值显示了回流的效应，表现为资本、劳动力、技术等要素，由于收益差异而导致由外围向中心的流动，造成外围地区的经济衰退，使区域经济差距不断扩大。①

从这四年的LISA显著性分布来看，反映的是正的局部性空间联系趋

① 鲁凤、徐建华：“中国区域经济差异的空间统计分析”，《华东师范大学学报（自然科学版）》，2007年第2期，第44—52页。

势,基本只有“高—高”和“低—低”类型区是显著的。图 3-8 显示,1978 和 1990 年显著的都是“低—低”类型区,并且在空间上形成连片的格局。这表明,在改革开放初期,经济落后省区如贵州、云南、四川、重庆、广西、广东、湖南、湖北、陕西等,与其周围同样落后的省区在空间上趋于集聚,而非呈现出随机性的分布。2000 年,“高—高”类型和“低—低”类型都出现了显著的省区,显著的“高—高”类型区为浙江和江苏,而“低—低”类型区相对以前而言增加了甘肃和新疆,显示出西部落后省区进一步趋于空间集聚的分布特征。2007 年,河北作为显著的“低—高”类型区,代表了负的空间联系。这说明,河北虽然与北京和天津相邻,具有独特的地理区位优势,但由于京津冀实质性经济合作与交流欠缺,河北不仅接受北京和天津的经济技术辐射作用有限,发展反而受到负面的影响,一定程度上表现了回流效应的空间相互作用模式。

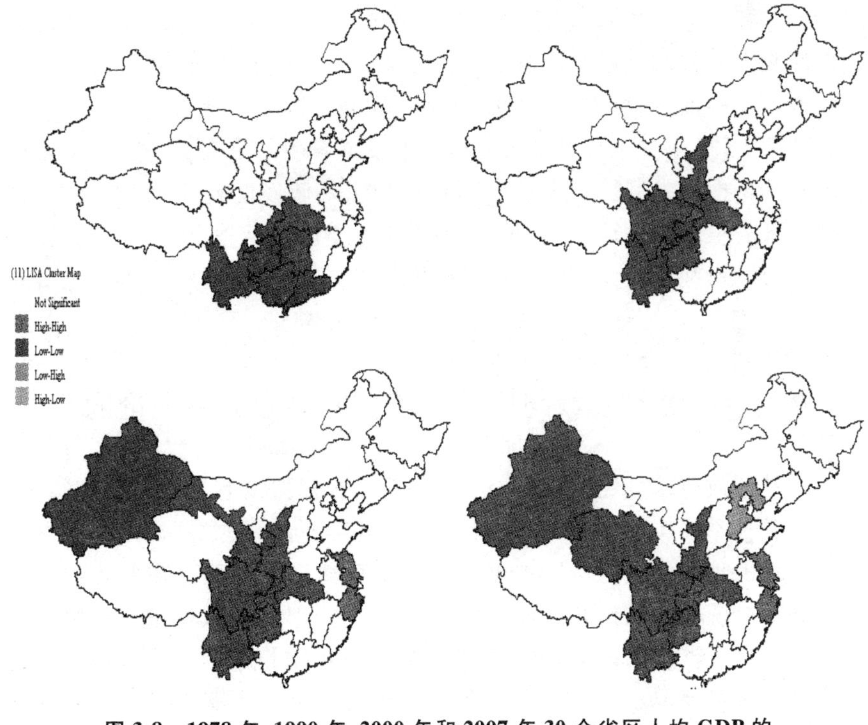

图 3-8　1978 年、1990 年、2000 年和 2007 年 30 个省区人均 GDP 的 LISA 显著性水平图

注:由于数据的原因,本图未包括香港地区、台湾地区和澳门地区在内。

第四章　贸易开放与区域发展差异关系理论与模型

本章将在探讨有关贸易与区域发展差异文献的基础上，提出一个融合关于贸易开放与经济增长诸多假设的内生增长理论模型框架。在此模型中，包含了相关文献中三条最重要的假设。第一条假设是，贸易开放促成了经济活动从核心区域的扩散，这条假设来源于 Krugman 和 Elizondo（1996）的“核心—边缘”模型。① 第二和第三条假设是，贸易开放导致基础设施和人力资本水平高的区域增长比那些水平低的区域要快。

本章结构如下：首先在对贸易开放与区域发展差异关系的文献进行评述的基础上，提出关于贸易开放与经济增长关系的三个假设；然后，基于内生增长理论框架发展出一个可以同时检验三个假设的理论模型；接着，在检验变量的空间相关性基础上在模型中融入空间滞后项，确定空间面板计量模型；最后，利用中国省级面板数据检验以上模型，并对结果进行分析和评论。

第一节　贸易开放与区域经济发展差异关系理论溯源

贸易开放与区域经济发展差异的关系至今仍然没有得到一致的结论。已有的各种不同实证研究，得出的结论却相互矛盾，这主要是因为缺乏一个综合性的理论研究方法。本书的一个创新就是将业已存在的各种假设整合在一个统一的理论和实证框架下，从而可以对这些假设进行检验和相互印证。这个框架的基础是内生增长理论，内生增长理论认为区域经济的不平衡发展可能源于各区域生产要素禀赋的不同以及由此产生的正外部性（溢出效应）水平的不同。

对于贸易开放与区域经济发展差异问题，学者们关注最多的是跨国的

---

① 这个模型在 Fujita，Krugman 和 Venables 2000 年出版的《空间经济学——城市、区域与国际贸易》第十八章中也有详细介绍。

全球贸易开放和经济发展不平衡关系问题,而对各国内部的区域经济发展差异问题论述甚少。如果说要素禀赋及其区位很重要,那么一国内部禀赋的分布状况就会影响各个区域从贸易开放获得的利益。事实上,很多关于贸易和区域经济发展差异问题的文献都是集中关注三种涉及外部性的禀赋中的一种:企业联系、基础设施和教育。以下将依次述评。

对于企业间联系的需求和供给,以及由此产生的巨大外部性,在 Krugman(1991b)经典的"核心—边缘"模型中起着重要作用。在一个企业定位模型中,克鲁格曼向我们阐述到,如果一个区域已经是大部分制造业活动开展的地方,那么由于巨大的市场效应,该区域还将继续吸引新的制造业活动定位于此。因此,根据 Krugman(1991a),存在一个循环,一旦制造业核心区域建立起来,它将继续保持作为核心区域而存在①。

从这一点来看,克鲁格曼工作的重要性类似于缪尔达尔(Myrdal,1971)的累积因果关系理论。累积因果关系是指一个正向或者负向的循环,在这个循环中一个因素既是其他因素的原因又是其他因素的结果,从而导致一个上升或者下降的循环过程。② 但是,缪尔达尔和克鲁格曼在贸易对这个过程的影响上观点迥异。在缪尔达尔的理论中,贸易是累积因果过程产生的重要动力之一,在贸易开放中那些增长的区域会获得越来越大的市场,从而发展出相对于其他区域的比较优势。在 Krugman 和 Elizondo(1996)的模型中,面对贸易开放,经济活动的集中并不能带来益处。当向心力逐渐占据上风时,集聚或者集中的代价,比如交通拥堵和高昂物价也会引起更多的关注。沿着这条逻辑,Krugman 和 Elizondo(1996)认为保护主义政策将鼓励经济活动的集聚,从而导致区域不平衡。之所以这样,是因为企业都想充分利用外部性和市场规模效应,比如那里已经建立起来的企业、消费者和供应商之间的联系。一旦贸易壁垒下降,Krugman 和 Elizondo 的理论预测生产活动将会分散,从而带来区域间更平衡的发展。由于投入供应和产品市场不再仅仅依赖于核心区域,企业此时将转而寻求国外市场和进口投入品。因而,制造活动不必囿于核心区域,企业可以搬迁到核心区域之外以避免集聚在大城市中心的代价,例如环境污染、交通拥堵、高工资和高地价。总之,集聚效应,或者说集中的好处,在封闭经济中

① Krugman, P., "History and Location: The Case of the Manufacturing Belt", *American Economic Review*, 1991a, 81, pp. 80—83.

② 缪尔达尔认为"回流效应"和"扩展效应"是推动累积因果过程的主要动力。回流效应导致只有一个中心区域扩张而其他区域被远远甩在后面,扩展效应是促使经济活动从增长中心向其他区域扩散的力量,这种力量来自于增长中心需求的增加从而了刺激其他区域的生产。回流效应往往会超过扩展效应。

比在开放经济中要大。①

这个理论也得到了一些实证研究的验证，比如 Pernia 和 Quising (2003) 观察到菲律宾的贸易开放通过消减贫困间接地促进了区域平衡发展。另外，Hanson(1998) 发现在墨西哥，贸易开放导致城市首要化的崩溃，因为贸易开放鼓励了制造业活动从主要的城市中心向靠近国外市场(主要是美国市场)的北部转移。

然而，尽管得到了实证的支持，克鲁格曼的模型仍然是众多批评的焦点。具体来说，有些学者批评克鲁格曼仅仅只关注了金融外部性(pecuniary externality)而忽略了其他重要的外部性问题，比如基础设施。Mansori (2003) 提出了一个交通成本服从规模收益递增假设的模型，而规模收益递增则是源于巨大的固定成本。正如他所强调的，"一个机场、一条连接两个城市的铁路或者一个港口，在能提供任何服务前往往要耗费数十亿美元去建造，然后还需要定期花费巨资去维护"。由于相对于可变成本而言巨大的固定成本，基础设施就表现出收益递增特征，因而也倾向于高度集中(Neary, 2001)。因为贸易增加了基础设施的使用，基础设施的平均成本下降，那些已然拥有良好基础设施的区域便获得了额外优势。Mansori 认为，已然存在良好基础设施的区域有着天生的地理或地形优势从而降低他们的交通成本，贸易实际上是加强了这种优势。② Mansori 的观点也得到了实证检验的支持，比如 Hu(2002) 的研究发现，贸易开放强化了区域的自然地理优势，港口和边境地区从贸易开放中获得收益要大于内陆地区。③

除了针对基础设施方面的评论，还有一些文章把焦点对准在内生增长理论通常关注的要素：教育和知识。就像 Connolly(2003) 所说的，贸易开放的好处之一就是开放允许新技术的使用，尤其是当贸易发生在两个技术水平和生产要素有差异的国家。这种新技术的获得可以改进生产过程从而增加产出水平，带来更高的经济增长率。如果真的如此，拥有较高人力

---

① Krugman 和 Elizondo(1996) 的理论被后来的研究者扩展到包含更多的因素，比如原始禀赋和信念(Ottaviano, 2001) 以及人口规模(Villar, 1999)，不过 Krugman 和 Livas Elizondo 理论模型核心的结论仍然保持不变。

② 与 Krugman 和 Livas Elizondo 假设区域间运输成本不变不同，Mansori 假定区域间的运输成本是可变的。

③ 如果将贸易开放看作是更大范围的经济开放的一部分，那么 Fuchs 和 Pernia(1987) 以及 Fujita 和 Hu(2001) 的研究也支持 Mansori 的论断。Fuchs 和 Pernia(1987) 研究了日本在六个亚洲国家和地区的 FDI，发现了基础设施对经济活动扩散的重要性。他们认为在发展中国家由于主要城市中心以外的区域基础设施条件很差，所以扩散没有发生。Fujita 和 Hu(2001) 分析了导致中国区域不平衡的各种因素，发现 FDI 和经济自由化是其中最重要的，因为新的投资基本都位于基础设施较好的地区。

资本水平的区域将能更好地理解、吸收和改进由贸易开放带来的新技术。依据 Benhabib 和 Spiegel(1994)的论述,“一个国家吸纳和使用国外新技术的能力是其国内人力资本存量的函数”。①

这条假设最早是由 Nelson 和 Phelps(1966)提出的,他们宣称教育将加速技术的扩散过程②。知识、思想和技术扩散得越快,从新技术、新的生产工艺或者新的管理方法等中获得的生产率提高就越快,因而产出增长率就越高。技术的扩散依赖于初始的人力资本要素,经济体的教育水平越高,知识扩散的速度就越快,从而增长率就越高。因此,通过与其他国家的技术交易,贸易开放就使人力资本水平较高地区拉开了与其他地区的差距。总而言之,有关人力资本的研究表明贸易将带来一国经济活动的集中效应,而不是 Krugman 和 Elizondo(1996)所说的分散效应。

第二节　贸易开放促进区域经济发展的一般机制和条件

一、贸易开放促进区域经济发展的一般机制分析

贸易开放通过贸易的静态利益和动态利益促进一个区域的经济增长。贸易的静态利益表现在按照比较利益的要素组合方式进行专业化生产和交换,提高劳动生产率,提高资源的有效配置,使贸易国得到更多产品,福利水平得到提高。贸易的动态利益则表现在贸易开放后对贸易国经济增长的主要因素如要素供给增加和全要素生产率的影响,贸易可以通过改变经济增长的一些基本要素,如资本积累、人力资本、技术进步、产业升级、制度变革等方式促进经济增长。综合而言,贸易开放主要通过深化区域分工、提升要素积累和效益、技术转移和扩散、促使产业升级、促进制度变迁等途径来影响区域经济发展。

(一)贸易开放深化区域分工

分工深化是区域经济发展的根本动力之一,分工的两重性——专业化和多样化是实现区域经济发展的基本机制。③ 分工的广度和深度对区域经济的发展起着重要的影响和促进作用,这种影响机制表现为:一方面,分

① 事实上,基于人力资本和人均收入之间的负向相关以及人力资本水平不显著的检验结果,Benhabib 和 Spiegel 对人力资本直接增长作用提出了质疑,相反提供了一些支持人力资本技术吸收调和效应的证据。

② Nelson, R., and E. Phelps," Investment in Humans, Technological Difusion, and Econmic Growth", *American Economic Review*, 1966, 56(2), pp. 69—75.

③ 钟昌标:《国际贸易与区域发展》,经济管理出版社,2001 年,第 31 页。

工有利于提高劳动熟练程度、积累劳动经验,使劳动工艺程序化、生产专业化,加速人力资本的积累,从而提高劳动生产率。另一方面,分工细化导致产品差异性越来越大,产品种类越来越多,从而增加区域产业结构和经济结构的多样化程度,而产业结构的多样化本身就是区域经济发展的一种重要表现形式。

区域经济发展的关键就是分工演进的加速和深化,而贸易开放对区域分工产生巨大的推动作用,促进分工和创造新的分工,并为区域新的分工产生和发展提供必要的前提条件。这是因为,贸易开放能使一个区域有更广阔的实现产品的市场,更有利的扩大再生产的条件,生产能够在更大的规模上经营,从而获得规模经济效应,促进经济效率的提高,进而促进区域经济发展。图4-1描绘了贸易开放促进区域经济发展的机制。

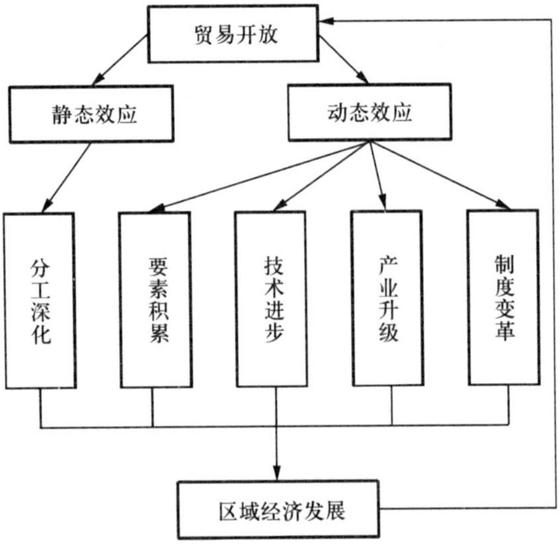

图4-1 贸易开放促进区域经济发展的机制示意图

(二) 贸易开放提升要素积累和效率

贸易开放是实现区域经济发展不可或缺要素积累的重要途径,这些要素包括物质资本、人力资本和知识资本。

1. 物质资本积累

贸易开放可以弥补区域的储蓄缺口,促进区域资本积累。这一机制通过出口增加区内储蓄,进口增加区内投资来实现。中国传统产业部门存在大量的剩余劳动力,外贸出口吸收了传统产业部门的剩余劳动力,增加经济剩余,使传统产业部门的储蓄增加,储蓄进一步转化为投资,促进区域经济的增长。[①] 另外，出口部门使用的要素收益一般高于进口竞争部门使用的要素收益，出口部门的高收益水平必然会吸引区域内的资金流入出口部门，导致出口部门的投资增加。这些投资一部分来自效率比较低的进口竞争部门和非贸易部门，还有一部分是新创造出来的额外资金，从而产生新增的投资。再者，从进口角度分析，通过进口相对稀缺要素或稀缺要素生产的产品，特别是资本品，相当于国民收入流入投资部分，等同于增加投资。[②]

2. 人力资本和知识积累

贸易开放对区域人力资本积累的影响，主要在于"干中学"效应和增加了对职工的培训等教育投资。这些主要体现在以下几个方面：

一是贸易开放提高了企业家开拓国际市场的能力，增强了企业家的冒险精神和风险意识，激发了企业家创新精神，培育了区域经济发展不可缺少的企业家群体。

二是贸易开放迫使企业更加重视对员工的职业培训，提高他们的职业能力，培养适应国际市场竞争需要的商务、贸易、会计、法律、工程技术等人才。

三是通过与其他国家和地区贸易人员的交往，获得技术、知识外溢效应，提高区域人力资本存量水平。

四是区域贸易开放度的提升和规模的扩张将吸引区外优秀的人才进入，外来人才带来的新思想、新知识会丰富本地的"知识链条"，提高本地的人才集聚效应。

(三) 贸易开放促进技术转移和进步

技术进步是区域经济增长的主要源泉，是实现区域可持续发展的重要动力。对于一个区域而言，实现技术进步主要有三种途径：一是通过区域内自身的努力实现技术创新，二是从国内其他区域或国外通过技术贸易方式引入技术，三是通过技术外溢效应逐步实现技术改进。贸易开放则是促进区域技术进步的桥梁和纽带，为技术进步创造条件。贸易开放促进技术进步的机制主要表现为：

1. 通过进口先进的技术，实现区域技术水平的跨越发展

"世界文明的发展，是由十分之一的独创性和十分之九的移植组成

① 钱方明：《开放与区域经济发展——兼对江浙模式的应用分析》，人民出版社，2006年，第103页。

② 钟昌标："国际贸易促进区域经济成长的机制和战略"，《中国软科学》，2002年第3期。

的”①,世界上任何一个地区,哪怕是最发达的国家或地区,都不可能完全依靠自身发明来满足所有的技术需求,都需要大量引进国外现有的先进技术,同时也有将成熟技术向其他国家和地区推广以获取收益的动力,这就离不开技术的进出口。对外贸易是获取先进技术,从而推动本地区技术进步的重要渠道。通过进口国外先进的设备、技术或工艺,可以提高区域内的总体技术水平,并通过扩散效应和学习效应增强本区域的研发能力和生产能力,进而提高区域内要素的使用效率和生产效率。②

2. 通过对进口产品的模仿创新,缩短技术向前推进的时间

贸易开放使区域内技术人员有更多的机会接触到新的技术和知识,通过对进口产品的研究,进而模仿创新,可以更快地积累知识,获取先进的技术信息,在有限的时间内最大可能地实现技术追赶,甚至实现技术上的“蛙跳效应”。

3. 通过出口需求的刺激和诱导,实现区域自主创新和技术进步

外部市场对新产品需求的扩大,诱使出口企业加强对新产品的研发和创新,从而促使出口企业生产的新技术和新管理方法的产生,使出口企业寻找最适销的产品用料、产品型号、产品包装等。同时,由于出口产业新技术的外溢效应,会在其他非出口产业产生连锁反应,最终使整个区域经济实现技术进步。

(四) 贸易开放促使产业升级

区域经济发展不仅体现在区域经济总量的增长上,更体现在区域经济结构的不断优化。区域产业结构是区域经济结构的重要支柱,三次产业结构比例的变化以及各产业内部结构的优化会受到贸易开放的极大影响。贸易开放促进产业结构升级的作用机理主要体现在以下几个方面:

1. 对外贸易为产业结构调整提供激励和方向

一方面,实行贸易开放,进行对外贸易,可以通过国际竞争机制使本区域具有比较优势的产业获得市场激励,刺激本区域产业投资更多投向比较优势行业,调整并确立本区域产业发展的方向。另一方面,区域比较优势和国际市场需求处于动态变化之中,作为最先感受到国际竞争压力的出口贸易结构的变化,必将对区域内产业发展起到导向作用。同时,基于本区域动态比较优势,在贸易开放中承接发达国家和地区的转移产业,可以实现本区域产业结构与国际产业结构调整对接,从而促进区域产业结构、产

① 赖肖尔:《近代日本新观》,三联书店,1992 年,第 8 页。

② 刘用明:《对外贸易与区域经济发展》,四川大学博士论文,2004 年,第 38 页。

品结构跟随国际市场变化而变化。

2. 贸易出口积累资金、技术和人才要素，为发展资本密集型产业创造条件

出口直接增加外汇收入，其中有一部分直接转化为资本积累；出口行业吸引区域内外的要素资源，包括原材料、中间产品和技术人才，集聚区域创新要素；出口部门在国外消费需求的诱导下，改进技术水平，提高技术含量，这些都为产业结构升级打下了基础。

3. 贸易开放提高产业演进效率并有助于新兴产业的创立

一方面，对外贸易的国际市场竞争效应会迫使出口企业改进生产经营管理，加强组织、制度和技术创新，从而提高产业结构演进的效率。① 另一方面，进口国外先进适用的机器、设备和技术对国内现有产业进行改造，可以提升产业结构演进的效率。进口贸易还可能对区域内生产和消费活动产生示范效应，通过给本区域企业提供产业演进的信号和方向，加速本区域新产品开发和进口替代型生产，引导新兴产业的成长。②

（五）贸易开放促进制度变革

诺斯认为，制度变革在促进区域经济发展中至关重要。③ 新制度学派把制度变革作为区域经济运行的内生变量，认为有效的制度安排是区域经济增长的关键，突破了新古典经济学的理论框架，为理解制度因素在区域经济增长中的重要性提供了理论支持。

贸易开放之所以能够刺激制度变革，主要是因为贸易开放导致市场的扩大，交易过程更为复杂，使交易本身存在更多的风险和不确定性，这些都会增加交易中的费用，从而大大阻碍专业化分工和国际贸易发展。为了促进国际贸易发展，获取国际贸易利益，新的制度需求自然会产生各种制度创新，以降低交易费用，从而使国际贸易不仅成为可能，而且成为有利于贸易双方的经济活动。另外，随着市场规模的扩大，制度创新的成本通常不变或增加很少。而随着市场规模扩大产生的规模经济提高了企业收益，因此扩大了企业对制度创新的需求。由于企业收益增加，企业有更多动力和更大财力推动制度变迁。

贸易开放对区域制度变革的影响一方面体现在宏观层面，如政府管理方式的改变，另一方面体现在微观层面，如企业内部的组织方式上。

---

① 唐纳德·B. 基辛：《发展中国家的贸易政策》，中国财政经济出版社，1986 年，第 4 页。

② 陈焰：《国际贸易与经济增长研究》，厦门大学博士论文，2007 年，第 78 页。

③ 诺斯：《制度、制度变迁与经济绩效》，三联书店，1994 年。

1. 贸易开放促进宏观制度变革

在贸易开放中,贸易区域往往容易出现制度变革。作为世界贸易组织的成员国,每个贸易参与国或地区必须遵循一套世界贸易组织的制度规范,这迫使其成员国在国内各项制度上做出很大调整,包括在贸易和产业政策领域互不歧视、贸易法规的公开透明以及在版权和专利保护方面与世界贸易组织的要求一致。而这不仅有利于本国经济增长,也有利于世界经济的增长。① 贸易开放使企业对地方政府提出了更高的要求,推动政府转变职能,推动贸易管理制度的创新,吸引区内外优质资源,促进区域竞争力进一步提高。

2. 贸易开放促进微观制度变革和思想更新

贸易开放扩大了企业与国外交流的机会,在边干边学和边看边学中增加了模仿和创新行为,增加了市场的竞争压力,迫使企业加快制度变革,包括产权制度变革、组织制度创新和管理制度创新。② 贸易开放使本地居民接触国外先进的文化理念,改变落后的思想观念,促进区域更加开放。人的现代化是区域发展最重要的指标,贸易开放不仅可以改变人的偏好、开阔人的眼界,而且能够激活人的潜在动力,这是区域经济发展根本的动力源泉之一。

二、贸易开放促进区域经济发展的条件分析

上一小节的分析表明,贸易开放不仅能够通过国际分工和专业化生产优化资源配置,使得在要素不变情况下提高要素生产率,从而实现静态比较的经济利益,更为重要的是还能够通过增加物质资本积累、提高人力资本存量、促进技术吸收进步、优化区域产业结构和促进制度观念变革等来实现动态发展的经济利益。但是,在经验研究中发现,不同国家和地区的贸易开放对其经济增长影响的大小和方向差异很大。不同区域在开展对外贸易过程中,面临的自身区位地理特征、基础设施条件、市场化程度、人力资本存量水平以及初始制度环境存在一定差异,这些差异影响着贸易开放促进区域经济增长的各种传导机制的发挥。因此,贸易开放促进区域经济增长是有条件的。影响区域经济增长的因素很多,贸易开放作为其中的重要因素,需要在其他因素共同配合下才能更好地发挥其应有作用。

---

① 丹尼·罗德瑞克:《让开放发挥作用——新的全球经济和发展中国家》,中国发展出版社,2000 年,第 17—25 页。

② 钱方明:《开放与区域经济发展——兼对江浙模式的应用分析》,人民出版社,2006 年,第 236 页。

（一）区位及基础设施条件

区位条件是一个区域的竞争优势基本来源之一。区位条件优越的地区能够更好地受益于贸易开放，形成贸易中心、金融中心、物流中心甚至经济中心。中国对外开放采取渐进式由沿海地区向内陆地区逐步推进的政策，改革开放伊始在深圳、珠海、汕头和厦门设立经济特区，接着开放14个沿海港口城市和长三角、珠三角、闽南三角以及辽东半岛、山东半岛，最后实施沿江、沿线、沿边全方位开放。这种地理上渐进式推进的开放策略，使区位条件对区域经济发展显得更加重要。

就基础设施而言，即便不能称为牵动经济活动的火车头，也是促进经济发展的车轮。[①] 基础设施的投资和建设，从很大程度上能够弥补区域在先天区位条件上的不足。有研究表明，中国基础设施投资无论是总体水平还是具体构成均对产出具有较强、持续较长的正影响且时滞相对较短。[②] 贸易开放环境下，基础设施条件往往是企业投资考虑的主要因素，因为基础设施作为区域公共品，对企业的运作成本和生产效率影响很大，基础设施条件良好的地区对企业的吸引力也大。当然，基础设施建设只是经济发展的必要条件，而不是充分条件。要促进区域经济的发展，还需要合理布局网络，优化发展结构，分不同类型基础设施建设速度制定投资计划，达到区域间均衡协调发展。

（二）市场化程度

完善的市场体系和竞争的市场结构能够使生产要素自由流动，贸易的扩张能够使区域内生产要素加速流动，提高要素的使用效率和边际产出水平。反之则不然。

从微观经济主体来看，如果市场机制不顺，致使企业并不以追求利润最大化为根本动力，那么即使贸易开放带来外部竞争压力，也难以促动其主动迎接竞争，努力提高自身的生产效率。如果市场激励不足，致使企业并不能从技术创新中获得利益，那么即使有进口的先进技术和设备，也可能不会加以充分利用以谋求最大限度的规模经济，更不会为扩大出口而积极从事新产品开发和技术创新活动，由出口而获得的收入和剩余也将得不到最有效的利用，更谈不上实现出口增加、经济增长的良性循环。[③]

---

① 世界银行：《1994年世界发展报告：为发展提供基础设施》，中国财政经济出版社，1994年，中译本。

② 郭庆旺、贾俊雪："基础设施投资的经济增长效应"，《经济理论与经济管理》，2006年3期，第36—41页。

③ 张二震："国际贸易的发展利益及其实现机制"，《南京大学学报（哲学人文社会科学）》，1995年第4期，第24—32页。

从市场发育程度看，如果缺乏完备的市场体系和竞争的市场结构，生产要素在区域内和区域之间不能充分自由地流动，那么由贸易开放而引致经济资源的优化配置的可能性就极大降低。以出口贸易来说，其对区域经济发展的推动作用取决于出口部门与本区域其他部门在产业链各方面的联系程度，需要较完备的市场体系作为相互联系的渠道。只有紧密而畅通的产业联系，出口部门增长才能向本区域非出口部门传递市场信息，通过出口扩张来带动其他部门的增长，从而实现本区域的经济增长。如果市场发育程度低，经济结构不合理，出口部门与非出口部门之间、商品市场与要素市场之间的联系程度很低，即使贸易开放形成了潜在的增长动力，但由于出口增长的动力传递渠道不畅或扭曲，出口扩张也就无法带动区域经济发展。

（三）人力资本存量水平

人力资本存量水平影响着一个区域在贸易开放条件下提升区域竞争优势的能力。拥有丰富的贸易、管理、技术等人才的地区，能更好地吸收贸易活动中接触的新知识和新技术，实现更多的技术创新和管理创新，获得更大的比较动态优势，提升区域竞争优势，实现区域经济的长期可持续增长；拥有丰富的企业家资源的地区，能够面对国际市场变化做出及时的反应，通过整合区域内外的要素资源，在开拓国内外市场中获得更大的收益，并通过产品创新推动区域产业结构不断向高级化迈进。在贸易开放条件下，区域内技术含量比较高的产业或产品，会遇到进口产品强有力的竞争，而这种竞争往往来自实力很强的跨国公司，如果缺乏企业家和各类人才群体，该地区很有可能不能及时提升产品竞争力进行产业结构升级，从而使本地产业在国际分工中处于低端，形成路径依赖，影响区域经济的长期发展。

（四）初始制度环境

一个开放的文化和适宜的初始制度结构是贸易引致制度变革的必要条件。一种文化是否能够给一个国家带来经济繁荣，关键取决于这个文化是否对外来思想和观念采取宽容、包容和开放态度。① 不同的文化对制度变革带来的潜在收益的响应程度不同，这种差异直接影响区域对新制度的需求；不同的文化也影响新制度的供给成本和实施成本，进而影响区域制度变革。实践表明，当区域文化传统偏向于重视工商业，则区域贸易开放

---

① Landes, D., *The Wealth and Poverty of Nations: Why Some Are So Rich and Some So Poor*. New York: W. W. Norton & Company, first edition, 1998.

能够促使更多的人发现新制度的潜在利益,积极追求新制度,引发诱导性制度变革,或者对地方政府施加压力,推动强制性制度变革。反之,当区域文化传统不重视工商业,区域贸易开放不能够使足够多的人参与新制度的创新活动,甚至阻碍新制度的实施,就会影响区域制度变革。地方政府营造的区域制度环境和行政管理方式在区域制度变革中也会影响制度变革的方向和力度。

第三节　贸易开放与区域经济发展差异理论假说与模型

一、基本研究假设

为了简洁起见,从以往相关学术文献中提炼出来的关于贸易开放与区域不平衡发展关系的三条原假设及其备择假设依次叙述如下:

原假设1:贸易开放度的增加对各省人均收入增长率的影响不依赖于该省的收入水平。

备择假设1:贸易开放度的增加导致贫穷区域增长率更高,从而消减区域不平衡水平。

原假设2:贸易开放度的增加对各省人均收入增长率的影响不依赖于该省的基础设施水平。

备择假设2:贸易开放度的增加导致拥有较好基础设施水平的区域增长率更高,从而加剧区域不平衡水平。

原假设3:贸易开放度的增加对各省人均收入增长率的影响不依赖于该省的人力资本水平。

备择假设3:贸易开放度的增加导致拥有较高人力资本水平的区域增长率更高,从而加剧区域不平衡水平。

有很多学者都对上述假设分别做了研究,但是同时对上述三个假设进行确切研究的文献基本没有。但是这样做非常重要,因为一种要素(比如基础设施)的估计效应会随着另一种要素(比如教育)纳入考虑而发生变动。当其他要素纳入考虑之中时,有可能导致有些要素变得不显著,也有可能它们同时都很显著和重要。例如,考虑一个封闭经济体中两个最贫穷的省份,备择假设1告诉我们贸易开放会使经济活动扩散,从而使这两个贫困省份比其他省份获益更多。然而,如果其中一个省份拥有相对较多的基础设施,备择假设2告诉我们这个省份将比另一个基础设施水平较低的省份获益要多。类似的,根据备择假设3,如果其中一个贫困省份拥有相对较高的人力资本水平,那么它也将从贸易开放中获得更多的收益。

表 4-1 贸易开放度提高对区域不平衡发展的预期效应

作者	假设 1	假设 2	假设 3
Myrdal(1971)	(+)	(+)	(+)
Krugman 和 Elizondo(1996)	(-)		
Mansori(2003)		(+)	
Benhabi 和 Spiegel(1994)以及 Nelson 和 Phelps (1966)			(+)

注:"+"号代表不平衡预期将上升。

二、贸易开放与区域经济发展差异关系模型

为了能够导出一个可以同时检验以上假设的回归方程,本书采用 Barro(1991)的方法,人均收入增长依赖于劳动积累和物质资本投入。从柯布—道格拉斯生产函数开始:

$$Y_{it} = A_{it}K_{it}^{\alpha}L_{it}^{\beta}\xi_{it} \tag{4.1}$$

这里下标 i 和 t 分别代表区域和时间。Y 是各地区的真实收入,A 代表技术水平,K 是物质资本存量,L 代表劳动力投入。将方程(4.1)表示成人均形式并取自然对数就可以得到:

$$\ln y_{it} = \ln A_{it} + \alpha \ln k_{it} + (\alpha + \beta - 1)\ln L_{it} + \ln \xi_{it} \tag{4.2}$$

其中所有变量的含义与上面方程相同,只是小写的的字母代表人均数量。为了计算各省人均收入增长率,将方程(4.2)改写成自然对数差分形式:

$$\begin{aligned}\ln y_{it} - \ln y_{it-1} = {} & (\ln A_{it} - \ln A_{it-1}) + \alpha(\ln k_{it} - \ln k_{it-1}) \\ & + (\beta + \alpha - 1)(\ln L_{it} - \ln L_{it-1}) \\ & + (\ln \xi_{it} - \ln \xi_{it-1})\end{aligned} \tag{4.3}$$

下面将前文中的假设融入到上述基本模型中。具体地说,就是将假设 1 和假设 2 融入到 $\alpha(\ln k_{it} - \ln k_{it-1})$ 项中,将假设 3 融入到 $(\ln A_{it} - \ln A_{it-1})$ 项中,同时还有一些控制变量也将引入其中。

对于 $\alpha(\ln k_{it} - \ln k_{it-1})$ 项,我们将物质资本 K 一分为二,C 和 I 两个不同项。C 代表生产过程中使用的物质资本,因而对产出增长有直接的影响;I 代表并不直接影响生产过程的物质资本,比如一般公共基础设施

等①。因此可得：

$$\ln k_{it} - \ln k_{it-1} = f(\ln c_{it} - \ln c_{it-1}) + w(\ln I_{it} - \ln I_{it-1}) \tag{4.4}$$

这里的 f 和 w 都是线性函数。利用方程(4.4)，我们将假设1和假设2嵌入其中。由于 Krugman 和 Elizondo(1996)的模型重点关注于贸易开放带来的经济活动区位的变化，我们将 $f(\ln c_{it} - \ln c_{it-1})$ 分解为三项。第一项是各省人均生产性物质资本存量水平，第二项是各省人均收入水平和贸易开放的交叉项，第三项是作为控制变量的人均收入水平，以刻画经济增长文献中普遍关注的收敛效应(Barro 和 Sala-i-Martin，1995)。也就是说，其表达式可以定义如下：

$$f(\ln c_{it} - \ln c_{it-1}) = d(\ln c_{it-1}) + r(\ln \mathrm{TO}_{it-1}\ln y_{it-1}) + z(\ln y_{it-1}) \tag{4.5}$$

其中 d，r 和 z 为线性函数，TO 表示贸易开放测度。

另外，由于假设2主要是关于贸易在加强区域基础设施已有优势方面的影响(Mansori，2003)，我们可以将 $w(\ln I_{it} - \ln I_{it-1})$ 看作是已有基础设施和贸易开放交叉项的函数。因为涉及交叉项，遵从 Brambor 等(2006)的建议，这里也要加入基础设施水平的滞后项。具体形式为：

$$w(\ln I_{it} - \ln I_{it-1}) = p(\ln I_{it-1}) + q(\ln \mathrm{TO}_{it-1}\ln I_{it-1}) \tag{4.6}$$

这里 p 和 q 都是线性函数。将方程(4.5)和方程(4.6)合并起来就得到：

$$\begin{aligned}\ln k_{it} - \ln k_{it-1} = {} & d(\ln C_{it-1}) + r(\ln \mathrm{TO}_{it-1}\ln y_{it-1}) + z(\ln y_{it-1}) \\ & + p(\ln I_{it-1}) + q(\ln \mathrm{TO}_{it-1}\ln I_{it-1})\end{aligned} \tag{4.7}$$

再者，将技术增长 $(\ln A_{it} - \ln A_{it-1})$ 看成由以下四个部分组成：

$$\begin{aligned}\ln A_{it} - \ln A_{it-1} = {} & g(\ln h_{it-1}) + m\left[\left(\frac{A_{\max t-1} - A_{it-1}}{A_{it-1}}\right)\ln h_{it-1}\right] \\ & + s(\ln \mathrm{TO}_{it-1}) + n(\ln \mathrm{TO}_{it-1}\ln h_{it-1})\end{aligned} \tag{4.8}$$

方程(4.8)中 g，m，s 和 n 均为线性函数。② 从本文研究的角度来看，上述方程中最重要的是最后一项。这一项是贸易开放(TO)与省级人力资本水平的交叉乘积项，以便刻画在给定人力资本水平下贸易的影响(Nelson 和 Phelps，1966；Benhabib 和 Spiegel，1994)。也就是说，这一项正是用来检验假设3的。基于之前的文献研究，方程右边的其他项包括了一些重要的控制变量，第一项体现了人力资本对技术进步率的直接效应(Romer，1986)；第二项是内部扩散(或者说赶超)项，遵循 Nelson 和 Phelps(1966)，

① 这里的 I 类似于 Hansen(1965)的间接经济资本(economic overhead capital)，主要是一般基础设施的公共投资，包括道路、桥梁、港口、燃气、电力、给排水、通信等。

② 这种设定形式的一种变化模式(不包含国际因素)被很多实证文献用来研究人力资本影响技术扩散的方式，比如 Benhabib 和 Spiegel(2003)，Connolly(2004)。

这一项包含了各区域技术水平与最高技术水平区域的差距；第三项则刻画了贸易开放对技术变革的直接影响，因为贸易具有促进新技术吸收利用的潜能（Connolly，2003）。下面对这些控制变量做一些必要和简要的说明。

对于内生人力资本积累问题，理论研究基本上有一个共识，即人力资本对经济增长具有正效应。然而值得注意的是，有一些实证研究发现它们之间的关系是负效应，而不是理论上的正效应。在个体层面上接受更多的教育往往与高工资联系在一起，但是在总体（国家）层面上的证据却显示教育增长与产出增长通常是负向相关关系（Romer，1990；Barro 和 Lee，1994；Benhabib 和 Spiegel，1994；Barro 和 Sala-i-Martin，1995；Barro，1997）。尽管针对这种矛盾，学者们给出了各种各样的解释，但是这种不同总体层面上的实证背离至今仍是个谜（Pritchett，2001；Krueger 和 Lindahl，2001）。

方程（4.8）中的第二项内部扩散或者“赶超”项表达的是区域 i 在追赶领先区域时所必须的技术水平增长率，它的效应预设为正。这一项反映了该区域从其他区域吸收利用技术的能力，这种能力受到本区域初始人力资本水平的影响。

与教育不同，关于贸易的技术和增长效应到目前为止仍然没有达成理论共识。虽然有很多经济学家相信贸易开放对增长有好处，但是也有一些例外。比如 Yanikkaya（2003）在他所做的跨国数据分析中发现贸易壁垒对经济增长的正向效应，这种效应在同发达国家进行贸易的发展中国家尤其明显。Yanikkaya 认为贸易伙伴之间技术水平和禀赋的差异可能使发展中国家处于不对称的贸易地位，从而导致发展中国家锁定在低成本生产行业。因此，宣称贸易开放对增长有负效应的理论就将焦点关注于如下事实：国家间的技术和发展水平不同，当它们之间的贸易增长时，就会促使发展中国家专业化于低附加值的低端产业，从而导致相对于封闭经济时更低的经济增长率（Rivera Batiz 和 Xie，1993；Young，1991）。①

把方程（4.7）和方程（4.8）结合到方程（4.3）中，我们就可以得到回归方程的最终形式，如下：

$$\ln y_{it} - \ln y_{it-1} = (g - m)(\ln h_{it-1}) + m\left[\left(\frac{A_{\max t-1}}{A_{it-1}}\right)\ln h_{it-1}\right] + s(\ln \mathrm{TO}_{it-1})$$

① 内生增长理论和贸易文献中既有证实贸易开放的正面增长效应的，也有支持贸易开放的负面增值效应的。特别是那些研究不同类型国家（不对称的技术和要素禀赋）间贸易的模型中发现贸易开放对最不发达国家的增长带来的是负效应。

$$
\begin{aligned}
&+ n(\ln \mathrm{TO}_{it-1}\ln h_{it-1}) + d(\ln C_{it-1}) \\
&+ r(\ln \mathrm{TO}_{it-1}\ln y_{it-1}) + z(\ln y_{it-1}) \\
&+ p(\ln I_{it-1}) + q(\ln \mathrm{TO}_{it-1}\ln I_{it-1}) \\
&+ (\beta + \alpha - 1)(\ln L_{it} - \ln L_{it-1}) \\
&+ (\ln \xi_{it} - \ln \xi_{it-1})
\end{aligned} \tag{4.9}
$$

表 4-2 面板数据回归方程变量列表

变量内容		变量测度	预期效应
被解释变量	各省人均收入增长率	$\ln y_{it} - \ln y_{it-1}$	
解释变量	假设 1:贸易开放与人均收入交叉项	$r(\ln \mathrm{TO}_{it-1}\ln y_{it-1})$	负效应
	假设 2:贸易开放与基础设施交叉项	$q(\ln \mathrm{TO}_{it-1}\ln y_{it-1})$	正效应
	假设 3:贸易开放与人力资本交叉项	$n(\ln \mathrm{TO}_{it-1}\ln y_{it-1})$	正效应
	贸易开放度	$s(\ln \mathrm{TO}_{it-1})$	不确定
	人均收入	$z(\ln y_{it-1})$	负效应
	公共基础设施	$p(\ln I_{it-1})$	正效应
	内生人力资本积累	$(g-m)(\ln h_{it-1})$	不确定
	国内技术扩散项	$m\left[\left(\frac{A_{\max t-1}}{A_{it-1}}\right)\ln h_{it-1}\right.$	正效应
	劳动力增长	$(\beta+\alpha-1)(\ln L_{it}-\ln)$	正效应
	人均生产资本	$d(\ln c_{it-1})$	正效应

第五章　贸易开放与区域经济发展差异关系的实证检验：基于空间面板数据模型

目前，关于贸易开放与区域经济增长的实证研究一般都使用时间数据或面板数据，涉及贸易与增长空间分布特性的描述或统计分析相对较少，而对贸易开放和区域经济增长的空间相关性或差异性的研究更少。因为空间相关性或差异性的存在，时间序列或面板数据不再适合于分析贸易开放与经济增长的复杂关系，尤其是中国区域间的空间相关性或差异性非常明显，仅仅简单使用时间序列或面板数据进行分析，难以获得真正有效反映现实的实证结果。

因此，基于第三章关于中国区域经济发展的空间统计分析结论，本研究认为对于贸易开放与中国区域经济增长关系研究应该把时间和空间因素纳入统一的实证分析框架，不仅要考虑区域经济增长的空间和时间异质性，还要引入区域间的空间相关性，以便更准确地反映贸易开放与中国区域经济增长关系的空间特质。因而，本章使用最近发展的空间计量经济学模型——空间面板数据模型来研究贸易开放与中国省域经济增长差异的关系。

第一节　空间面板数据模型

一、空间面板数据模型的设定和经济意义

空间经济计量学所研究的空间效应包括空间依赖性和空间差异性。空间依赖性指一个区域的样本观测值与其他区域的观测值相关。观测值在空间上缺乏独立性，而且空间相关的程度及模式由绝对位置和相对位置

(布局、距离)决定。空间差异性则是指空间效应在区域层面上的非均一性。①

空间相关性来自于两方面:一方面,由于相邻区域间的经济联系客观存在,尤其是在区域一体化和经济全球化的今天,区域间经济联系更加密切;另一方面则是,不同地区经济变量样本数据的采集可能存在空间上的测量误差(Anselin,1988)。所以,空间相关性在空间自回归模型中体现在误差项和因变量的滞后项,相应的空间经济计量两种基本模型分别是空间自回归模型(Spatial Auto Regressive Model,SAR)和空间误差模型(Spatial Error Model,SEM)。由于本文将重点考察空间面板数据,相应地需要利用空间滞后面板数据(Spatial Lag Panel Data Model,SLPDM)和空间误差面板数据(Spatial Error Panel Data Model, SEPDM)。

空间滞后面板数据(SLPDM)模型的矩阵形式为:

$$Y = \rho(I_T \otimes W)Y + X'\beta + \varepsilon \tag{5.1}$$

空间误差面板数据(SEPDM)模型的矩阵形式为:

$$Y = X'\beta + \mu$$
$$\mu = \lambda(I_T \otimes W)\mu + \varepsilon \tag{5.2}$$

其中 Y 为因变量列向量,X 为外生解释变量矩阵,β 为变量回归系数向量,参数 ρ 和 λ 为空间自回归系数和空间自相关系数,反映了样本观测值中的空间依赖作用,即相邻区域的观测值(或误差值)对本地区观测值(或误差值)的影响方向和程度。I_T 为 $T \times T$ 单位矩阵,W 为地区间空间权重矩阵,$(I_T \otimes W)Y$ 和 $\lambda(I_T \otimes W)\mu$ 分别为空间滞后因变量和空间滞后误差②。

与常用面板数据模型类似,空间面板数据模型也分为固定效应模型和随机效应模型,本研究选择使用空间面板数据固定效应模型③。模型包含两类非观测效应,即空间固定效应和时间固定效应。空间固定效应反映随区位变化、但不随时间变化的背景变量(如经济结构和自然禀赋等)对稳态水平的影响,而时间固定效应则代表随时间变化、但不随区位变化的背景变量(如商业周期和暂时性冲击等)对稳态水平的影响。设 sF 和 tF 分别为空间固定效应的 N 维列向量和时间固定效应的 T 维列向量,如下

① 王火根,沈利生:"中国经济增长与能源消费空间面板分析",《数量经济技术经济研究》,2007 年第 12 期,第 98—108 页。

② $I_T \otimes W$ 是矩阵的 kronecker 乘积。

③ 选择固定效应模型而非随机效应模型的理由是样本回归分析局限于一些特定的个体时(如中国的 30 个省级区划单位),固定效应模型应该是更好的选择(Baltagi,2001; Elhorst,2003)。

所示：

$$sF = (\eta_1, \eta_2 \cdots, \eta_\eta)', \quad tF = (\gamma_1, \gamma_2 \cdots, \gamma_n)'$$

则对应于每个观测值的空间和时间固定效应列向量如下所示：

$$\alpha = i_T \otimes sF, \quad \gamma = tF \otimes i_N$$

其中 i_T 和 i_N 分别为 T 维和 N 维元素全为 1 的列向量。

那么式(5.1)、(5.2)可以转化为以下表达式：

$$Y = \rho(I_T \otimes W)Y + \eta + \gamma + X'\beta + \varepsilon \tag{5.3}$$

$$Y = X'\beta + \eta + \gamma + \mu, \quad \mu = \lambda(I_T \otimes W)\mu + \varepsilon \tag{5.4}$$

无论是空间误差模型还是空间自回归模型，所反映的空间相关性都是全局性的，样本范围内任何两个地区之间都存在相关性，并且相关强度服从距离衰减规律(Anselin，2003)。空间自回归模型意味着一个地区经济增长的所有解释变量，都会通过空间传导机制作用于其他地区，而空间误差模型则反映了区域外溢是随机冲击的作用结果。因此，模型(5.3)和模型(5.4)不仅考虑了区域经济增长的空间和时间异质性，而且把空间相关性明确引入了回归方程。这在很大程度上纠正了忽略空间相关性而造成的模型误设问题，而且还可以为考察区域间溢出效应提供路径。

二、空间相关性检验和模型识别

要判断空间相关性是否存在，以及 SLPDM 和 SEPDM 哪个模型更合适需要进行空间相关性的检验，传统的检验方法主要包括 Moran I 检验和基于极大似然估计的 Wald、LR、LM 统计量。它们的原假设 H_0： $\rho=0$ 或 $\lambda=0$。但是 Moran I、LMerror、LMlag、Lratios、Walds 等空间相关性检验都是针对单个截面回归模型提出的，不能直接用于面板数据模型。本研究用分块对角矩阵 $I_T \otimes W$ 代替 LM、Moran I 等统计量计算公式中的空间权重矩阵，就可以方便地把这些检验扩展到面板数据分析①。

LMerror 和 LMlag 及其稳健形式的空间相关性检验，不仅可以用来检验空间相关性，还可以为模型设定提供线索(Anselin 和 Rey，1991；Anselin 和 Florax，1995)，帮助我们在模型(5.3)和模型(5.4)之间进行选择。在模型选择问题上，目前通行做法是先用 OLS 方法估计不考虑空间相关性的受约束模型，然后进行空间相关性检验，如果 LMlag（或 LMerror）比 LMerr（或 Lmlag）统计量更显著，那么恰当的模型是空间滞后模型（或空间

---

① 何江，张馨之："中国区域经济增长及其收敛性：空间面板数据分析"，《南方经济》，2006年第5期，第44—52页。

误差模型）。Anselin 和 Rey（1991）利用蒙特卡罗实验方法证明，这种方法能够为空间计量经济模型的选择提供很好的指导。

三、参数估计方法

由于空间效应的存在，最小二乘法不适合用来估计空间计量经济模型。这是因为在模型包含空间滞后误差项的情况下，虽然 OLS 估计量是无偏的，但不再有效；而在模型包含空间滞后被解释变量的情况下，OLS 估计量不仅是有偏的而且非一致。所以，一般使用极大似然法（ML）来估计空间计量经济模型（Anselin，1988；Anselin 和 Hud，1992）。对于空间面板数据模型而言，不能直接使用针对截面回归模型设计的 ML 估计程序，这就使得空间面板数据模型的估计问题显得更加复杂。另外，当空间权重矩阵的维数很大时，空间计量经济学中通常的 ML 估计程序是有问题的，这是因为超过 400 以上的空间权重矩阵的特征值难以可靠地估计（Kelejian 和 Prucha，1999）。目前一个可以利用的解决办法是，用蒙特卡罗方法来近似对数似然函数中雅克比行列式的自然对数（Barry 和 Pace，1999）。这种方法在 Matlab 软件工具包①中得到了实现，可用来估计模型（5.3）和模型（5.4）。

Smirnov 和 Anselin（2001）给出了一般空间面板模型的极大似然估计（MLE）函数。对于空间滞后模型有以下形式：

$$L = \ln|I_T \otimes (I_N - \rho W)| - \frac{NT}{2}\ln\sigma_\varepsilon^2 - \frac{1}{2\sigma_\varepsilon^2}\varepsilon'\varepsilon \qquad (5.5)$$

其中 ε 服从 $N(0,\sigma_\tau^2 I_{NT})$ 分布，$|I_T \otimes (I_N - \rho W)|$ 为空间转换的雅可比行列式。如果雅可比行列式对角结构一致，那么（5.5）式可以简化为②：

$$L = T\ln|I_N - \rho W| - \frac{NT}{2}\ln\sigma_\varepsilon^2 - \frac{1}{2\sigma_\varepsilon^2}\varepsilon'\varepsilon \qquad (5.6)$$

对于空间误差模型，似然函数可表示为：

$$L = T\ln|I_N - \lambda W| - \frac{NT}{2}\ln\sigma_\varepsilon^2 - \frac{1}{2\sigma_\varepsilon^2}\varepsilon'\varepsilon \qquad (5.7)$$

---

① Matlab 的空间计量经济学程序主要由 Lesage 和 Elhorst 等人编写。

② 王火根，沈利生："中国经济增长与能源消费空间面板分析"，《数量经济技术经济研究》，2007 年第 12 期，第 98—108 页。

第二节 模型的参数估计与实证结果分析

因为空间异质性和空间相关性的存在,时间序列回归方法或普通面板数据分析不再适合于解释贸易开放与区域经济增长的复杂关系,难以得出真正反映现实的分析结论。因此,对于贸易开放与中国区域经济增长关系的研究,我们将引入空间相关性分析,把时间和空间因素纳入统一的实证框架,使用空间面板数据计量模型研究贸易开放对区域经济增长的空间效应及其异质性特征。

一、样本选取与数据处理

本研究运用各省(直辖市、自治区)的年度数据,为了检验近年来中国贸易开放与区域经济增长的关系,同时考虑到数据的可得性,选择样本区间为1987—2009年。数据主要来自于中国官方资料:(1)《中国统计年鉴》(1988—2010年);(2)《新中国60年统计资料汇编》;(3)《中国人口统计年鉴》(1988—2006年)、《中国人口与就业统计年鉴》(2007—2010年);(4)中经网统计数据库。由于重庆行政直辖较晚,数据不全,重庆的数据并入到四川,这样最终用来进行实证分析的样本为1987—2009年中国30个省份的面板数据。① 各变量的具体数据和构造如下:

(一)人均GDP和人均GDP增长率

对人均实际GDP的计算,取1978年为基期,根据地区生产总值指数生成实际GDP,然后用当地人口总数去除得到人均实际GDP,进而求得各省人均实际GDP的增长率。1978年的GDP数据、1979—2009年各地区生产总值指数和人口数据来源于《中经网统计数据库》。

(二)贸易开放度

国内外学者对贸易开放度的测度提出了不同的方法,包括指标体系法和模型构建法,其中适用比较广泛的有贸易依存度、实际关税率、黑市交易费用、道拉斯指数、修正的贸易依存度等。包群等(2003)的研究发现在这5种度量指标中,只有外贸依存度较好地反映了中国经济开放程度与经济增长之间的关系。基于省域数据的可得性,本研究构造两组贸易开放度指标来衡量贸易开放程度,即省际绝对贸易开放度(下称贸易开放度1,TO1)

① 熊灵、魏伟、杨勇:"贸易开放对中国区域增长的空间效应研究:1987—2009",《经济学》(季刊),2012年第11卷第3期,第1037—1058页。

和省际相对贸易开放度(下称贸易开放度2,TO2)来拟合地区贸易开放度,其中省际绝对贸易开放度为该省的对外贸易依存度,为该省进出口总量占实际GDP之比;省际相对贸易开放度=省际绝对贸易开放度/全国贸易依存度,反映该地区相对于全国的贸易开放水平。计算以上指标所需的全国及各省进出口、GDP及人民币兑美元汇率价格数据来源于《中国统计年鉴》和中经网统计数据库。

(三)人力资本水平和人力资本积累

在以往研究中,一般采用教育支出或者入学率等流量指标来测度人力资本存量水平。但对发展中国家和地区而言,以存量概念的文盲率和平均受教育年限作为人力资本的代理变量可能更为合理(姚先国和张海峰,2008)。因此,本研究使用地区人均受教育年限衡量人力资本存量水平,1987—2001年数据来自于陈钊等(2004)的估计,2002—2009年的数据根据《中国人口统计年鉴》、《中国人口与就业统计年鉴》公布的抽样统计地区受教育人群分布计算得到。为保持数据的一致性,对2002—2009年采取和陈钊等(2004)类似的方法,将每一种受教育水平按一定的受教育年限进行折算,然后乘以该教育水平人数所占比重,再将其加总便得到人均受教育水平,数据单位为年。这里我们将研究生(及以上)以19年计,大学以16年计,其他受教育水平的年限处理为:高中12年,初中9年,小学6年,文盲0年。

(四)人均生产性物质资本存量

本研究使用各省工业企业总资产来衡量地区生产性物质资本存量水平,包括工业企业的土地、建筑、机器和现金等。各省工业企业总资产和人口数据来源于《新中国60年统计资料汇编》、《中国统计年鉴》和中经网统计数据库。这里需要说明的是,1987—1993年间的统计资料并未直接公布各省工业企业总资产数据,但在相应年份《中国统计年鉴》中"各地区独立核算工业企业主要财务指标"里,列明了"年底固定资产"和"定额流动资金年平均余额",将两者加总便可得代表地区工业企业总资产的数据,除以当年地区总人口数,就得到人均生产性物质资本存量水平。

(五)公共基础设施

除了生产性物质资本外,作为物质资本投入另一部分的公共基础设施涵盖范围很广,比如交通设施、水电煤气设施、邮政通信设施等。由于数据的可获得性原因,这里选择常用的公路密度指标来代表公共基础设施存量水平,取自然对数。中国的公路系统分为等级路和等外路,等级路包括高速公路、一级公路和二级公路。各省公路总里程和国土面积数据来源于各年《中国统计年鉴》和中经网统计数据库。

（六）国内技术扩散项

由于没有衡量各地区技术水平的统计指标，本研究依照 Benhabib 和 Spiegel（1994，2003）以及 Connolly（2003）的做法，利用各地区劳动力平均 GDP 水平来代替地区技术水平计算技术赶超项。以各地区劳动力平均 GDP 水平作为技术水平的代理变量，可以比较全面地反映当地的技术水平状况。各地区劳动力平均 GDP 由各地区实际人均 GDP 除以该地区从业人员数获得，然后乘以该地区人均受教育年限的自然对数，得到技术赶超变量值。各地区实际 GDP 的计算方法同上，各地区从业人员数据来源于《中国统计年鉴》、《新中国 60 年统计资料汇编》和中经网统计数据库。

（七）劳动力增长率

利用《中国统计年鉴》、《新中国 60 年统计资料汇编》和中经网统计数据库中的各地区从业人员数据，可以很方便地计算出各地区劳动力增长率。

表 5-1 给出了上述各实证变量的统计性特征描述。

（八）空间权重矩阵

空间权重矩阵是空间计量模型的关键之一，也是地区间空间地理效应的体现。最常用的是简单二分权重矩阵，遵循的判定规则是 Rook 相邻规则，即两个地区拥有共同边界则视为相邻（Lesage，2009）。表 5-2 列出了中国 30 个省市的地理相邻信息。矩阵 W 的设定方式如下：主对角线上的元素为 0，如果 i 地区与 j 地区相邻，则 W_{ij} 为 1，否则为 0。W 经过行标准化处理，用每个元素同时除以所在行元素之和，使得每行元素之和为 1。

为了能够对结果给予合理的解释，我们需要将一些变量以其均值为中心进行标准化，包括贸易开放度变量以及和它有交互关系的变量：人均 GDP、公路密度以及人均受教育年限。将变量进行中心标准化既有理论原因，也是实证方面的需要（Braumoeller，2004；Brambor 等，2006）。理论方面的原因在于，将相关变量中心标准化能够给予结果一个有意义的解释。将贸易开放变量中心标准化后，与贸易开放变量有交互影响的变量的回归系数反应的就是在平均贸易开放水平时的效应。同样，公路密度以及人均受教育年限也需要进行中心标准化。从实证角度来看，由于原始变量的数据大多不包含 0，如果不进行中心标准化，那么交互变量回归系数的置信度都将会非常低。

表 5-1　实证变量统计性描述

变量内容	变量测度	均值	标准差	最小值	最大值
人均 GDP 增长率	$\ln y_{it}-\ln y_{it-1}$	0.0926	0.0402	-0.2392	0.3203
贸易开放度 1 与人均 GDP 交叉项	$\ln TO1_{it-1}\ln y_{it-1}$	-13.7269	7.0019	-25.1330	6.6070
贸易开放度 2 与人均 GDP 交叉项	$\ln TO2_{it-1}\ln y_{it-1}$	-6.8050	7.3552	-20.3056	13.9698
贸易开放度 1 与基础设施交叉项	$\ln TO1_{it-1}\ln I_{it-1}$	3.3053	2.9129	-0.9856	13.4305
贸易开放度 2 与基础设施交叉项	$\ln TO2_{it-1}\ln I_{it-1}$	1.8153	1.9393	-4.2372	8.0546
贸易开放 1 与人力资本交叉项	$\ln TO1_{it-1}\ln h_{it-1}$	-3.5687	1.8645	-6.7500	1.7400
贸易开放 2 与人力资本交叉项	$\ln TO2_{it-1}\ln h_{it-1}$	-1.7839	1.8939	-4.9901	3.7115
贸易开放度 1	$\ln TO1_{it-1}$	-1.8986	0.9933	-3.6010	0.7900
贸易开放度 2	$\ln TO2_{it-1}$	-0.9573	0.9625	-2.5010	1.6690
人均 GDP	$\ln y_{it-1}$	7.5258	0.8219	5.9110	10.2170
公共基础设施	$\ln I_{it-1}$	-1.4675	1.0165	-4.2745	0.5951
人力资本积累	$\ln h_{it-1}$	1.9326	0.2304	0.7540	2.4710
国内技术扩散项	$(A_{Maxt-1}/A_{it-1})\ln h_{it-1}$	12.1417	6.6544	1.9890	37.4670
人均生产资本	$\ln L_{it}-\ln L_{it-1}$	8.7300	1.1735	4.8900	11.6990
劳动力增长率	$\ln C_{it-1}$	0.0165	0.0286	-0.1688	0.3446

资料来源：作者计算整理。

表 5-2 中国 30 个省市地理相邻信息

编号	地区	相邻地区编号	编号	地区	相邻地区编号
1	北京	2、3	16	河南	3、4、12、15、17、27
2	天津	1、3、15	17	湖北	12、14、16、18、23、27
3	河北	1、2、4、5、6、15、16	18	湖南	14、17、19、20、23、24
4	山西	3、5、16、27	19	广东	13、14、18、20、21
5	内蒙古	3、4、6、7、8、27、28、30	20	广西	18、19、21、24、25
6	辽宁	3、5、7	21	海南	19、20
7	吉林	5、6、8	23	四川	17、18、24、25、26、27、28、29
8	黑龙江	5、7	24	贵州	18、20、23、25
9	上海	10、11	25	云南	20、23、24、26
10	江苏	9、11、12、15	26	西藏	23、25、29、31
11	浙江	9、10、12、13、14	27	陕西	4、5、16、17、23、28、30
12	安徽	10、11、14、15、16、17	28	甘肃	5、23、27、29、30、31
13	福建	11、14、19	29	青海	23、26、28、31
14	江西	11、12、13、17、18、19	30	宁夏	5、27、28
15	山东	2、3、10、12、16	31	新疆	26、28、29

注:重庆并入四川,并假定海南与广东、广西相邻。

资料来源:《中华人民共和国地图》。

二、估计模型选择与实证结果分析

(一) 估计模型选择

根据误差成分分解的不同,面板数据模型可以分为固定效应和随机效应模型,这里使用固定效应模型。我们首先利用普通面板固定效应回归对模型进行估计,结果显示(见表 5-4 前两列)各项参数显著性和模型整体拟合情况良好。然而验证面板数据截面相关性的 Frees 检验统计量分别达到了 1.175 和 1.332,均在 1% 水平下显著地表明截面相关性的存在,从而导致估计结果是无效的、有偏的。截面相关性的存在极有可能是由于残差具有空间依赖性(De Hoyos 和 Sarafidis,2006),如果残差具有空间依赖性,表明模型忽略了一些重要的空间解释因素,应在模型中加入空间滞后项或空间误差项。因此,我们有必要对模型的空间相关性进行检验。

空间相关性检验主要的方法有 Moran's I、LM-lag、LM-error、Robust LM-lag 和 Robust LM-error 等,这些空间相关性检验统计量最初都是针对单个截面回归模型,不能直接用于空间面板数据模型。后来学者用分块对角矩阵代替上述统计量计算公式中的空间权重矩阵,将其扩展成 NT × NT 维空间权重矩阵,就可以方便地把这些检验适用到面板数据分析,并发展出了空间面板数据上述检验的用法。

在确定模型的空间相关性基础上,我们将采取如下形式的固定效应空间面板回归方程进行实证检验:

$$\begin{aligned}
\text{yrate}_{it} = {} & \eta_i + \gamma_t + \rho\left(\sum_j W_{ij} \times \text{yrate}_{jt}\right) + (g - m)(\ln h_{it-1}) \\
& + m\left[\left(\frac{A_{\max t-1}}{A_{it-1}}\right)\ln h_{it-1}\right] + s(\ln \text{TO}_{it-1}) \\
& + n(\ln \text{TO}_{it-1} \text{n} h_{it-1}) + d(\ln C_{it-1}) \\
& + r(\ln \text{TO}_{it-1} \ln y_{it-1}) + z(\ln y_{it-1}) \\
& + p(\ln I_{it-1}) + q(\ln \text{TO}_{it-1} \ln I_{it-1}) \\
& + (\beta + \alpha - 1)(\ln L_{it} - \ln L_{it-1}) \\
& + (\ln \xi_{it} - \ln \xi_{it-1})
\end{aligned}$$

$$\ln \xi_{it} - \ln \xi_{it-1} = \lambda\left[\sum_j W_{ij}^{*}(\ln \xi_{jt} - \ln \xi_{jt-1})\right] + (\ln \mu_{it} - \ln \mu_{it-1}) \quad (5.8)$$

这里 yrate 表示人均 GDP 增长率,η_i 和 γ_t 分别代表两类非观测效应——空间固定效应和时间固定效应,ρ 和 λ 分别为空间自回归系数和空间误差自相关系数。若 ρ 为 0,则为空间误差面板模型,若 λ 为 0,则为空间滞后面板模型。

上述 LM-error、LM-lag 及其稳健形式的空间相关性检验,还可以为空间面板模型的设定提供线索。如果 LM-lag 和 LM-error 的统计量均不显著,则保持普通面板回归;如果 LM-lag (或 LM-error) 显著而 LM-error (或 LM-lag) 不显著,则使用空间滞后模型(或空间误差模型);如果 LM-lag 和 LM-error 的统计量均显著,则比较 Robust LM-lag 和 Robust LM-error,如果 Robust LM-lag (或 Robust LM-error) 的统计量更显著,则空间误差模型(或空间滞后模型)是更恰当的选择(Elhorst,2003)。

所有检验均在 Matlab 7.1 软件程序中进行,检验结果如表 5-3 所示。检验结果显示,Moran's I、LM-lag、LM-error 统计量均在 1% 显著水平下否定原假设,表明中国区域经济增长存在显著的空间相关性。同时,当采用贸易开放度指标 1 时,由于稳健形式空间滞后项检验显著而稳健形式空间误差项检验不显著,此时选择空间滞后面板模型估计结果为主要分析对象;当采用贸易开放度指标 2 时,由于稳健形式空间滞后项检验不显著而稳健形式空间误差项检验显著,此时选择空间误差面板模型估计结果为主要分析对象。

表 5-3 中国区域经济增长空间相关性检验结果

检验方法	样本数量	临界值	贸易开放度 1	贸易开放度 2
Moran's I	660	1.96	17.206***	18.354***
LM-lag	660	6.640	298.617***	315.058***
LM-error	660	6.640	282.112***	321.920***
Robust-LM-lag	660	6.640	16.510***	1.2443
Robust-LM-error	660	6.640	0.0043	8.1070***

资料来源:根据 Matlab 7.1 中相应空间计量软件程序包运算结果整理得到。

(二) 实证结果分析

本文使用两种贸易开放度指标对普通面板模型、空间滞后面板模型和空间误差面板模型分别进行了回归,以检测模型估计的稳定性,结果如表 5-4 所示:

从表 5-4 的实证结果中可以看到,普通面板和空间面板回归结果中各项系数的符号、大小和显著性基本一致,体现了模型设定的稳健性。但值得注意的是,控制了模型的空间相关性后,空间面板模型的解释力度变得更好,系数显著性有了进一步的改善。回归方程里的空间滞后项回归系数分别达到了 0.145 和 0.148,而且在 1% 水平下显著,说明我国区域之间经济增长确实存在很明显的空间相关性,并且表现为区域间正的外部性溢出。这反映了影响中国区域经济增长的各个变量会通过空间传递、溢出效应,对相邻地区的各个变量产生影响,进而对相邻地区的经济增长产生影响。这种正的空间地理溢出效应,恰恰就是空间维度的俱乐部收敛重要形成机制。

在两种贸易开放测度情形下,检验假设 1 的回归系数,即地区贸易开放度与地区人均 GDP 的交叉项回归系数均为负数,并且在 1% 水平下显著。这个结果为本研究假设 1 即 Krugman 和 Elizondo 的理论假说"贸易开放度的提高将导致贫困地区增长更快"提供了实证支持,而同 Myrdal 的思想"贸易开放将使已经发展较好的地区获得额外的优势"相悖。注意到人均 GDP 变量本身的回归系数也为负数并且在 1% 的水平下显著,这样它和人均 GDP 与贸易开放交叉项的综合效应为负。也就是说,从总体上看,贫困地区将会比富裕地区增长得更快,而且当贫困地区贸易开放度水平不断提高时(超过 1987—2009 年全国各省区的平均水平),这种条件收敛效应会更加明显。

在两种贸易开放测度情形下,检验假设 2 的回归系数,即地区贸易开放度与公路密度的交叉项回归系数均为正数,并且在 1% 水平下是显著的,这个结果为假设 2 提供了实证证据。正如 Mansori(2003)曾经论述的,当贸易开放度不断提高时,以公路为代表的公共基础设施将会体现出收益

表 5-4　固定效应空间面板数据模型回归结果

因变量	普通面板		空间面板			
			空间滞后面板		空间误差面板	
	TO1	TO2	TO1	TO2	TO1	TO2
$\ln TO_{it-1}\ln y_{it-1}$	-0.0132***	-0.0138***	-0.0113***	-0.0117***	-0.0116***	-0.0126***
	(-4.183)	(-4.157)	(-4.673)	(-4.693)	(-4.225)	(-4.364)
$\ln TO_{it-1}\ln I_{it-1}$	0.0157***	0.0172***	0.0149***	0.0166***	0.0144***	0.0173***
	(4.849)	(4.734)	(4.866)	(4.836)	(4.639)	(4.995)
$\ln TO_{it-1}\ln h_{it-1}$	-0.0456***	-0.0542***	-0.0465***	-0.0557***	-0.0466***	-0.0585***
	(-3.862)	(-4.071)	(-4.170)	(-4.423)	(-4.151)	(-4.649)
$\ln TO_{it-1}$	0.2142***	0.2365***	0.1992***	0.2219***	0.2011***	0.2349***
	(7.172)	(7.6269)	(7.173)	(7.774)	(7.126)	(7.930)
$\ln y_{it-1}$	-0.1163***	-0.0900***	-0.1088***	-0.0855***	-0.1123***	-0.0936***
	(-5.508)	(-4.711)	(-5.429)	(-4.703)	(-5.513)	(-5.050)
$\ln I_{it-1}$	0.0315***	0.0163**	0.0305***	0.0165**	0.0312***	0.0196***
	(3.312)	(2.304)	(3.393)	(2.473)	(3.387)	(2.906)
$\ln h_{it-1}$	-0.1448***	-0.1307***	-0.1479***	-0.1312***	-0.1453***	-0.1307***
	(-3.484)	(-3.494)	(-3.768)	(-3.714)	(-3.643)	(-3.669)
$(A_{Maxt-1}/A_{it-1})\ln h_{it-1}$	-0.0025***	-0.0016**	-0.0023***	-0.0015**	-0.0023***	-0.0017**
	(-3.071)	(-2.070)	(-3.034)	(-2.061)	(-2.974)	(-2.214)

（续表）

因变量	普通面板		空间面板			
			空间滞后面板		空间误差面板	
	TO1	TO2	TO1	TO2	TO1	TO2
$\ln L_{it} - \ln L_{it-1}$	-0.1913***	-0.1943***	-0.1946***	-0.1968***	-0.1911***	-0.1932***
	(-4.380)	(-4.495)	(-4.717)	(-4.820)	(-4.666)	(-4.798)
$\ln C_{it-1}$	0.0034	0.0091	0.0048	0.0105	0.0051	0.0110
	(0.373)	(0.993)	(0.561)	(1.208)	(0.589)	(1.269)
W × dep. var.			0.1450***	0.1480***		
			(2.854)	(2.929)		
spat. aut.					0.1310**	0.1669***
					(2.559)	(3.318)
常数 C	1.3080***	1.0955***				
	(7.867)	(7.179)				
R^2	0.6022	0.6064	0.6286	0.6328	0.6168	0.6340
调整后的 R^2	0.5644	0.5691	0.5907	0.5954	0.5884	0.5973
Log - likelihood	1486.439	1496.157	1510.399	1514.087	1501.125	1514.730
Frees test	1.175***	1.332***				

注：* 表示 10% 水平下显著，** 表示 5% 水平下显著，*** 表示 1% 水平下显著。

资料来源：本表中的数据，普通面板来自 Stata 11.0 和 Eviews 6.0 的运算结果，空间面板来自 MATLAB 7.1 软件程序中的 spatial econometric 工具包计算结果。

递增效应，这样拥有良好基础设施的区域便会获得更高的增长速度。同时我们看到公共基础设施变量自身的回归系数也为正，并且分别在 1% 和 5% 水平下显著。综合来看，公共基础设施水平对地区经济增长具有明显的促进作用，而这种正向效应在不断提高的贸易开放环境下更加显著，这也构成了贸易开放加剧地区经济发展空间差距的一个机制。

在两种贸易开放测度情形下，人力资本变量与贸易开放度的交叉项回归系数在 1% 水平下显著，但是其符号为负。这个结果为假设 3“贸易开放度的提高会导致拥有较高人力资本水平的区域增长更快”提供了反面证据。实证结果中，和人力资本水平高度相关的技术扩散项回归系数为负，这也同关于人力资本和技术水平互补性的一些假设相悖（Nelson 和 Phelps，1966；Benhabib 和 Spiegel，1994；Keller，1996）。另外，人力资本积累变量的回归系数也为负数且在 1% 水平下显著。这些实证结果与一般常识相悖，但与已有的一些实证研究结果一致，比如 Romer（1990）、Barro 和 Lee（1994）、Benhabib 和 Spiegel（1994）、Barro（1997）等都曾发现教育水平和经济增长之间存在负相关关系①。

对此，本研究认为有三种可能的原因：首先，尽管教育被认为是最重要的人力资本积累方式，但不是唯一方式。在中国，我们可以观察到，东部一些地区劳动力的教育程度并不比中西部地区有大的优势，甚至还不如一些中西部省市，但是东部地区的经济发展速度是众所周知的。换句话说，在向市场经济转型的过程中，人们对市场的认识和把握能力以及“应付经济失衡的能力”（Schultz，1975）对收入提高可能更重要。这种能力是沿海地区经济得以迅速发展的重要因素，但它不能完全反映在教育变量中（姚先国和张海峰，2008）。其次，目前包括本研究在内的大多数研究使用的教育年限变量都没有完全反映教育质量的差异。最后，教育外部性具有门槛效应，即教育程度低于某一水平时，教育的私人和社会效益都很低，而一旦超过这一门槛，更高的教育水平便具有较高的私人收益率和社会收益率（Iranzo 和 Giovanni，2006）。已有的一些实证研究表明人力资本积累效应在高科技行业比在传统行业更显著（Moretti，2004），而高科技行业从业人员的受教育程度进入门槛普遍较高。从总体上看，中国尽管在教育普及方面取得了较大成就，但是大部分地区的劳动力文化程度仍然较低②，中国

---

① 参见 Pritchett（2001）与 Krueger 和 Lindhal（2001）的评论。

② 2009 年，中国劳动人口平均受教育年限也只有 8.65 年，劳动人口平均受教育年限超过 9 年的只有北京（11.84 年）、上海（11.62 年）、天津（10.53 年）、辽宁（9.49 年）、广东（9.36 年）等 8 个省域，以上数据笔者根据《中国人口和就业统计年鉴》（2010 年）的相关数据计算得到。

也极有可能存在人力资本积累效应对不同产业的影响不尽相同,对此本书将从产业层面进行进一步的实证检验。

贸易开放变量本身的回归系数为正数,并且在1%水平下显著,也就是说当人均GDP、公共基础设施和人力资本存量水平处于观测样本期间的均值水平不变时,地区贸易开放度提高带来的增长效应为正,将会促使区域经济增长加速。这个结果与Yanikkaya(2003)的发现相反,与之前大多数国内外采用跨国面板数据研究结论一致(Edwards,1998;Wacziarg,2001;Dollar和Kraay,2004;Noguer和Siscart,2005),为贸易开放促进区域经济增长提供了来自中国的经验证据:贸易开放度的空间差异正是导致地区经济发展空间差异的重要而显著的原因。

第三节 小　　结

尽管关于贸易与经济增长的文献汗牛充栋,并在其中发展出各种假设,但是将多种假设糅合在一个框架下相互印证并在国内区域水平上进行实证检验的研究可以说还很少。

本章尝试在新增长理论和空间经济学框架下发展出一个空间面板实证模型,在国内省域水平上进行实证检验多种关于贸易开放的区域增长空间效应假设,实证结果发现,在贸易开放的区域增长空间效应中同时存在空间收敛与空间发散效应,并表现出显著的空间异质性特征。

在区域整体层次上,地区间经济增长存在显著的条件收敛效应,贸易开放度的提高更有利于落后地区的增长,这使得地区间条件收敛效应由于贸易开放度提升而加强。同时,贸易开放度和基础设施水平的提高都对地区经济增长有正向的直接促进效应,而贸易开放度的提高更有利于拥有良好基础设施地区的增长。从协调区域发展、缩小区域差距的角度出发,政府应该鼓励落后地区不断加大对外开放的力度,不断对落后地区投入更多力量以改善基础设施条件,只要这些基础设施能真正服务于当地经济社会发展,就能不断改善落后地区的经济发展状况。

贸易开放不仅在区域层次上有差别,在不同的产业间贸易开放推进的程度和速度也不相同,在不同的产业层次来检验贸易开放的效应有助于更好地完善本章的结论。

第六章　基于产业层次的贸易开放与中国区域经济发展差异研究

在上一章里，笔者利用1987—2009年中国省级面板数据考察和分析了贸易开放对区域经济增长的影响，发现贸易开放促进区域经济增长的证据，但是贸易开放对区域经济增长的实质影响受到地区一些关键要素禀赋的制约。这些发现为我们了解贸易开放影响区域经济发展的机制提供了重要线索。但是我们也应注意到，这些都是在整体层面上的研究，必须深入到产业层面上的探讨，才能让我们更清楚地了解贸易开放的影响。

本章结构安排如下：首先，对中国改革开放以来产业结构的转变、产业结构的地区差异和变化以及贸易开放对产业结构演进的影响进行分析；接着，利用前一章建立的内生增长综合模型，构建基于产业层面的空间面板数据回归方程，并在三次产业层面上进行实证检验；然后，基于检验结果，对其进行分析和评价。

第一节　改革开放以来中国的产业结构转变

改革开放三十多年来，中国的经济发展取得了令世人惊讶和赞叹的非凡成就。中国的经济总量已经跃居世界第二，仅次于超级大国美国；中国的货物贸易进出口总额位居世界第二位，成为世界最大出口国和第二大进口国。① 在改革开放的大背景下，随着国民经济持续快速增长，综合国力不断增强，中国产业结构的内在构成和区域特征都发生了意义深远的重大变化。

---

① 根据中国国家统计局发布的2011年国民经济和社会发展统计公报显示，2011年中国GDP和货物进出口贸易总额分别达到471 564亿元和36 421亿美元。

一、要素构成变化与产业结构演进

自改革开放以来,中国的产业结构经历了趋势性的变化,三次产业①之间的比例关系有了较大改善,产业结构正逐步走向合理化。第一产业增加值占GDP的比重持续稳定下降,第二产业的比重在40%—50%之间阶段性波动,第三产业的比重不断上升,其增加值占GDP的比重已由1979年的23.9%大幅上升至2011年的43.4%。对比要素构成和产业结构的变化,我们可以清楚地看到,正是生产要素在产业部门之间的流动导致了三次产业结构比例的变化,要素构成的变化是产业结构演进的基础。

(一)三次产业结构的变化

改革开放以来中国的三次产业结构变动情况具有如下特点(见表6-1、图6-1):

其一,第一产业的比重呈现不断稳定下降的趋势。改革开放初期的1978—1984年,第一产业增加值占GDP的比重在30%左右,但是到2007年已经下降到10.8%,下降幅度非常明显,此后2008—2011年其比重稳定在10%左右。值得注意的是,1978—1984年第一产业占GDP的比重呈现小幅度上升趋势,此后才掉头步入长期下降通道,这与当时在全国推广家庭联产承包责任制从而极大地释放了农业生产力有关②。然而,虽然土地制度变革极大地刺激了农业劳动力的积极性,提升了农业生产率,但是由于农业生产力条件有限,同时有相当部分劳动力释放到了工业领域,因此1980年代中期以后,第一产业增加值在GDP中所占的比重就开始不断稳定下降。

其二,第二产业的比重呈现出先降后升、又降再升的趋势。改革开放初期,第二产业增加值占GDP的比重从最高峰1980年的48.2%下降到1990年的41.3%,然后步入上升通道,到1997年达到阶段顶峰值47.5%,其后又开始缓慢下降至2002年的44.8%,此后便跃升进入相对平稳的阶

---

① 根据中国的《国民经济行业分类(GB/T4754-2002)》,三次产业的划分范围及分类是:第一产业包括农、林、牧、渔业和农林牧渔服务业;第二产业包括采矿业,制造业,电力、燃气及水的生产和供应业,建筑业;第三产业包括除第一、二产业以外的其他行业。具体包括:交通运输、仓储和邮政业,信息传输、计算机服务和软件业,批发和零售业,住宿和餐饮业,金融业,房地产业,租赁和商务服务业,科学研究、技术服务和地质勘查业,水利、环境和公共设施管理业,居民服务和其他服务业,教育,卫生、社会保障和社会福利业,文化、体育和娱乐业,公共管理和社会组织,国际组织等。

② 邹东涛主编:《发展和改革蓝皮书——中国改革开放30年》,社会科学文献出版社,2008年。

段。到2011年中国第二产业增加值为220 592亿元，占GDP比重达到46.6%，其中全部工业增加值为18 8572亿元，制造业中的高技术制造业增加值比上年增长16.5%，高于规模以上工业增速2.6个百分点，工业内部结构也在不断改善。从整体上看，虽然第二产业受到国内改革和外部危机的影响，出现了反复升降的过程，但其在产业结构中始终占据最大比重。

其三，第三产业的比重总体呈现出台阶式上升趋势。改革开放初期的1978—1983年，第三产业增加值占GDP的比重保持在22%左右，1984年开始出现跳跃式快速增长，在1985年超过了第一产业，到1991年达到33.7%，此后1992—1997年一直稳定在33%—34%之间的水平，随后1998年又开始新一轮迅速上升期，至2001年历史性突破40%，此后一直保持在该水平之上，2009年以来第三产业的增加值已占到GDP的43%以上，同第二产业的差距越来越小。

从三次产业对GDP增长的贡献率来看（如图6-2所示），改革开放初期到20世纪90年代前变动较大，20世纪90年代后至2011年，三次产业对GDP增长的贡献率的结构与其增加值占比的结构的变化趋势基本一致。

表6-1　1978—2011年中国三次产业增加值占GDP比重的结构变动

（单位：%）

年份	第一产业	第二产业	第三产业	年份	第一产业	第二产业	第三产业
1978	28.2	47.9	23.9	1995	19.9	47.2	32.9
1979	31.3	47.1	21.6	1996	19.7	47.5	32.8
1980	30.2	48.2	21.6	1997	18.3	47.5	34.2
1981	31.9	46.1	22.0	1998	17.6	46.2	36.2
1982	33.4	44.8	21.8	1999	16.5	45.8	37.7
1983	33.2	44.4	22.4	2000	15.1	45.9	39.0
1984	32.1	43.1	24.8	2001	14.4	45.1	40.5
1985	28.4	42.9	28.7	2002	13.7	44.8	41.5
1986	27.2	43.7	29.1	2003	12.8	46.0	41.2
1987	26.8	43.6	29.6	2004	13.4	46.2	40.4
1988	25.7	43.8	30.5	2005	12.1	47.4	40.5
1989	25.1	42.8	32.1	2006	11.1	47.9	40.9
1990	27.1	41.3	31.6	2007	10.8	47.3	41.9
1991	24.5	41.8	33.7	2008	10.7	47.4	41.8
1992	21.8	43.4	34.8	2009	10.3	46.2	43.4
1993	19.7	46.6	33.7	2010	10.1	46.7	43.2
1994	19.8	46.6	33.6	2011	10.0	46.6	43.4

资料来源：《新中国60年统计资料汇编》、中经网统计数据库。

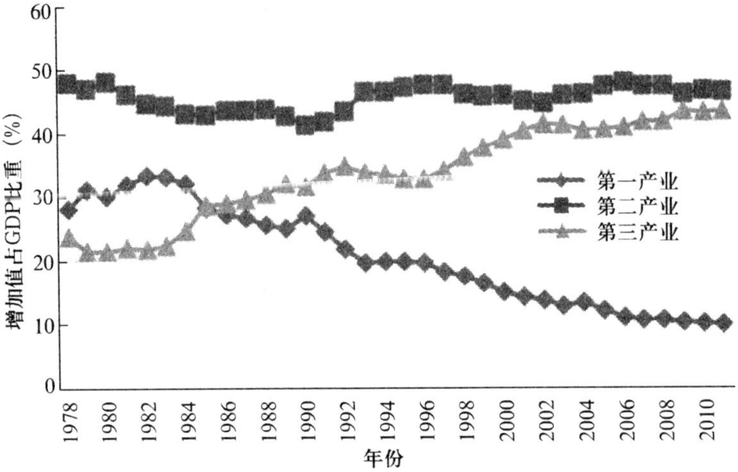

图 6-1　改革开放以来三次产业增加值占 GDP 比重变化趋势图

资料来源:《新中国 60 年统计资料汇编》、《中经网统计数据库》。

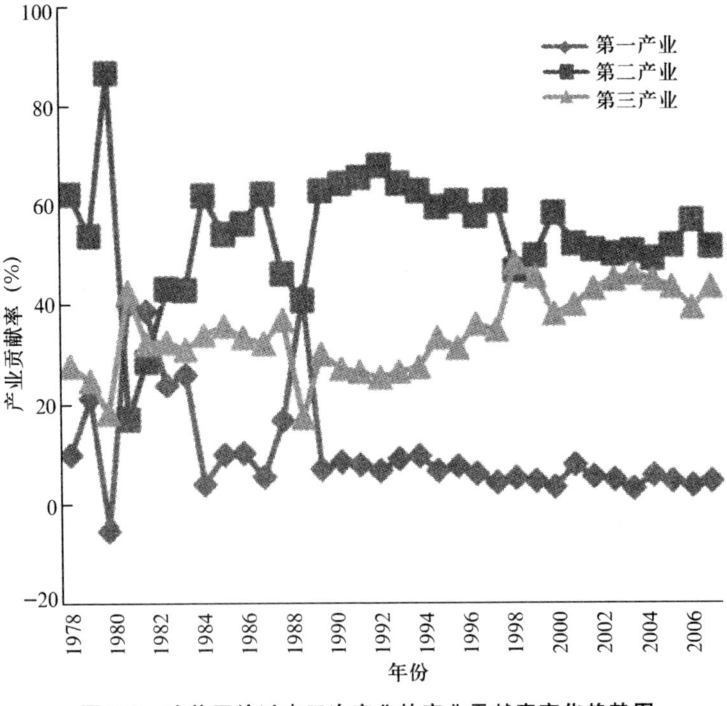

图 6-2　改革开放以来三次产业的产业贡献率变化趋势图

资料来源:《新中国 60 年统计资料汇编》、中经网统计数据库。

（二）三次产业生产要素结构的变化

就劳动力投入而言，从表 6-2 和图 6-3 中分别给出的数据和描绘的趋势来看，它和三次产业比重的变动趋势是基本一致的。自改革开放以来，第一产业的劳动力占总劳动力的比重就呈现出阶梯式下降趋势，从 1978 年超过 70% 下降到 2007 年的 40.8%，但仍然是劳动力占比最大的产业，显示中国该阶段仍然是农业人口大国；与此相对应的是，第二产业和第三产业的就业人员比重不断增加，分别由 1978 年的 17.3% 和 12.2% 上升至 2007 年的 26.8% 和 32.4%，相比而言第三产业就业人员的比重增长得更快。虽然三次产业的就业结构和产出结构的变动趋势是基本一致的，但是两者在构成比重上仍然有较大差异。表 6-4 列出了代表性年份数据，展现了它们的对比性差异。第一产业吸纳的就业人口比重与其在 GDP 所占的比重是严重不成比例的。即使考虑到第一产业的人均劳动生产率要低于第二产业和第三产业，这样差距明显的劳动力投入和产出比仍然令人感到非常惊讶。这也说明，中国的劳动力结构调整仍然还有很大的空间。

资本存量构成则与就业构成的表现显著不同（见表 6-3），第一产业的资本存量只占总资本存量的很小部分。1978—1984 年，第一产业资本存量在 2% 之上，之后第一产业资本存量长期不足 2%。第二、第三产业资本存量的比重呈现出明显的此起彼伏交替上升的周期性特征，从图 6-4 中我们可以清楚看到三个彼此交替的阶段：1978—1984 年（第二产业下降，第三产业上升）、1985—1990 年（第二产业上升，第三产业下降）、1991—2002 年（第二产业下降，第三产业上升）、2003—2007 年（第二产业上升，第三产业下降）。这种彼此交替的周期性和第二、三产业在产值比重和 GDP 增长贡献率上表现出的趋势基本一致。

表 6-2　1978—2007 年中国三次产业就业人员比重的结构变动

（单位：%）

年份	第一产业	第二产业	第三产业	年份	第一产业	第二产业	第三产业
1978	70.5	17.3	12.2	1993	56.4	22.4	21.2
1979	69.8	17.6	12.6	1994	54.3	22.7	23.0
1980	68.7	18.2	13.1	1995	52.2	23	24.8
1981	68.1	18.3	13.6	1996	50.5	23.5	26
1982	68.1	18.4	13.5	1997	49.9	23.7	26.4
1983	67.1	18.7	14.2	1998	49.8	23.5	26.7
1984	64.0	19.9	16.1	1999	50.1	23.0	26.9
1985	62.4	20.8	16.8	2000	50.0	22.5	27.5
1986	60.9	21.9	17.2	2001	50.0	22.3	27.7

（续表）

年份	第一产业	第二产业	第三产业	年份	第一产业	第二产业	第三产业
1987	60.0	22.2	17.8	2002	50.0	21.4	28.6
1988	59.3	22.4	18.3	2003	49.1	21.6	29.3
1989	60.1	21.6	18.3	2004	46.9	22.5	30.6
1990	60.1	21.4	18.5	2005	44.8	23.8	31.4
1991	59.7	21.4	18.9	2006	42.6	25.2	32.2
1992	58.5	21.7	19.8	2007	40.8	26.8	32.4

资料来源:《新中国55年统计资料汇编》、中经网统计数据库。

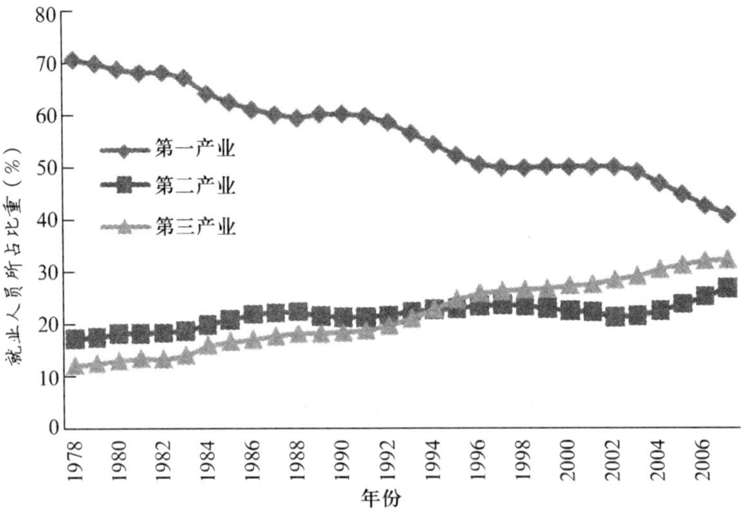

图6-3　改革开放以来三次产业就业人员占比变化趋势图

资料来源:《新中国55年统计资料汇编》、《中经网统计数据库》。

表6-3　1978—2007年中国三次产业资本存量(1978年不变价格)①

（单位:亿元）

年份	全部产业	第一产业	第二产业	第三产业
1978	6 054.00	143.95	3 450.31	2 459.75
1979	7 062.80	172.50	3 854.01	3 036.29
1980	7 660.06	177.44	4 019.70	3 462.92
1981	9 247.73	189.44	4 337.84	4 720.45
1982	9 695.22	200.02	4 364.62	5 130.58

① 干春晖、郑若谷:“改革开放以来产业结构演进与生产率增长研究——对中国1978—2007年‘结构红利假说’的检验”,《中国工业经济》,2009第2期,第55—65页。

（续表）

年份	全部产业	第一产业	第二产业	第三产业
1983	10 420.24	215.72	4 606.41	5 598.11
1984	10 536.89	216.91	4 617.66	5 702.32
1985	10 990.77	217.55	4 906.56	5 866.66
1986	11 637.82	222.05	5 466.81	5 948.96
1987	12 740.40	225.18	6 433.23	6 081.99
1988	14 559.84	237.66	7 357.00	6 965.18
1989	16 758.14	241.04	8 752.79	7 764.31
1990	17 069.88	247.41	8 972.48	7 849.99
1991	18 164.68	265.76	9 258.89	8 640.03
1992	19 245.45	290.73	9 701.70	9 253.02
1993	19 880.14	292.59	9 707.64	9 879.91
1994	20 940.75	301.50	9 813.51	10 825.74
1995	23 544.80	308.52	10 847.58	12 388.70
1996	24 842.40	349.80	11 182.36	13 310.24
1997	27 056.24	374.42	11 206.25	15 475.57
1998	28 279.40	394.22	11 221.78	16 663.40
1999	31 323.59	443.16	11 885.22	18 995.21
2000	32 165.53	499.31	11 988.73	19 677.49
2001	33 118.58	517.04	12 040.34	20 561.20
2002	34 430.89	629.71	12 143.50	21 657.68
2003	35 794.45	630.84	13 419.21	21 744.40
2004	36 504.23	667.77	13 850.74	21 985.72
2005	40 504.56	676.26	16 218.16	23 610.14
2006	44 276.79	698.98	19 762.40	23 815.41
2007	49 382.17	802.52	23 179.03	25 400.62

资料来源：转引自干春晖和郑若谷（2009）。

表6-4列出了几个关键年份三次产业的增加值、就业和资本存量结构对比，可以帮助我们理解生产要素构成的阶段性变化，以及它带来的产业结构变化的阶段特征。

从表6-4中可看出，1978—1992年间，中国第一产业的就业比重下降了12个百分点，而第二和第三产业的就业比重则分别上升了4.4个百分点和7.6个百分点。这期间，一方面正值中国农村家庭承包责任制逐步全面实施，释放了大量的农村剩余劳动力，另一方面国家设立经济特区和经济开发区，并允许非公有制的个体和私营经济的发展，从而使大量来自农村的剩余劳动力涌向第二和第三产业，带动了第三产业增加值比重的快速

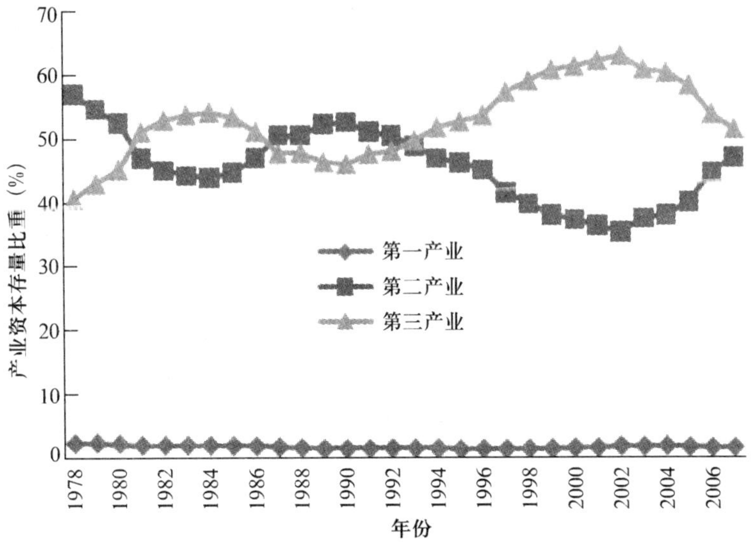

图 6-4 改革开放以来三次产业的资本存量比重变化趋势图

资料来源：根据干春晖和郑若谷(2009)的数据计算得到。

增长。1992—2001 年间，是中国确立市场经济体制到加入 WTO 前的时段，这期间第一产业的就业比重继续下降了 8.5 个百分点，但第二产业的就业比重仅上升了 0.6 个百分点，第三产业的就业比重大幅上升了接近 8 个百分点，劳动力大量转移到了第三产业中，相应第三产业的增加值比重也上升了接近 6 个百分点。2001—2007 年间，中国迅速而全面地融入世界经济体系，进出口贸易不断创下新纪录，制造业得到迅速发展，逐步取得了“世界工厂”的地位，第一产业的劳动力开始加速向第二产业和第三产业转移，第二产业和第三产业的就业比重分别增加了 4.5 个百分点和 4.7 个百分点，第一产业的增加值比重也迅速地下降到 10% 左右。

表 6-4 中国三次产业结构和要素构成变化情况对比 （单位：%）

年份	产值构成			就业比重			资本存量比重		
	第一产业	第二产业	第三产业	第一产业	第二产业	第三产业	第一产业	第二产业	第三产业
1978	28.2	47.9	23.9	70.5	17.3	12.2	2.38	56.99	40.63
1992	21.8	43.4	34.8	58.5	21.7	19.8	1.51	50.41	48.08
2001	14.4	45.1	40.5	50.0	22.3	27.7	1.56	36.36	62.08
2007	10.8	47.3	41.9	40.8	26.8	32.4	1.63	46.94	51.44

另一重要生产要素资本存量的结构变动，与三次产业就业结构的变动

轨迹不太一样。自改革开放以来,中国三次产业资本存量的绝对量均有显著增长,但是三次产业之间的资本存量增幅存在着显著的差异。1978—1992年间,这一阶段资本存量的形成主要依赖自有资本积累进行投资,第一和第二产业的资本存量比重不增反减,第三产业的资本存量比重相反增加了7.45个百分点。1992—2001年间,市场经济体制确立之后,外资开始大量进入,但是由于当时中国工业企业自身面临改革困境和政策限制,因此投资大量投向第三产业,导致第一产业的资本存量比重略微增加了0.05个百分点,第二产业的资本存量比重大幅下降了14.05个百分点,而第三产业的资本存量比重则大幅增加14个百分点。2001—2007年,中国逐渐融入全球产业链体系,基于劳动力比较优势的出口加工业发展迅速,投资主要流向了第二产业①,因此第一产业的资本存量比重只略有上升,第二产业的资本存量比重大幅上升10.58个百分点,相反第三产业的资本存量比重则大幅下降10.64个百分点。

劳动力流动和资本转移极大地改变了中国的产出结构,其外在表现就是产业增加值结构的大幅变化。1978—1992年,第一产业的剩余劳动力大量流向第二和第三产业,农业产量大幅提高的同时,轻工业和消费品工业迅速增长,第三产业得到了更快速的发展,但由于资本更多投向了第三产业,所以只有第三产业的相对比重上升。1992—2001年间,由于劳动力和资本都更多地流入到第三产业,所以第三产业的比重继续增加,同时第二产业的比重也略有回升。2001—2007年,中国迅速融入全球产业链体系,劳动力和资本都大量向制造业转移,第二产业的比重相比前一阶段进一步增大,这也促进了为第二产业服务的第三产业的蓬勃发展,第三产业的增加值比重进一步提升。

二、产业结构的地区差异及其演变

从各省份就业结构水平看,地域差异明显(见表6-5)。三次产业就业结构有"三、二、一"型、"三、一、二"型、"二、三、一"型、"二、一、三"型、"一、二、三"型和"一、三、二"型。1990年还没有哪个省份的就业结构为"三、二、一"型和"三、一、二"型,唯一的"二、一、三"型省份是辽宁,"二、三、一"型则有北京、天津和上海,"一、三、二"型地区有内蒙古、福建、广西、海南、西藏、甘肃、青海和宁夏,其他省份为"一、二、三"型就业结构。

---

① 干春晖、郑若谷:"改革开放以来产业结构演进与生产率增长研究——对中国1978—2007年'结构红利假说'的检验",《中国工业经济》,2009第2期,第55—65页。

然而到了2005年，各省份产业结构发生了很大变化，辽宁和广东的就业结构转变为独特的“三、一、二”型；就业结构为“三、二、一”型的省份有北京和上海；天津仍保持着“二、三、一”型就业结构，另外增加了江苏和浙江；传统的“一、二、三”型就业结构只保留在河北和山东；其他省份均为“一、三、二”型，也正是这些大多数的省份就业结构决定了全国的就业结构。和90年代的“一、三、二”型相比，2005年各省的农业就业人口比重明显下降，而服务业就业人口比重有较大提升。从图6-5中我们可以看到，各省在第一产业就业比重上的差异有轻微上升，而在第二产业和第三产业就业比重上的差异均有较大幅度的下降，表明了就业结构上的趋同趋势。

从各省份产业产值结构水平看，其差异结构和演变特点与就业结构又有所不同。如表6-6所示，从全国范围看，产值结构的基本形式呈“二、三、一”型排序，第二产业产值比重最大，从1990年到2005年比较明显的变化是第一产业产值比重下降，第三产业产值比重上升。从各省区来看，大部分省份的产值结构和演变趋势与全国相同，2005年“二、三、一”型产值结构省份由1990年的15个增加到28个，其中明显的变化是原来“一、二、三”型或者“二、一、三”型的中、西地区省份(西藏除外)转变为“二、三、一”型。西藏则由“一、三、二”型转变为“三、二、一”型，北京由于其特殊的政治经济地位，产业结构也表现为“三、二、一”型。产值结构起主导作用的是“二、三、一”型，而就业结构起主导的是“一、三、二”型，这说明区域层面上产业结构的不匹配现状。农业就业比重最高，但农业产值比重却最小，反应了中国农业效益的低下，第三产业就业比重比第二产业就业比重高，但产值比重比第二产业低，凸显第三产业低端化的行业结构。从图6-6中我们可以看到，20世纪80年代末到90年代初第二产业产值比重的区域差异性呈现下降趋势，90年代以来基本保持稳定；而第一、三产业产值比重的区域差异性自20世纪90年代以来上升趋势较明显，揭示出区域间产值结构的异化趋势。

表6-5 全国及30个省份产业就业结构变化对比 (单位:%)

地区	1990年			2000年			2005年		
	第一产业	第二产业	第三产业	第一产业	第二产业	第三产业	第一产业	第二产业	第三产业
全国	60.1	21.4	18.5	50	22.5	27.5	44.8	23.8	31.4
北京	14.46	44.91	40.63	11.69	32.41	55.90	6.76	24.60	68.64

（续表）

地区	1990 年			2000 年			2005 年		
	第一产业	第二产业	第三产业	第一产业	第二产业	第三产业	第一产业	第二产业	第三产业
天津	19.92	49.39	30.69	19.88	40.98	39.14	18.86	40.60	40.54
河北	61.60	23.01	15.39	48.77	25.41	25.82	45.06	30.24	24.71
山西	48.53	29.34	22.13	46.70	24.90	28.39	43.47	26.13	30.40
内蒙古	55.75	21.78	22.46	54.44	16.46	29.10	53.84	15.64	30.52
辽宁	34.05	41.02	24.94	37.69	26.30	36.01	36.33	25.49	38.18
吉林	48.30	28.60	23.11	50.19	19.12	30.69	47.65	18.36	33.99
黑龙江	39.60	35.14	25.26	49.45	21.24	29.31	48.45	20.89	30.66
上海	11.08	59.30	29.63	13.08	42.84	44.09	7.14	38.71	54.15
江苏	48.89	33.85	17.26	42.22	29.71	28.07	27.77	38.51	33.72
浙江	53.17	29.85	16.98	37.81	30.87	31.31	24.70	41.83	33.47
安徽	69.23	15.74	15.03	59.83	15.78	24.39	51.03	21.89	27.08
福建	58.36	20.55	21.09	46.88	24.52	28.60	37.60	31.16	31.24
江西	65.68	20.29	14.03	51.91	14.42	33.67	45.90	22.03	32.07
山东	63.86	22.82	13.32	53.06	23.63	23.31	40.24	30.50	29.26
河南	69.33	16.42	14.24	64.05	17.54	18.41	55.43	22.11	22.46
湖北	61.16	20.67	18.16	48.04	18.33	33.64	42.37	19.50	38.13
湖南	68.90	17.53	13.57	60.79	14.66	24.56	53.63	17.48	28.89
广东	52.97	27.21	19.82	41.14	26.21	32.65	32.94	30.69	36.37
广西	76.52	9.79	13.69	62.23	10.16	27.60	56.18	11.18	32.64
海南	69.92	9.47	20.61	61.20	9.58	29.22	56.95	10.62	32.43
四川	73.39	13.43	13.18	57.06	14.28	28.66	49.06	19.19	31.75
贵州	78.24	10.24	11.52	67.35	9.26	23.40	57.41	10.31	32.28
云南	79.98	9.61	10.41	73.90	9.17	16.94	69.44	9.96	20.60
西藏	80.72	3.83	15.45	73.98	5.85	20.16	61.47	9.19	29.34
陕西	64.09	19.16	16.75	55.72	16.50	27.78	50.79	18.50	30.71
甘肃	69.59	14.42	15.99	59.74	13.82	26.45	57.18	13.71	29.11
青海	59.98	18.84	21.18	60.80	13.35	25.86	49.18	17.38	33.44
宁夏	62.24	18.24	19.52	57.88	18.14	23.98	48.43	22.26	29.31
新疆	61.27	17.39	21.34	57.72	13.79	28.48	53.26	13.31	33.43

资料来源：中经网统计数据库、《新中国 55 年统计资料汇编》。

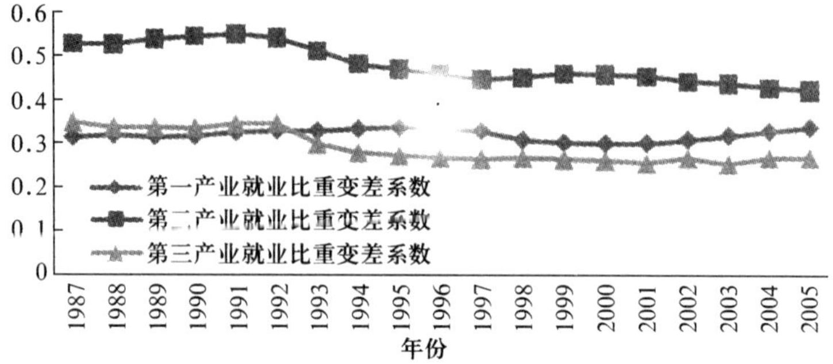

图 6-5　省际间三次产业就业比重的变差系数变化趋势图

资料说明:变差系数 CV = 均值/标准差,由笔者根据《中国统计年鉴》、中经网统计数据库、《新中国 55 年统计资料汇编》相关数据计算得到。

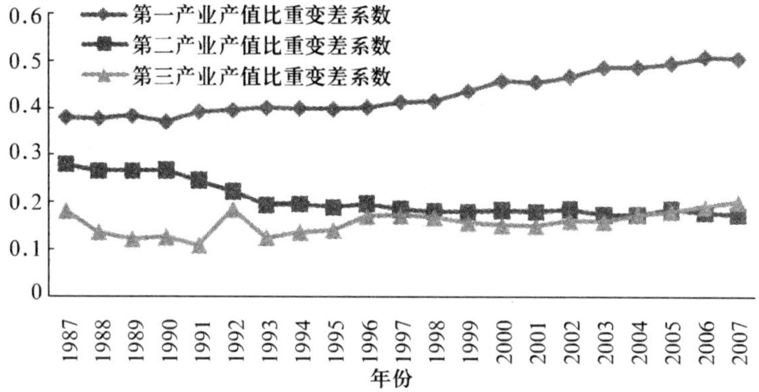

图 6-6　省际间三次产业产值比重的变差系数变化趋势图

资料说明:变差系数 CV = 均值/标准差,由笔者根据《中国统计年鉴》、中经网统计数据库、《新中国 55 年统计资料汇编》相关数据计算得到。

表 6-6　全国及 30 个省份三次产业产值结构变化对比　(单位:%)

地区	1990 年			2000 年			2005 年		
	第一产业	第二产业	第三产业	第一产业	第二产业	第三产业	第一产业	第二产业	第三产业
全国	27.1	41.3	31.6	15.1	45.9	39	12.2	47.7	40.1
北京	8.8	52.4	38.8	3.6	38.1	58.3	1.4	29.5	69.1
天津	8.8	57.7	33.5	4.5	50.0	45.5	3.0	55.5	41.5
河北	25.4	43.2	31.3	16.2	50.3	33.5	14.9	51.8	33.3
山西	18.8	48.9	32.2	10.9	50.3	38.8	6.3	56.3	37.4
内蒙古	35.3	32.1	32.7	25.0	39.7	35.3	15.1	45.5	39.4X

（续表）

地区	1990 年			2000 年			2005 年		
	第一产业	第二产业	第三产业	第一产业	第二产业	第三产业	第一产业	第二产业	第三产业
黑龙江	22.4	50.7	26.9	11.0	57.4	31.6	12.4	53.9	33.7
上海	4.3	63.8	31.9	1.8	47.5	50.7	0.9	48.6	50.5
江苏	25.1	48.9	26.0	12.0	51.7	36.3	8.0	56.6	35.4
黑龙江	22.4	50.7	26.9	11.0	57.4	31.6	12.4	53.9	33.7
上海	4.3	63.8	31.9	1.8	47.5	50.7	0.9	48.6	50.5
江苏	25.1	48.9	26.0	12.0	51.7	36.3	8.0	56.6	35.4
浙江	25.1	45.5	29.5	11.0	52.7	36.3	6.6	53.4	40.0
安徽	37.4	38.2	24.4	24.1	42.7	33.2	18.0	41.3	40.7
福建	28.1	33.4	38.4	16.3	43.7	40.0	12.8	48.7	38.5
江西	41.1	31.2	27.8	24.2	35.0	40.8	17.9	47.3	34.8
山东	28.1	42.1	29.8	14.9	49.7	35.4	10.6	57.4	32.0
河南	34.9	35.5	29.6	22.6	47.0	30.4	17.9	52.1	30.0
湖北	35.1	38.0	26.9	15.5	49.7	34.8	16.6	43.1	40.3
湖南	37.5	33.6	28.9	21.3	39.6	39.1	19.6	39.9	40.5
广东	24.7	39.5	35.8	10.4	50.4	39.2	6.4	50.7	42.9
广西	39.1	26.4	34.5	26.3	36.5	37.2	22.4	37.1	40.5
海南	44.9	19.6	35.5	37.9	19.8	42.3	33.6	24.6	41.8
四川	36.1	35.2	28.7	23.6	42.4	34.0	20.1	41.5	38.4
贵州	38.5	35.7	25.8	27.3	39.0	33.7	18.6	41.8	39.6
云南	37.2	34.9	27.8	22.3	43.1	34.6	19.3	41.2	39.5
西藏	50.9	12.9	36.2	30.9	23.2	45.9	19.1	25.3	55.6
陕西	26.1	38.9	35.0	16.8	44.1	39.1	11.9	50.3	37.8
甘肃	26.4	40.5	33.1	19.7	44.7	35.6	15.9	43.4	40.7
青海	25.3	38.5	36.2	14.6	43.2	42.2	12.0	48.7	39.3
宁夏	26.0	39.1	34.9	17.3	45.2	37.5	11.9	46.4	41.7
新疆	34.5	30.5	35.0	21.1	43.0	35.9	19.6	44.7	35.7

资料来源：中经网统计数据库、《新中国 55 年统计资料汇编》。

对于处在转型期中的中国，如果仅仅只从区域总体经济表现层面上研究贸易开放的影响，很有可能遗漏掉一些重要的信息。如果贸易开放对各次产业的影响不同，这对我们研究区域发展不平衡来说是一个非常值得关注的内容，因为各个产业层次在不同的省区都表现出一定的产业集聚现象，尤其是第二、第三产业领域，如表 6-7 所示。因此，了解贸易开放对不同产业的影响对我们弄清贸易开放对区域发展不平衡的影响是非常必要的。

表 6-7　2005 年按产业部门排名前五的省份

产业部门	所占比重之合	占比最大的五个省份
第一产业	37.4%	山东、江苏、河南、四川、河北
第二产业	47.7%	江苏、广东、山东、浙江、上海
第三产业	44.1%	广东、江苏、上海、山东、浙江

资料来源：笔者根据《中国统计年鉴》(2006)、中经网统计数据库相关数据计算得到。

第二节　贸易开放与区域产业增长差异关系模型

本节将建立的模型，除了其中某些变量特定到省级产业层次以外，其他的设定和前一章基本相同。

一、基本研究假设

本节将检验和前一章类似的假设，不同的是，这里将在各省三次产业层次上来分析。

基于 Krugman 和 Elizondo(1996)的"核心—边缘"模型，第一条假设是贸易开放度的提高将会导致产业活动从核心区域向其他区域发散。如果这条假设成立，那么当贸易开放度提高时，那些在某特定产业领域不发达的省份将会在该产业获得比已经有良好产业基础的省份更快的增长速度。

第二条假设和第三条假设是贸易开放度的提高将会导致那些拥有更高的基础设施水平(Mansori,2003)和教育水平(Nelson 和 Phelps,1966; Benhabib 和 Spiegel,1994;Keller,1996)的地区增长更快。贸易开放的一个好处就是技术变得不再昂贵(Connolly,2003)。然而，技术的使用要求较高的教育程度。那些拥有较高人力资本水平的地区就可能在贸易开放中获得更多的收益，如果这个假设成立，我们应当可以看到贸易开放会强化已有的发展方式，也就是说，经济活动会更加集中在教育水平较高的地区。

基础设施的情况与此类似。贸易开放会带来更多的投资，但是这些投资会倾向于投在基础设施条件更好的地区。如果这个假设成立，我们应该可以观察到贸易开放会进一步导致基础设施条件更好地区的投资集中。当然，结果也可能不是我们预想的那样。

二、关系模型的建立

我们仍然从柯布—道格拉斯生产函数开始：

$$Y_{irt} = A_{rt}K_{irt}^{\alpha}L_{irt}^{\beta}\xi_{irt} \tag{6.1}$$

这里下标 i、r 和 t 分别代表产业部门、地区和时间。Y 是各地区产业部门的真实收入；A 代表该地区的技术水平，之所以下标中没有 i，是因为假定技术是各地区的公共物品；K 是物质资本存量，L 代表劳动力投入。将方程(6.1)表示成劳动力均形式并取自然对数就可以得到：

$$\ln y_{irt} = \ln A_{rt} + \alpha \ln k_{irt} + (\alpha + \beta - 1)\ln L_{irt} + \ln \xi_{irt} \tag{6.2}$$

其中所有变量的含义与上面方程相同，只是小写的字母代表劳动力均数量。为了计算各省产业部门劳动力均收入增长率，将方程(6.2)改写成自然对数差分形式：

$$\begin{aligned}\ln y_{irt} - \ln y_{irt-1} = {} & (\ln A_{rt} - \ln A_{rt-1}) + \alpha(\ln k_{irt} - \ln k_{irt-1}) \\ & + (\beta + \alpha - 1)(\ln L_{irt} - \ln k_{irt-1}) \\ & + (\ln \xi_{irt} - \ln \xi_{irt-1})\end{aligned} \tag{6.3}$$

下面将本研究的假设融入到上述基本模型中。具体地说，就是将假设1和假设2融入到 $\alpha(\ln k_{irt} - \ln k_{irt-1})$ 项中，将假设3融入到 $(\ln A_{rt} - \ln A_{rt-1})$ 项中，同时还有一些控制变量也将引入其中。

对于 $\alpha(\ln k_{irt} - \ln k_{irt-1})$ 项，我们将物质资本 K 一分为二，C 和 I 两个不同项。C 代表生产过程中使用的物质资本，因而对产出增长有直接的影响；I 代表并不直接影响生产过程的物质资本，比如一般公共基础设施等①。因此可得：

$$\ln k_{irt} - \ln k_{irt-1} = f(\ln c_{irt} - \ln c_{irt-1}) + w(\ln I_{rt} - \ln I_{rrt-1}) \tag{6.4}$$

这里的 f 和 w 都是线性函数。注意到 I 的下标中不带 i，因为公共设施是作为各地区的公共产品存在的。利用方程(6.4)，我们将假设1和假设2嵌入其中。由于 Krugman 和 Elizondo(1996)的模型重点关注于贸易开放带来的经济活动区位的变化，我们将 $f(\ln c_{irt} - \ln c_{irt-1})$ 分解为三项。第一项是各省产业部门的劳动力均生产性物质资本存量水平，第二项是各省产业部门的劳动力人均收入水平和贸易开放的交叉项，第三项是作为控制变量的劳动力人均收入水平，以刻画经济增长文献中普遍关注的收敛效应(Barr 和 Sala-i-Martin，1995)。也就是说，其表达式可以定义如下：

---

① 这里的 I 类似于 Hansen(1965)的间接经济资本(economic overhead capital)，主要是一般基础设施的公共投资，包括道路、桥梁、港口、燃气、电力、给排水、通信等。

$$f(\ln c_{irt} - \ln c_{irt-1}) = d(\ln c_{irt-1}) + r(\ln TO_{rt-1}\ln y_{irt-1}) + z(\ln y_{irt-1}) \tag{6.5}$$

其中 d, r 和 z 为线性函数,TO 表示贸易开放测度。

另外,由于假设 2 主要是关于贸易在加强区域基础设施已有优势方面的影响(Mansori,2003),我们可以将 $w(\ln I_{rt} - \ln I_{rt-1})$ 看作是已有基础设施和贸易开放交叉项的函数。因为涉及交叉项,遵从 Brambor 等(2006)的建议,这里也要加入基础设施水平的滞后项。具体形式为:

$$w(\ln I_{rt} - \ln I_{rt-1}) = p(\ln I_{rt-1}) + q(\ln TO_{rt-1}\ln I_{rt-1}) \tag{6.6}$$

这里 p 和 q 都是线性函数。将方程(6.5)和方程(6.6)合并起来就得到:

$$\begin{aligned}\ln k_{irt} - \ln k_{irt-1} = {} & d(\ln C_{irt-1}) + r(\ln TO_{rt-1} - \ln y_{irt-1}) \\ & + z(\ln y_{irt-1}) + p(\ln I_{rt-1}) \\ & + q(\ln TO_{rt-1} - \ln I_{rt-1})\end{aligned} \tag{6.7}$$

再者,将技术增长($\ln A_{rt} - \ln A_{rt-1}$)看成由以下四个部分组成:

$$\begin{aligned}\ln A_{rt} - \ln A_{rt-1} = {} & g(\ln h_{rt-1}) + m\left[\left(\frac{A_{\max t-1} - A_{rt-1}}{A_{rt-1}}\right)\ln h_{rt-1}\right] \\ & + s(\ln TO_{rt-1} + n(\ln TO_{rt-1}\ln h_{rt-1})\end{aligned} \tag{6.8}$$

上述方程中 g,m,s 和 n 均为线性函数。① 从本研究的角度来看,上述方程中最重要的是最后一项。这一项是贸易开放(TO)与省级人力资本水平的交叉乘积项,以便刻画在给定人力资本水平下贸易开放的影响(Nelson 和 Phelps,1966;Benhabib 和 Spiegel,1994;Keller,1996)。也就是说,这一项正是用来检验假设 3 的。基于之前的文献研究,方程右边的其他项包括了一些重要的控制变量,第一项体现了人力资本对技术进步率的直接效应(Romer,1986);第二项是技术扩散(或者说赶超)项,遵循 Nelson 和 Phelps(1966)这一项包含了各区域技术水平与本国最高技术水平区域的差距;第三项则刻画了贸易开放对技术变革的直接影响,因为贸易具有促进新技术吸收利用的潜能(Connolly,2003)。

把方程(6.7)和方程(6.8)结合到方程(6.3)中,我们就可以得到回归方程的最终形式,如下:

$$\begin{aligned}\ln y_{irt} - \ln y_{irt-1} = {} & (g - m)(\ln h_{rt-1}) + m\left[\left(\frac{A_{\max t-1}}{A_{rt-1}}\right)\ln h_{rt-1}\right] \\ & + s(\ln TO_{rt-1} + n(\ln TO_{rt-1}\ln h_{rt-1}) + d(\ln c_{irt-1})\end{aligned}$$

---

① 这种设定形式的一种变化模式(不包含国际因素)被很多实证文献用来研究人力资本影响技术扩散的方式,比如 Benhabib 和 Spiegel(2003),Connolly(2004)。

$$+ r(\ln TO_{rt-1}\ln y_{irt-1}) + z(\ln y_{irt-1})$$
$$+ p(\ln I_{rt-1}) + q(\ln TO_{rt-1}\ln h_{irt-1})$$
$$+ (\beta + \alpha - 1)(\ln L_{irt1} - \ln L_{irt-1}) + (\ln \xi_{irt} - \ln \xi_{irt-1}) \tag{6.9}$$

表 6-8　产业面板数据回归方程变量列表

变量内容		变量测度	预期效应
被解释变量	各省产业部门劳动力均收入增长率	$\ln y_{irt} - \ln y_{irt-1}$	
解释变量	假设1:贸易开放与产业部门劳动力均收入交叉项	$r(\ln TO_{rt-1}\ln y_{irt-1})$	负效应
	假设2:贸易开放与基础设施交叉项	$q(\ln TO_{rt-1}\ln i_{irt-1})$	正效应
	假设3:贸易开放与人力资本交叉项	$n(\ln TO_{rt-1}\ln h_{rt-1})$	正效应
	贸易开放度	$s(\ln TO_{rt-1})$	不确定
	产业部门劳动力均收入	$z(\ln y_{irt-1})$	负效应
	公共基础设施	$p(\ln i_{rt-1})$	正效应
	人力资本积累	$(g-m)(\ln h_{rt-1})$	不确定
	技术赶超项	$m\left[\left(\frac{A_{\max t-1}}{A_{rt-1}}\right)\ln h_{rt-1}\right]$	正效应
	产业部门劳动力增长	$(\beta+\alpha-1)(\ln L_{irt} - \ln L_{irt-1})$	正效应
	产业部门劳动力均生产资本	$d(\ln c_{irt-1})$	正效应

第三节　基于三次产业的空间面板数据实证检验

贸易开放对区域产业增长的空间效应会和整体层面上的一致吗？贸易开放对三次产业区域增长的空间效应会完全相同吗？在以上构建的空间面板数据模型基础上，我们利用各省（直辖市、自治区）三次产业部门的1987—2009年度数据，就贸易开放对三次产业的区域增长空间效应分别进行空间面板数据的实证检验。[①] 需要说明的是，由于无法获得各地区三次产业部门的生产资本数据，所以在做实证检验时，仅对简略形式的模型进行回归。

---

① 熊灵、魏伟、杨勇："贸易开放对中国区域增长的空间效应研究：1987—2009"，《经济学》（季刊），2012年第11卷第3期，第1037—1058页。

一、贸易开放与第一产业的区域增长

(一) 估计模型选择

采用与上一章在区域层面实证研究相同的方法,首先利用普通面板固定效应回归对模型进行估计,结果显示 Frees 检验统计量分别为 0.292 和 0.311,均在 1% 水平下显著地表明截面相关性的存在。接下来,使用 Moran's I、LM-lag、LM-error、Robust LM-lag 和 Robust LM-error 空间相关性检验方法,以确定各区域第一产业部门经济增长的空间相关性,检验结果如表 6-9 所示:

表 6-9 第一产业区域增长空间相关性检验结果

检验方法	样本数量	临界值	贸易开放度 1 检验值	贸易开放度 2 检验值
Moran's I	660	1.96	13.995***	14.237***
LM-lag	660	6.640	194.391***	198.561***
LM-error	660	6.640	188.952***	195.896***
Robust LM-lag	660	6.640	5.8876**	2.8763*
Robust LM-error	660	6.640	0.4493	0.0118

资料来源:根据 Matlab 7.1 中相应空间计量软件程序包运算结果整理得到。

检验结果显示,Moran's I、LM-lag、LM-error 统计量均在 1% 显著水平下否定了原假设,表明中国省际区域间第一产业经济增长存在显著的空间相关性。同时,两种贸易开放度情形下,由于稳健形式空间滞后项检验均显著而稳健形式空间误差项检验均不显著,因此都选择空间滞后面板模型估计结果为主要分析对象。

(二)估计结果分析

表 6-10 中估计结果显示,普通面板和空间面板回归结果中各项系数的符号和显著性基本一致,体现了模型设定的稳健性。但在控制了模型的空间相关性后,空间面板模型的解释力度更好,系数显著性有了进一步的改善。回归方程里的空间滞后项回归系数分别达到了 0.153 和 0.157,而且在 1% 水平下显著,说明中国区域之间第一产业增长确实存在很明显的空间相关性,并且表现为相邻区域间正的外部性溢出。

在两种贸易开放测度情形下,贸易开放与第一产业劳均 GDP 交叉项的回归系数均为负数,但均不显著。假设 1 未能在第一产业得到实证支持。注意到第一产业劳动力均 GDP 的回归系数也为负数,并且在 1% 水平下显著,这意味着当贸易开放度处于样本观测值的平均水平时,第一产业劳均 GDP 具有明显的条件收敛效应。

表 6-10　第一产业固定效应空间面板数据模型回归结果

因变量	普通面板		空间面板			
			空间滞后面板		空间误差面板	
	TO1	TO2	TO1	TO1	TO2	TO2
$\ln TO_{it-1}\ln y1_{it-1}$	-0.0088	-0.0045	-0.0077	-0.0029	-0.0095	-0.0059
	(-0.861)	(-0.391)	(-0.789)	(-0.265)	(-0.968)	(-0.531)
$\ln TO_{it-1}\ln I_{it-1}$	0.0175**	0.0070	0.0161**	0.0059	0.01447**	0.0049
	(2.081)	(0.688)	(2.112)	(0.608)	(1.813)	(0.507)
$\ln TO_{it-1}\ln h_{it-1}$	-0.0813***	-0.0625**	-0.0787***	-0.0618**	-0.0781***	-0.0635**
	(-2.621)	(-1.787)	(-2.677)	(-1.915)	(-2.641)	(-1.866)
$\ln TO_{it-1}$	0.0034	0.0039	0.0038	0.0047	0.0041	0.0054
	(0.445)	(0.426)	(0.466)	(0.450)	(0.447)	(0.504)
$\ln y1_{it-1}$	-0.1253***	-0.1205***	-0.1248***	-0.1205***	-0.1421***	-0.1208***
	(-5.782)	(-5.63)	(-6.079)	(-5.945)	(-5.581)	(-5. 863)
$\ln I_{it-1}$	0.0381**	0.0309**	0.0360**	0.0293**	0.0359**	0.0283**
	(2.561)	(2.123)	(2.578)	(2.116)	(2.535)	(2.055)
$\ln h_{it-1}$	-0.1489**	-0.1132**	-0.1431**	-0.1113**	-0.1311**	-0.1001**
	(-2.006)	(-1.937)	(-2.074)	(-2.180)	(-2.115)	(-2.036)
W × dep. var.			0.1530***	0.1570***		
			(2.941)	(3.025)		

（续表）

因变量	普通面板		空间面板			
			空间滞后面板		空间误差面板	
	TO1	TO2	TO1	TO1	TO2	TO2
spat. aut.					0.1579*** （3.125）	0.1679*** （3.341）
常数 C	0.1343*** （4.522）	0.1261*** （4.308）				
R^2	0.4069	0.4032	0.4165	0.4150	0.4111	0.4136
调整后的 R^2	0.3508	0.3467	0.3619	0.3596	0.3601	0.3571
Log - likelihood	819.711	817.660	823.240	823.553	821.518	822.085
Frees test	0.292***	0.311***				

注：* 表示 10% 水平下显著，** 表示 5% 水平下显著，*** 表示 1% 水平下显著。

资料来源：本表中的数据，普通面板来自 Stata 11.0 和 Eviews 6.0 的运算结果，空间面板来自 MATLAB 7.1 软件程序中的 spatial econometric 工具包计算结果。

对于假设 2 来说,如果贸易开放与公共基础设施交叉项的回归系数为正数,那么就可以提供支持 Mansori 相关论述的证据证明,贸易开放会使基础设施良好的地区收益更多,增长更快。检验结果显示,在两种贸易开放测度情形下公共基础设施本身的回归系数都为正数,这说明当贸易开放度处于观测样本期间的平均水平时,公共基础设施对第一产业的增长具有正的弹性。基础设施条件越好的地区,第一产业就会得到更快的增长,这一点也在很多其他研究结论中得到证实(方芳等,2004;刘伦武,2006)。另外,贸易开放与公共基础设施交叉项的检验系数,在贸易开放度 1 情形下为正数且在 5% 水平下显著,为假设 2 提供实证证据的支持;在贸易开放度 2 情形下,贸易开放与公共基础设施交叉项的系数虽为正数但不显著,假设 2 未能得到实证证据的支持。

对于假设 3 来说,在两种贸易开放测度情形下,贸易开放与人力资本交叉项的回归系数均为负数,并且在 1% 和 10% 水平下显著,这说明贸易开放度的提高有利于人均教育水平较低地区的第一产业增长。人力资本存量水平本身对第一产业增长率的影响也为负,并且在 5% 水平下显著。这些发现和我们在区域整体层面上观测到的效应是一致的。

两种贸易开放测度情形下,贸易开放度本身的回归系数均为正数,但却不显著。这反映了贸易开放对中国各省域第一产业的增长没有直接的影响,主要是通过间接影响基础设施和人力资本积累的效用来发挥其对第一产业增长的空间效应。

二、贸易开放与第二产业的区域增长

(一) 估计模型选择

与前一小节相同,首先利用普通面板固定效应回归对模型进行估计,结果显示 Frees 检验统计量分别高达 4.172 和 4.296,均在 1% 水平下显著地表明截面相关性的存在。接下来,使用 Moran's I、LM-lag、LM-error、Robust LM-lag 和 Robust LM-error 空间相关性检验方法,以确定各区域第二产业部门经济增长的空间相关性,检验结果如表 6-11 所示:

检验结果显示,Moran's I、LM-lag、LM-error 统计量均在 1% 显著水平下否定了原假设,表明中国省际区域间第二产业经济增长存在显著的空间相关性。同时,对于两种贸易开放度情形,虽然两种形式的稳健性检验均显著,但由于 Robust LM-lag 检验值明显大于 Robust LM-error 检验值,因此都选择空间滞后面板模型估计结果进行分析。

表 6-11　第二产业区域增长空间相关性检验结果

检验方法	样本数量	临界值	贸易开放度 1 检验值	贸易开放度 2 检验值
Moran's I	660	1.96	22.064***	21.079***
LM-lag	660	6.640	568.831***	559.936***
LM-error	660	6.640	474.477***	432.851***
Robust LM-lag	660	6.640	110.638***	159.348***
Robust LM-error	660	6.640	16.285***	32.263***

资料来源:根据 Matlab 7.1 中相应空间计量软件程序包运算结果整理得到。

（二）估计结果

从表 6-12 中的估计结果来看,普通面板和空间面板回归结果中各项系数的符号和显著性基本一致,体现了模型设定的稳健性。但在控制了模型的空间相关性后,空间面板模型的解释力度得到很大提升,系数显著性有了较大的改善。回归方程里的空间滞后项回归系数分别达到了 0.3139 和 0.5069,而且在 1% 水平下显著,说明中国区域之间第二产业增长确实存在很明显的空间相关性,并且表现为相邻区域间正的外部性空间溢出。

两种贸易开放测度情形下,贸易开放与第二产业劳均 GDP 交叉项的回归系均为正数,并且在 10% 水下显著,这实际上从负面反证了 Krugman 和 Elizondo 的论断。假设 1 的检验结果说明,第二产业劳均 GDP 高的地区在贸易开放不断提高时其增长速度要快于劳均 GDP 低的地区,贸易开放度的提高将会扩大各区域第二产业间的发展不平衡。注意到第二产业劳均 GDP 的回归系数为负数,并且在 1% 水平下显著,这意味着当贸易开放度处于观测样本期间的平均水平时,第二产业劳均 GDP 具有明显的条件收敛效应。贸易开放与第二产业劳均 GDP 交叉项的回归系数为正数,则表示这种条件收敛效应将会因贸易开放度的提高而减弱。

就假设 2 来说,检验结果显示,贸易开放与公共基础设施交叉项的回归系数和公共基础设施自身系数均不显著,这说明假设 2 在第二产业没有得到实证结果的支持。也就是说,公共基础设施水平对第二产业的增长没有显著的正面效应,贸易开放度对基础设施的区域增长效应也没有明显的影响,同时贸易开放对第二产业的影响不受基础设施条件的约束。出现这种结果的原因可能是以公路密度为代表的基础设施并未能完全反映所有的基础设施投入效应,除了道路交通以外,还有水、电、通信等基础设施都对第二产业的增长起到重要作用。

表 6-12 第二产业固定效应空间面板数据模型回归结果

因变量	普通面板		空间面板			
			空间滞后面板		空间误差面板	
	TO1	TO2	TO1	TO2	TO1	TO2
$\ln TO_{it-1}\ln y2_{it-1}$	0.0102	0.0013	0.0147*	0.0108*	0.0074	-0.0117*
	(1.414)	(0.1723)	(1.559)	(1.638)	(1.138)	(1.699)
$\ln TO_{it-1}\ln I_{it-1}$	0.0015	0.0024	0.0022	0.0052	0.0054	0.0061
	(0.169)	(0.216)	(0.185)	(0.538)	(0.640)	(0.635)
$\ln TO_{it-1}\ln h_{it-1}$	-0.1216**	-0.1062*	-0.1596***	-0.0869**	-0.0492*	-0.1008***
	(-2.621)	(-1.884)	(-3.565)	(-2.475)	(-1.681)	(-1.866)
$\ln TO_{it-1}$	0.0243**	0.0151*	0.0372***	0.0448*	0.0249**	0.01682*
	(2.462)	(1.970)	(2.958)	(1.996)	(2.106)	(1.851)
$\ln y2_{it-1}$	-0.0249*	-0.0301**	-0.0878***	-0.0325***	-0.0514***	-0.0552***
	(-1.867)	(-2.207)	(-5.249)	(-2.837)	(-3.705)	(-4.004)
$\ln I_{it-1}$	-0.0281**	-0.0250*	-0.0156	-0.0063	-0.0042	-0.0103
	(-2.166)	(-1.901)	(-0.956)	(-0.571)	(-0.320)	(-0.817)
$\ln h_{it-1}$	0.1234*	0.1835***	0.3814***	0.1500***	0.1369**	0.1499**
	(1.772)	(2.649)	(4.231)	(2.579)	(2.049)	(2.275)

（续表）

因变量	普通面板		空间面板			
			空间滞后面板		空间误差面板	
	TO1	TO2	TO1	TO2	TO1	TO2
W × dep. var.			0.3139*** (6.854)	0.5069*** (12.875)		
spat. aut.					0.5329*** (14.390)	0.5359*** (14.527)
常数 C	0.0958** (22.987)	0.0926*** (21.309)				
R^2	0.0818	0.0751	0.3213	0.3263	0.3085	0.3115
调整后的 R^2	0.0287	0.0217	0.2821	0.2871	0.2674	0.2705
Log-likelihood	716.939	714.538	791.600	793.728	787.964	789.583
Frees test	4.172***	4.296***				

注：* 表示 10% 水平下显著，** 表示 5% 水平下显著，*** 表示 1% 水平下显著。

资料来源：本表中的数据，普通面板来自 Stata 11.0 和 Eviews 6.0 的运算结果，空间面板来自 MATLAB 7.1 软件程序中的 spatial econometric 工具包计算结果。

就假设3来说,贸易开放与人力资本交叉项的回归系数为负数,并且在1%和5%水平下显著,这说明贸易开放度的提高更有利于人均教育水平较低地区的第二产业增长。这与我们在区域整体层面上观测到的效应是类似的。然而,这里值得注意的是,人力资本存量水平本身的回归系数为正数,且均在1%水平下显著。这些发现与我们在整体层面和第一产业层面上观测到的效应是截然相反的,表明人力资本积累对第二产业的影响要远比对第一产业的影响重要,显示人力资本积累效应对不同产业的影响机制的确存在差异。

贸易开放度本身的回归系数为正数,并且分别在1%和10%水平下显著,和本文之前在区域整体层面上的结果是一致的。这表明除了上述间接效应外,贸易开放还具有直接促进效应。当劳均GDP、公共基础设施和人力资本存量处于观测样本期间的均值水平时,地区贸易开放度的提高导致技术进步直接效应,从而促使第二产业的经济增长加速。

三、贸易开放与第三产业的区域增长

(一)估计模型选择

与前两小节对第一、第二产业的分析相同,首先利用普通面板固定效应回归对模型进行估计,结果显示Frees检验统计量分别高达2.653和2.641,均在1%水平下显著地表明截面相关性的存在。接下来,使用Mora-n's I、LM-lag、LM-error、Robust LM-lag和Robust LM-error空间相关性检验方法,以确定各区域第三产业部门经济增长的空间相关性,检验结果如表6-13所示:

表6-13 第三产业区域增长空间相关性检验结果

检验方法	样本数量	临界值	贸易开放度1检验值	贸易开放度2检验值
Moran's I	660	1.96	12.884***	12.158***
LM-lag	660	6.640	183.148***	176.543***
LM-error	660	6.640	160.564***	142.748***
Robust LM-lag	660	6.640	26.684***	51.147***
Robust LM-error	660	6.640	4.0999**	17.352***

资料来源:根据Matlab 7.1中相应空间计量软件程序包运算结果整理得到。

检验结果显示,Moran's I、LM-lag、LM-error统计量均在1%显著水平下否定了原假设,表明中国省际区域间第三产业经济增长存在显著的空间相关性。同时,在两种贸易开放度情形下,虽然两种形式的稳健性检验均显著,但由于 Robust LM-lag 检验值明显大于 Robust LM-error 检验值,因此都选择空间滞后面板模型估计结果为主要分析对象。

（二）估计结果

从表 6-14 的估计结果可知,普通面板和空间面板回归结果中各项系数的符号和显著性基本一致,体现了模型设定的稳健性。但在控制了模型的空间相关性后,空间面板模型的解释力度得到较大提升,系数显著性有了较大的改善。回归方程里的空间滞后项回归系数分别达到了 0.349 和 0.3489,而且在 1% 水平下显著,说明中国区域之间第三产业增长确实存在相当明显的空间相关性,并且表现为相邻区域间正的外部性空间溢出。

两种情形下第三产业劳均 GDP 项的回归系数均为负数,并且在 1% 水平下显著,显示出各地区在第三产业发展上的条件收敛效应。在贸易开放度 1 情形下,贸易开放与第三产业劳均 GDP 交叉项的回归系数为正数,且在 10% 水平下显著。此结果说明第三产业劳均 GDP 高的地区在贸易开放不断提高时的表现要好于劳均 GDP 低的地区,贸易开放度的提高将会削弱第三产业发展的条件收敛效应,扩大各区域第三产业间的发展不平衡。这实际上反证了假设 1 的结论。在贸易开放度 2 情形下,贸易开放与第三产业劳均 GDP 交叉项的回归系数为正但不显著,未能为假设 1 提供实证证据。

公共基础设施项的回归系数在 10% 水平下显著为正,表明以公路基础设施为代表的公共基础设施建设投入和改善对第三产业的增长有明显的促进作用。然而,贸易开放与公共基础设施交叉项的回归系数虽为正数但均不显著,假设 2 没有在第三产业得到证据支持。也就是说,贸易开放度对基础设施的区域增长效应没有明显的影响,同时贸易开放对第三产业的影响也不受基础设施条件的约束。

就假设 3 而言,贸易开放与人力资本交叉项的回归系数在两种情形下均为负数,并且在 1% 水平下显著,这说明贸易开放度的提高更有利于人均教育水平较低地区的第三产业增长。这个结果与区域整体层面和第一、第二产业层面上的效应类似。人力资本存量水平本身的回归系数为正数,并且在 1% 水平下显著,这个结果与第二产业层面上的检验结果相近。综合来看,当贸易开放处于样本观测值的均值水平时,人力资本积累对第三产业的增长有明显的推动作用和发散效应,但是这种发散效应在贸易开放升级的条件下会遭到较大程度的削弱,即从人力资本角度来看,贸易开放对第三产业的发展具有一定的收敛作用。

表 6-14　第三产业固定效应空间面板数据模型回归结果

因变量	普通面板		空间面板			
			空间滞后面板		空间误差面板	
	lnTO1	lnTO2	lnTO1	lnTO2	lnTO1	lnTO2
$\ln TO_{it-1}\ln y3_{t-1}$	0.0222*	0.0066	0.0210*	0.0058	0.0128	−0.0067
	(1.581)	(0.453)	(1.659)	(0.434)	(0.969)	(−0.479)
$\ln TO_{it-1}\ln I_{it-1}$	0.0171	0.0205	0.0198	0.0202	0.0251*	0.0232
	(1.119)	(1.116)	(1.418)	(1.200)	(1.703)	(1.360)
$\ln TO_{it-1}\ln h_{it-1}$	−0.1763***	−0.1679***	−0.1776***	−0.1598***	−0.1897***	−0.1519***
	(−3.191)	(−2.587)	(−3.513)	(−2.688)	(−3.724)	(−2.586)
$\ln TO_{it-1}$	0.0329**	0.0329*	0.0328**	0.0346**	0.0437***	0.0449**
	(2.027)	(1.807)	(2.199)	(2.068)	(2.656)	(2.521)
$\ln y3_{it-1}$	−0.2002***	−0.1924***	−0.1836***	−0.1754***	−0.2020***	−0.1906***
	(−8.274)	(−8.172)	(−8.388)	(−8.047)	(−8.691)	(−8.257)
$\ln I_{it-1}$	0.0317	0.0335	0.0338*	0.0343*	0.0310	0.0278
	(1.525)	(1.595)	(1.774)	(1.780)	(1.424)	(1.317)
$\ln h_{it-1}$	0.6042***	0.6555***	0.5080***	0.5628**	0.5516***	0.6269***
	(6.325)	(6.757)	(5.753)	(6.2505)	(5.589)	(6.224)

（续表）

因变量	普通面板		空间面板			
			空间滞后面板		空间误差面板	
	TO1	TO2	TO1	TO2	TO1	TO2
W × dep. var.			0.3490*** (7.955)	0.3489*** (7.884)		
spat. aut.					0.3889*** (8.996)	0.3910*** (9.059)
常数 *C*	0.0756*** (10.705)	0.0774*** (10.396)				
R^2	0.1568	0.1505	0.2664	0.2570	0.2522	0.2456
调整后的 R^2	0.1081	0.1014	0.2240	0.2141	0.2078	0.2007
Log-likelihood	407.249	404.784	440.797	436.471	437.098	434.186
Frees test	2.653***	2.641***				

注：* 表示 10% 水平下显著，** 表示 5% 水平下显著，*** 表示 1% 水平下显著。

资料来源：本表中的数据，普通面板来自 Stata 11.0 和 Eviews 6.0 的运算结果，空间面板来自 MATLAB 7.1 软件程序中的 spatial econometric 工具包计算结果。

贸易开放度本身的回归系数为正数，并在5%水平下显著，和区域整体层面上的结果一致。当劳均GDP、公共基础设施和人力资本存量处于观测样本期间的均值水平时，地区贸易开放度的提高通过技术进步产生的直接效应，将促使第三产业加速增长。

四、三次产业实证结果的比较

三次产业的实证检验结果比较一致，所有产业部门劳均GDP回归系数都是负数并且显著，这反映了很强的省际间产业发展收敛趋势。所不同的是，当贸易开放程度提升时，第二、第三产业的条件收敛效应显著减弱，而第一产业的条件收敛效应有所加强，但所受贸易开放度的影响并不显著。在三次产业中，所有的产业部门区域增长均具有显著的空间相关性特征，且表现为空间正向溢出地理效应。

贸易开放项的回归系数在第二、第三产业检验中均为正数并且显著。由于劳均GDP、公共基础设施和人均受教育水平变量都是经过中心化处理的，贸易开放度变量的系数反映的就是一个具有平均收入、平均基础设施水平和平均教育水平的地区的贸易开放总效应。贸易开放项在第二、第三产业检验中的系数稳定性，表明之前我们在区域整体层面上发现的贸易开放正的增长效应并不是仅仅局限于某一个产业，而是第二和第三产业都受到了显著影响。也就是说，贸易开放的差异是导致区域间第二、第三产业发展差异的重要原因。但是，贸易开放对第一产业的区域增长没有显著的直接效应。

以公路里程为代表的基础设施水平对第一、第三产业的区域增长均有正向的、显著的促进作用，但对第二产业的区域增长没有明显效应，这可能是因为对第二产业发展具有重要影响的基础设施投入涉及广泛，如水、电、通信等，单纯公路不足以代表，还需要寻找合适替代变量做进一步研究。贸易开放度的提升，将更有利于公共基础设施条件优越地区的第一产业的增长，但对第三产业的增长没有显著区别。

人力资本变量对三次产业的区域增长都有较大影响，但对三次产业的影响又有所区别。对第二、第三产业而言，人力资本体现出正向累积效应，对区域产业增长有明显的推动作用和发散效应，但是这种发散效应在贸易开放升级的条件下会遭到较大程度的削弱，反过来人力资本积累也削弱了贸易开放对区域增长差异的影响；对第一产业来说，人力资本体现出区域收敛效应，这种收敛效应在贸易开放升级的条件下会得到较大程度的强化。这种结果可能与中国的产业就业结构和人力资本构成有关，目前我国第一产业的生产经营基本仍处于粗放型阶段,吸纳劳动力所需文化水平不高,改革开放进程加快又使相当一部分文化水平较高的农村劳动力分流到城市第二、第三产业就业。这种产业间和区域间的劳动力流动,使得人力资本水平越高的地区,沉淀在第一产业的劳动力文化水平越无法得到提升甚至下降。

第四节 小 结

本章采用上一章在新增长理论和空间经济学框架下发展出的空间面板实证模型,在省域三次产业水平上进行实证检验多种关于贸易开放的区域增长空间效应假设,实证结果发现,在贸易开放的区域产业增长空间效应中同时存在空间收敛与空间发散效应,并表现出显著的空间异质性特征。

贸易开放的区域增长空间效应作用机制在整体层面和产业层面上既有共同之处,也存在差异。这就决定了拥有不同禀赋和产业条件的区域,在制定各自区域开放和发展政策时不可寻求统一的模式,而应根据各地区不同的要素禀赋、发展水平和产业结构采取差异化的策略。尤其是人力资本积累虽然在区域整体层面呈现负向效应,但在三次产业层面不尽相同。人力资本在第一产业表现出负向累积效应,在第二、第三产业却均体现出正向累积效应,这很可能与中国的产业就业结构和人力资本构成有关。不过,贸易开放与人力资本水平的交叉项在整体和三次产业层面均显著为负,贸易开放度的提升更有利于人力资本积累水平较低的地区经济增长。这表明,中国在国际贸易和国际分工中的层次较低。要改变这种现状,一方面,应继续加大教育投入力度,不断提升中国人力资本整体水平;另一方面,还应积极推进产业技术升级,尤其是推动第一产业由传统粗放型向集约经营型转变,提高第二、第三产业在国际分工中的地位,从而更好地发挥中国作为人力资本大国的优势。

此外,由于中国区域整体和三次产业增长均表现出非常显著的空间相关性,这要求各地区在贸易开放条件下尽可能地寻求区域间合作,进一步增强区域间经济联系,从而促进共同发展。

第七章　贸易开放与地区行业增长差异的实证研究:基于制造业动态面板模型

贸易开放和市场化进程是过去30年里中国经济社会发展中最重要的宏观经济事件,对中国地区制造业发展不平衡有着深刻的影响。这两个过程在中国地区制造业产业增长中扮演了怎样的角色,对于地区发展不平衡又起了什么样的作用,分析这些问题不仅是对过去发展经验的总结,更可为将来的发展思路提供决策参考。本章在新增长理论框架下,利用中国1981—2006年的省级制造业数据,通过动态面板数据(Dynamic Panel Data)方法来考察制造行业增长的差异问题,重点考察贸易开放和市场化进程在中国地区制造业增长差异中所扮演的角色。

本章的结构安排如下:首先,对中国制造业行业分布进行空间统计分析,其次,构建一个基于新增长理论的制造业增长模型,再次,对全国层面的制造业增长驱动因素进行考察,并对各地区制造业增长的驱动因素进行分别考察,最后为本章小结。

第一节　中国制造业行业空间分布的统计分析

本节将对制造业的空间分布和集聚进行行业层面的分解,通过不同的指标来反映刻画各省份的行业专业化分工情况和不同行业的空间分布态势,全面系统分析考察期内行业分布和集聚的变动情况,以便清晰地描述出中国各省区制造业行业非均衡分布的格局。

一、制造业行业分类与数据调整

在1980—2008年期间,中国工业行业代码分类标准进行了两次调整:1993年开始实施名为GB/T4754-1994的代码标准,2003年开始实施名为GB/T4754-2002的代码标准。在两次调整过程中,行业分类方法和行业名称均发生了一定的变化，为了保持分析对象的一致性和可比较性，需要对行业分类进行统一。

从大类来看，中国的工业分为三类：采掘业、制造业和公用事业，考虑到采掘业，如煤炭开采和选洗业、石油天然气开采、黑色金属矿采选业、有色金属矿采选业、非金属矿采选业、木材及竹材采运业以及其他采矿业等，其分布受各地区自然资源禀赋的影响很大，其区位分布的不均衡难以改变，对其进行分析的经济学意义有限，本研究放弃分析这些行业。同时，公用事业行业，如电力、蒸汽、热水的生产和供应业，煤气生产和供应业，自来水生产和供应业，具有较强的垄断特性，也不在本研究的考虑范围内。本研究主要关注于制造业行业的空间分布及其相关问题，在对不同时期的制造业统计口径进行统一时，由于不同标准下相同名称的二位数行业所对应的细分行业并不完全相同，因此不能简单地按照名称进行调整。这里将主要根据各个标准细分的四分位数行业名称进行对比调整，统一为二分位数的行业名称，同时参考北京大学中国经济研究中心发展战略组 2002 年《关于技术选择指数的测量与计算》一文中的表 4"行业分类标准的对比"的内容。在对中国行业分布的不均衡发展过程进行描述时，选择考察期内的 1980 年、1985 年、1990 年、1995 年、2000 年、2004 年和 2008 年进行分析，其中 1980 年是工业统计数据最早的报告年份，1985 年、1995 年和 2004 年分别进行了三次工业经济普查，同时为了更清晰地展现考察期内行业布局和行业集聚的变动态势，另外选取了 1990 年、2000 年和 2008 年三个时间点进行分析。①

下面对部分行业的调整和剔除情况进行说明：

（1）合并调整：1992 年以前的食品制造业所含内容较广，与 1993 年以后的食品制造业不能直接对应，1993 年以后的食品加工业包含有 1992 年之前的饲料工业和部分食品制造业，因此将食品加工和食品制造业进行合并，统一名称为食品工业。1992 年以前的纺织业和棉纺织业合并，统一为 1993 年之后的纺织业。1992 年之前的缝纫业、1993—2002 年间的服装及其他纤维制品制造业统称为纺织服装、鞋、帽制造业。1992 年之前的皮革、毛皮及其制品，1993—2002 年间的皮革毛皮羽绒及其制品，统称为皮革、毛皮、羽毛（绒）及其制品业。1992 年之前的印刷业统称为 1993 年之后的印刷业和记录媒介的复制工业。1992 年之前的石油加工业和炼焦煤

① 魏伟这、杨勇、张建清："内资企业实现技术赶超了吗？——来自中国制造业行业数据的经验研究"，《数量经济技术经济研究》，2011 年第 9 期，第 19—33 页。

气及煤制品业进行合并，和 1993—2002 年间的石油加工及炼焦业统称为石油加工、炼焦及核燃料加工业。1992 年之前的化学工业统称为化学原料及化学制品制造业。1992 年之前医药工业统称为医药制造业。1992 年之前的建筑材料及其他非金属矿物制品业统称为非金属矿物制品业。1992 年之前的机械工业涵盖范围较广，1993 年之后划分为普通机械制造业和专用机械制造业，2003 年之后又将普通机械制造业调整为通用机械制造业，因此将 1993 年之后的两类机械制造业合并统称为机械制造业。1992 年之前的电子及通讯设备制造业统称为通信设备、计算机及其他电子设备制造业。1992 年之前的仪表仪器及其他计量器具制造业统称为仪器仪表及文化、办公用机械制业。

另外需要说明的是，2001 年和 2009 年的《中国工业统计年鉴》中并没有报告 2000 年和 2008 年度所有制造业行业的数据（可能是由于当年未进行有关行业的数据调查和整合），具体缺失情况如下：2000 年的数据中没有分地区报告的以下行业：服装及其他纤维，皮革毛皮羽绒及其制品，木材加工及木、竹、藤、棕、草制品业，家具制造业，印刷复印业，文教体育用品制造业，橡胶制品业，塑料制品业等 8 个行业。2008 年的数据中没有分地区报告的以下行业：皮革、毛皮、羽毛（绒）及其制品业，木材加工及木、竹、藤、棕、草制品业，家具制造业，印刷业和记录媒介的复制工业，文教体育用品制造业，橡胶制品业，塑料制品业等 7 个行业。

（2）剔除情况：1992 年之前的制造业行业中剔除了工艺美术品制造业、机械电气电子设备制造业、其他工业。1993 年之后的制造业行业中剔除了工艺品及其他制造业、废弃资源和废旧材料（再生资源）回收加工业。

经过调整合并和剔除之后，我们最终得到 26 个行业，具体的行业名称代码和各年份的原始行业名称列在表 7-1 中。

鉴于中国制造业不同行业的发展水平和技术特征存在较大差异，本研究还会从行业特征的视角对不同行业的集聚和空间分布情况进行分析，具体来讲，是从行业的要素密集度和行业的技术水平两个方面对行业特征进行刻画。我们使用资本密集度来衡量行业的要素密集度，使用 R&D 研发强度来衡量行业的技术水平，按照资本密集度和 R&D 研发强度将 26 个行业进行排序，超过平均水平的分别归为资本密集型行业和高技术行业，低于平均水平的则分别归为劳动密集型行业和一般技术行业。

表 7-1 行业归并和统一名称表

行业代码	本文统一分类	2003 年以后的分类	1993—2002 年的分类	1992 年前的分类
C13/14	食品业	农副食品加工业	食品加工业	—
		食品制造业	食品制造业	食品制造业
		—	—	饲料工业
C15	饮料制造业	饮料制造业	饮料制造业	饮料制造业
C16	烟草加工业	烟草加工业	烟草加工业	烟草加工业
C17	纺织业	纺织业	纺织业	纺织业
		—	—	棉纺织业
C18	纺织服装、鞋、帽制造业	纺织服装、鞋、帽制造业	服装及其他纤维制品业	缝纫业
C19	皮革、毛皮、羽毛（绒）及其制品业	皮革、毛皮、羽毛（绒）及其制品业	皮革毛皮羽绒及其制品	皮革、毛皮及其制品业
C20	木材加工及木竹藤棕草制品业	木材加工及木、竹、藤、棕、草制品业	木材加工及木、竹、藤、棕、草制品业	木材加工及木、竹、藤、棕、草制品业
C21	家具制造业	家具制造业	家具制造业	家具制造业
C22	造纸及纸制品业	造纸及纸制品业	造纸及纸制品业	造纸及纸制品业
C23	印刷业和记录媒介的复制	印刷业和记录媒介的复制工业	印刷业和记录媒介的复制工业	印刷业
C24	文教体育用品制造业	文教体育用品制造业	文教体育用品制造业	文教体育用品制造业
C25	石油加工、炼焦及核燃料加工业	石油加工、炼焦及核燃料加工业	石油加工及炼焦业	石油加工业
		—	—	炼焦煤气及煤制品业

（续表）

行业代码	本文统一分类	2003 年以后的分类	1993—2002 年的分类	1992 年前的分类
C26	化学原料及化学制品制造业	化学原料及化学制品制造业	化学原料及化学制品制造业	化学工业
C27	医药制造业	医药制造业	医药制造业	医药工业
C28	化学纤维制造业	化学纤维业	化学纤维业	化学纤维业
C29	橡胶制品业	橡胶制品业	橡胶制品业	橡胶制品业
C30	塑料制品业	塑料制品业	塑料制品业	塑料业
C31	非金属矿物制品业	非金属矿物制品业	非金属矿物制品业	建筑材料及其他非金属矿物制品业
C32	黑色金属冶炼及压延加工业	黑色金属冶炼及压延加工业	黑色金属冶炼及压延加工业	黑色金属冶炼及压延加工业
C33	有色金属冶炼及压延加工业	有色金属冶炼及压延加工业	有色金属冶炼及压延加工业	有色金属冶炼及压延加工业
C34	金属制品业	金属制品业	金属制品业	金属制品业
C35/36	机械制造业	通用机械制造业	普通机械制造业	机械工业
		专用机械制造业	专用机械制造业	—
C37	交通运输设备制造业	交通运输设备制造业	交通运输设备制造业	交通运输设备制造业
C39	电气机械及器材制造业	电气机械及器材制造业	电气机械及器材制造业	电气机械及器材制造业
C40	通信设备、计算机及其他电子设备制造业工业	通信设备、计算机及其他电子设备制造业工业	电子及通讯设备制造业	电子及通讯设备制造业
C41	仪器仪表及办公用机械制造业	仪器仪表及文化、办公用机械制业	仪器仪表及文化、办公用机械制业	仪表仪器及其他计量器具制造业

资料来源：笔者根据有关年鉴归纳整理。

资本密集度以人均固定资产净值来衡量，由于每年各行业的人均固定资产净值的排序会发生变动，这里采用的分类方法是，在各年度均高于当年平均水平的为资本密集型行业，低于当年平均水平的为劳动密集型行业。R&D研发强度使用科技活动经费内部支出额/工业增加值来衡量，与上述处理方法一致，在各年度均高于平均水平的为高技术行业，其余为一般技术行业。结果发现按照资本密集度划分，一共有9个行业被定义为资本密集型行业，分别为烟草加工业、造纸及纸制品业、印刷业和记录媒介的复制工业、石油加工、炼焦及核燃料加工业、化学原料及化学制品制造业、医药制造业、化学纤维业、非金属矿物制品业、黑色金属冶炼及压延加工业，其余的行业为劳动密集型行业。按照R&D研发强度进行划分，总共有8个行业被认定为高技术行业：化学原料及化学制品制造业、医药制造业、化学纤维业、非金属矿物制品业、机械制造业、交通运输设备制造业、电气机械及器材制造业、通信设备、计算机及其他电子设备制造业工业，其余的则归为一般技术行业。

二、制造业地区专业化分工态势

我们对各省区从事制造业专业化分工的情况进行分析，从行业结构的视角来考察各地区的行业发展状况，采用的指标为Krugman专业化指数（克鲁格曼，1991b）。令X_{ij}表示某一年，地区$j(j=1,2,\cdots,M)$在行业$i(i=1,2,\cdots,N)$上的经济活动水平（可以用不同的指标加以衡量，如工业总行业、就业人数、资本数量等），全国所有的行业j的经济活动水平可以用$\sum_i x_{ij}$表示，地区i所有行业的经济活动水平则可以由$\sum_j x_{ij}$表示，全国所有地区在所有行业上的经济活动水平则可以表示为$\sum_i \sum_j x_{ij}$。由此令

$$N_i = \sum_j x_{ij} \Big/ \sum_i \sum_j x_{ij}, R_{ij} = x_{ij} \Big/ \sum_i x_{ij} \tag{7.1}$$

其中N_i表示某年全国行业i占全国所有行业经济活动的比重，它表示了全国的行业结构特征，R_{ij}表示在该年，地区j的行业i占该地区所有行业经济活动的比重，它反映的是地区j的行业结构特征。在上述两个比重的基础上，可以得到地区j的Krugman专业化指数①为：

---

① 该专业化指数的计算形式有多种，主要区别在于计算N_{ij}这一全国行业结构时，分母中是否含有目标地区。Midelfart-Knarvik等(2000)在计算欧盟各国的专业化指数时，N_i的分母中不含目标国，即比较的是目标国与除该国之外的欧盟其他所有国家的行业结构。Altomonte和Resmini(2001)在对波兰的地区专业化指数进行计算时，N_{ij}中却含有目标地区。本研究采取第二种方法，在N_i的分母中含有目标地区。

$$K_{jt} = \sum_{i} |R_{ij} - N_{ij}| \tag{7.2}$$

从理论上来讲，该指数的取值范围为[0,2]，该指标值越大，表明地区的行业结构与全国行业结构的差异越大，即地区越集中从事于某种或某几种行业，地区的专业化分工程度越高。在极值情况下，如果地区 j 的行业结构与全国的行业结构不存在任何差异，该指数为0；如果地区 j 的行业结构与全国的行业结构完全不同，该指数为2。

利用上述公式，中国各省份的 Krugman 专业化指数在考察年份的值如表7-2所示：

首先从各省 Krugman 指数的绝对值来看，1980年各省份行业集聚度均小于1，其中甘肃、宁夏、青海三省区的专业化程度最高，分别为0.729、0.612、0.595，而一些相对发达地区如北京、上海、天津的专业化程度相对并不高，其中天津在所有省区内的行业专业化程度最低，为0.200，我们认为这与计划经济时期中央政府对于各工业发展和行业布局的强力安排有关。在计划经济时，中央政府主要根据地方的自然资源禀赋和行业布局的安全性来安排各省区的工业发展，由此造成一些西部地区的行业结构相对比较单一。此后年份中，有些省份达到了较高的专业化程度，即 Krugman 指数超过了1，特别是海南、云南和青海，在考察期的中后期，行业专业化指数均较高，这与当地富有地方特色的行业发展有关，如云南的烟草业在全国占有举足轻重的地位，且在本省工业产值中占有很大的比重。

再从各省专业化指数的变动来看，表7-2的最后四列给出了在不同的考察期内各省份专业化指数的变动情况，在1980—1990年间，大部分省份专业化指数的变动方向为负向的，表明大部分省份的专业化程度在降低，说明各省份的工业发展进入了一个相对全面发展的时期，很多行业在原来发展相对滞后的省份取得了较快的发展。在1990—2004年间，大部分各省份专业化指数的变动方向是正向的，表明大部分省份的行业专业化程度在提高，也就意味着很多行业在向相应的省份集聚，从对应的各年份专业指数的绝对值可以看出，一般是向着本身集聚程度就较高的省份集中。在2004—2008年间，大部分省份的专业程度又出现了下降，但从变动的绝对值来看，仍然是1990—2004年间的变动幅度最大，由此造成了在整个考察期内，大部分省份的专业化程度是在提高的（见表7-2最后一列）。

表 7-2 各省份 Krugman 指数表

	1980 年	1985 年	1990 年	1995 年	2000 年	2004 年	2008 年	变动			
	T1	T2	T3	T4	T5	T6	T7	T3-T1	T6-T3	T7-T6	T7-T1
北京	0.389	0.362	0.381	0.514	0.666	0.452	0.606	-0.008	0.071	0.154	0.217
天津	0.200	0.200	0.272	0.406	0.467	0.422	0.474	0.072	0.15	0.052	0.274
河北	0.313	0.291	0.243	0.350	0.469	0.629	0.675	-0.07	0.386	0.046	0.362
山西	0.284	0.366	0.436	0.570	0.748	0.946	0.940	0.152	0.51	-0.006	0.656
内蒙古	0.571	0.524	0.415	0.546	0.820	0.777	0.718	-0.156	0.362	-0.059	0.147
辽宁	0.416	0.374	0.383	0.420	0.495	0.534	0.460	-0.033	0.151	-0.074	0.044
吉林	0.485	0.487	0.454	0.665	0.941	1.018	0.879	-0.031	0.564	-0.139	0.394
黑龙江	0.524	0.475	0.500	0.551	0.782	0.817	0.825	-0.024	0.317	0.008	0.301
上海	0.317	0.310	0.314	0.394	0.399	0.356	0.447	-0.003	0.042	0.091	0.13
江苏	0.335	0.293	0.328	0.352	0.359	0.329	0.354	-0.007	0.001	0.025	0.019
浙江	0.249	0.297	0.383	0.373	0.449	0.515	0.460	0.134	0.132	-0.055	0.211
安徽	0.250	0.293	0.239	0.287	0.288	0.390	0.369	-0.011	0.151	-0.021	0.119
福建	0.553	0.486	0.479	0.519	0.412	0.459	0.431	-0.074	-0.02	-0.028	-0.122
江西	0.299	0.272	0.275	0.347	0.489	0.555	0.497	-0.024	0.28	-0.058	0.198
山东	0.245	0.295	0.287	0.319	0.430	0.405	0.370	0.042	0.118	-0.035	0.125
河南	0.326	0.282	0.251	0.354	0.480	0.512	0.523	-0.075	0.261	0.011	0.197
湖北	0.337	0.315	0.266	0.296	0.364	0.498	0.419	-0.071	0.232	-0.079	0.082

（续表）

	1980 年	1985 年	1990 年	1995 年	2000 年	2004 年	2008 年	变动			
	T1	T2	T3	T4	T5	T6	T7	T3-T1	T6-T3	T7-T6	T7-T1
湖南	0.594	0.299	0.304	0.387	0.964	0.502	0.436	-0.29	0.198	-0.066	-0.158
广东	0.425	0.379	0.409	0.483	0.575	0.616	0.598	-0.016	0.207	-0.018	0.173
广西	0.409	0.333	0.412	0.504	0.632	0.722	0.602	0.003	0.31	-0.12	0.193
海南	—	—	0.965	0.888	0.891	0.986	1.004	—	0.021	0.018	—
四川	0.286	0.284	0.259	0.339	0.477	0.506	0.399	-0.027	0.247	-0.107	0.113
贵州	0.561	0.565	0.564	0.703	0.888	0.877	0.789	0.003	0.313	-0.088	0.228
云南	0.541	0.594	0.734	0.914	1.071	1.028	0.947	0.193	0.294	-0.081	0.406
陕西	0.449	0.372	0.363	0.377	0.351	0.530	0.560	-0.086	0.167	0.03	0.111
甘肃	0.729	0.589	0.342	0.709	0.795	0.984	1.007	-0.387	0.642	0.023	0.278
青海	0.595	0.562	0.527	0.788	1.193	1.123	1.060	-0.068	0.596	-0.063	0.465
宁夏	0.612	0.586	0.552	0.788	0.866	0.753	0.728	-0.06	0.201	-0.025	0.116
新疆	0.460	0.500	0.520	0.652	0.864	0.891	0.867	0.06	0.371	-0.024	0.407

注:1980 年、1985 年海南尚未建省,故无数据。

资料来源:笔者根据有关年鉴计算。

三、制造业行业的空间分布差异

（一）指标构造方法

在对中国各省区以及有关经济片区的制造业行业结构及专业化分工态势进行分析的基础之上，对制造业各行业的空间分布情况进行分析，以便从地区、行业多个维度来考察中国制造业行业集聚和相应的分布。对行业集聚水平进行测度的指标有多种，常见的有以下几种：

（1）行业集中度指数（Concentration Ratio Index，简称 CR 指数），该指数是指在全国 N 个地区中对于给定的某一行业 i，经济规模（工业总产值/资本额、就业人数）最大的 n 个地区的该行业经济规模之和占全国该行业经济规模的比重，计算公式为：

$$CR_{ni} = \sum_{j=1}^{n} X_{ij} \Big/ \sum_{j=1}^{N} X_{ij} \tag{7.3}$$

CR_{ni}为给定行业 i 的集中度指数。考虑到本研究的考察样本中区域个数不超过 30 个，因此选择 $n=4$，即排名前 4 的省区某行业经济规模之和占全国的比重。该指数越大，表示前 4 个省区在某一行业的经济活动中所占规模就越大，能够清晰地给出行业规模较大的省份。当然该指数也存在一些不足：一是该指数仅仅反映了部分地区行业的集中程度，没有考虑行业在其他地区的分布情况，该行业在其他地区可能分布的非常集中，也可能非常均匀，因此不能反映该行业的整体空间分布情况；二是该指数不能反映该行业各地区内部之间的分布差异情况。

（2）赫芬达尔—赫尔希曼指数（Herfindal-Hirschman Index，简称 HHI 指数），HHI 指数最初是在行业组织理论中进行应用，主要针对微观企业，通过计算市场集中度来对某一行业的垄断情况进行考察。此后学者们对此进行拓展，使用该指数衡量行业的地理集中情况，其计算公式为：

$$HHI_i = \sum_{j=1}^{N} (X_j/X)^2 \tag{7.4}$$

其中 HHI_i 表示 i 行业的 HHI 指数，N 为地区个数，X_j为某地区 j 在该行业 i 上面的经济活动水平，X 为该行业在全国范围内的经济活动水平。该指数的取值范围位于(0,1]之间，如果该行业的经济活动全部集中于某一个地区，则该指数取最大值 1，如果经济活动的空间分布非常均匀，则该指数会越小，随着地区个数 N 的增大，会趋向于 0。

（3）行业空间基尼系数（Gini Index），基尼系数本身是意大利经济学家 Gini 提出的用于测度收入不平等程度的指标，克鲁格曼（1991）对该指标进行了改进，构造了用于衡量行业发展差异程度的空间基尼系数，他利用这一指标对美国相关的行业分布和集聚情况进行了有关研究。此后其他学者，如 Audretsch 和 Feldmen(1996)，Amiti(1998)，Wen(2004)等进行了类似研究并对测度方法进行了一些拓展，这里将采用以下方法进行空间基尼系数的计算，首先构造工业区位熵指数 $q_{ij}=R_{ij}/N_{ij}$，其中 R_{ij} 和 N_{ij}，在计算 Krugman 地区专业化指数时使用过，分别表示地区 j 中的某行业 i 占该地区所有行业经济活动的比重以及该行业总体的经济规模占全国所有行业经济规模的比重，在此基础之上，利用公式(7-5)计算给定行业 i 的空间基尼系数：

$$G_i = \frac{1}{2N^2\bar{q}_{ij}} \Big/ \sum_{j=1}^{N}\sum_{k=1}^{N} |q_{ij} - q_{ik}| \qquad (7.5)$$

其中 G_i 为某行业 i 的空间基尼系数，q_{ij} 为工业区位熵，N 为地区总数。该指数的取值范围[0,1]。一般而言，该指数越小，意味着这一行业在各省区之间的分布情况就越均匀，反之则越集中。在极端情况下，如果某一行业在各个地区之间完全均匀分布，即各省区的比重一样，此时该指数取值为0。如果该行业的经济活动完全发生在一个省区，则此时该指数的取值就为1。空间基尼系数最大的优点在于能够对一个行业的空间分布情况进行整体的描述和比较，但由于指标本身的构造，也存在一些不足：一是该指数对于行业空间集聚的测度也是一个比较粗略的测量值，它会倾向于给予占比居中的地区以较大的权重，影响了该指数的精确度；二是该指标无法对以往的行业集中情况进行甄别，难以反映行业集聚的动态变化情况。也就是说如果由于历史原因或者其他原因造成了某行业在某地区的集中，该指标仍然会给予该地区较大的比重，而考察期内行业仍然在向该地区集中，此时空间基尼系数的变动会非常小，难以反映出这种行业空间格局的动态变化情况。

（二）制造业行业空间基尼系数分析

为了能够对某一行业整体的空间分布情况进行描述，我们首先对行业空间基尼系数进行计算，计算方法见公式(7.5)，分别计算1980年、1985年、1990年、1995年、2000年、2004年、2008年的 Gini 指数，同样使用当年的工业总产值额来反映各省区在不同行业上的经济活动规模，并对结果进行横向和纵向的比较，以便从整体上对于各行业空间分布的变动情况进行分析。计算结果见表7-3。

表 7-3　各行业空间基尼指数变动情况

行业名称(序号)	1980 年	1985 年	1990 年	1995 年	2000 年	2004 年	2008 年
食品业(1)	0.248	0.226	0.248	0.405	0.306	0.326	0.323
饮料加工业(2)	0.329	0.354	0.236	0.490	0.282	0.302	0.321
烟草制品业(3)	0.492	0.539	0.560	0.697	0.685	0.556	0.640
纺织业(4)	0.285	0.252	0.281	0.435	0.435	0.416	0.491
纺织服装、鞋、帽制造业(5)	0.134	0.129	0.254	0.435	—	0.589	0.573
皮革、毛皮、羽毛(绒)及其制品业(6)	0.232	0.226	0.288	0.528	—	0.606	—
木材加工及木竹藤棕草制品业(7)	0.407	0.426	0.435	0.440	—	0.415	—
家具制造业(8)	0.220	0.194	0.207	0.412	—	0.496	—
造纸及纸制品业(9)	0.255	0.241	0.239	0.403	0.338	0.370	0.428
印刷业和记录媒介的复制(10)	0.196	0.167	0.158	0.419	—	0.365	—
文教体育用品制造业(11)	0.483	0.512	0.520	0.589	—	0.693	—
石油加工、炼焦及核燃料加工业(12)	0.626	0.547	0.499	0.637	0.506	0.555	0.538
化学原料及化学制品制造业(13)	0.200	0.190	0.508	0.438	0.221	0.188	0.232

（续表）

行业名称(序号)	1980 年	1985 年	1990 年	1995 年	2000 年	2004 年	2008 年
医药制造业(14)	0.156	0.180	0.173	0.417	0.329	0.337	0.296
化学纤维制造业(15)	0.557	0.481	0.207	0.492	0.503	0.550	0.652
橡胶制品业(16)	0.356	0.276	0.513	0.334	—	0.523	—
塑料制品业(17)	0.283	0.249	0.333	0.407	—	0.375	—
非金属矿物制品业(18)	0.123	0.113	0.239	0.418	0.196	0.207	0.224
黑色金属冶炼及压延加工业(19)	0.347	0.310	0.139	0.534	0.387	0.342	0.346
有色金属冶炼及压延加工业(20)	0.496	0.471	0.339	0.696	0.551	0.521	0.505
金属制品业(21)	0.147	0.134	0.142	0.370	0.325	0.306	0.324
机械制造业(22)	0.157	0.147	0.173	0.405	0.306	0.276	0.311
交通运输设备制造业(23)	0.352	0.316	0.335	0.501	0.459	0.492	0.440
电气机械及器材制造业(24)	0.192	0.219	0.219	0.448	0.344	0.368	0.358
通信设备及其他电子设备制造业(25)	0.323	0.390	0.417	0.638	0.607	0.638	0.653
仪器仪表及办公用机械制造业(26)	0.354	0.348	0.332	0.483	0.457	0.474	0.478

注:某些行业在 2004 年、2008 年未报告,故而出现部分空缺。

资料来源:笔者根据有关年鉴数据计算。

表 7-3 给出了各行业在不同时间点的空间基尼系数值，为了从整体上较为直观地反映波动情况，我们同样利用折线图对考察期内进行了连续报告的行业的空间基尼系数变动进行描述，由于未能连续计算行业 5、6、7、8、10、11、16、17 的空间基尼系数值，所以没有画出这些行业的折线图，其余行业的折线图如图 7-1(a)和图 7-1(b)所示：

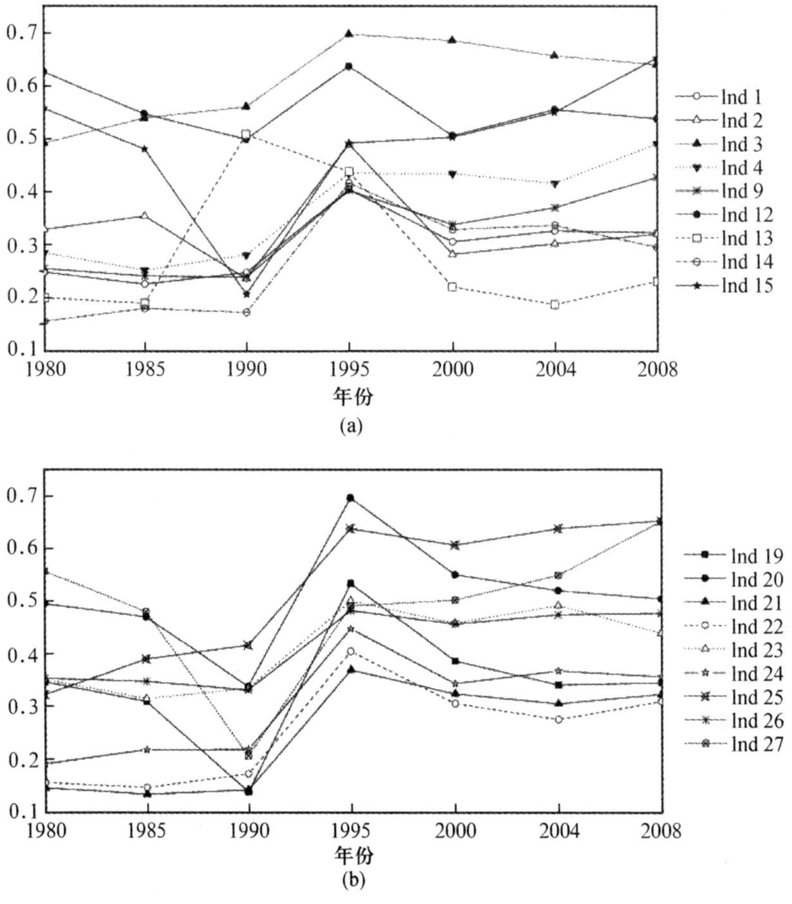

图 7-1　行业空间基尼系数波动图

资料来源：笔者根据年鉴数据计算绘制。

由图 7-1 可以看出，烟草加工业、通信设备及其他电子设备制造业的空间基尼系数基本呈现上升的趋势。除烟草加工业、通信设备及其他电子设备制造业等部分行业外，其余行业的空间基尼系数变动呈现出较为明显的波动特征，如食品行业，1980 年的空间基尼系数为 0.248，此后的 1985 年和 1990 年均在不断减小，此后逐渐上升，2004 年达到峰值 0.326，2008

年又有所下降，变为 0.323。这一波动可以分为两个阶段：第一阶段为 1980—1990 年，第二阶段为 1990 年以后。

第一阶段，1980 年至 1985 年间，26 个目标行业中有 19 个行业的空间基尼系数值出现了下降，1980 年至 1990 年间，有 13 个行业的空间基尼系数值出现了下降，可以说第一阶段里大部分行业的空间基尼系数呈现出下降态势，这表明中国行业分布在此期间的集聚程度相对下降，造成这一现象的原因应该与中国实施改革开放之后空间经济格局的变动有关，在改革开放之前的计划经济时代，中国政府出于政治和国际关系方面的考虑，开展了广泛的"三线建设"工作，将很多工业由沿海地区转移到中西部地区，在中西部地区建立了许多工业基地，使沿海地区经济重心的地位下降。改革开放以后，在对外开放政策的带动下，沿海地区凭借着良好的工业基础和制度环境，发展相对加快，使原有的经济格局趋向于分散，所以造成了大部分行业空间基尼系数的下降。另外，此阶段，沿海地区优先发展的行业主要为轻工业，所以食品业、纺织业、纺织服装、鞋、帽制造业、皮革、毛皮、羽毛(绒)及其制品业、家具制造业、造纸及纸制品业、印刷业和记录媒介的复制等行业的空间基尼系数均出现了下降。

第二阶段，1990 年以后，特别是邓小平同志南方讲话之后，改革开放的步伐不断加快，行业空间基尼系数不断增大。在 1990—2004 年间，26 个目标行业中，共有 23 个行业的空间基尼系数呈现上升态势，而且上升幅度普遍较大，如纺织服装、鞋、帽制造业上升了 132%，皮革、毛皮、羽毛(绒)及其制品业上升了 111%，化学纤维制造业上升了 165%，仅有三个行业的空间基尼系数下降，从行业特征来看，不仅仅是以往轻工业的集中态势在加强，而且重工业也呈现出这一态势。2004 以后，各行业的空间分布呈现出发散与集聚并存的特征，在 2008 年报告的 19 个行业中，共有 8 个行业的空间基尼系数出现了下降，而在 11 个空间基尼系数上升的行业中，其上升幅度均较小，仅有化学原料及化学制品制造业的升幅超过了 20%，其余有些行业的升幅如通信设备及其他电子设备制造业仅为 2%，仪器仪表及办公用机械制造业仅为 0.7%，这表明这些集聚程度上升的行业相对于 1990—2004 年间而言，上升幅度相对缩小。

就各行业集聚程度的绝对值来看，2008 年度，通信设备及其他电子设备制造业(0.653)、化学纤维制造业(0.652)和烟草加工业(0.640)位居行业集聚度的前三位。医药制造业(0.296)、化学原料及化学制品制造业(0.232)、非金属矿物制品业(0.224)的行业集聚度相对最低。从行业特征来看，不同行业特征(资本密集型和劳动密集型、高技术行业和一般技术行业)与行业的空间集聚程度之间并无一致的对应关系。

通过对行业空间基尼系数的计算,我们从整体上描述了各行业在考察期内的空间布局变动情况,可以看出大部分行业的空间集聚呈现出明显的阶段性,第一阶段大部分行业的空间基尼系数呈现出下降态势,在第二阶段空间基尼系数呈现出上升态势,表明行业的空间集聚程度在加大,那么这些行业具体是向哪些省份集中呢,行业空间基尼系数值本身并不能够反映这些信息,接下来将通过对 CR 指数的计算来回答这一问题。

(三) CR 指数分析

在对空间基尼系数进行计算,分析了各行业在考察期内整体的空间分布变动基础之上,我们接下来对各行业在各省区的分布进行详细分析,分析各行业在各省区间变动的情况,以考察空间基尼系数所反映出来的集聚和分散是如何引发的。按照公式(7.3)对各行业的行业集中度指数进行测算,即分别计算 1980 年、1985 年、1990 年、1995 年、2000 年、2004 年、2008 年的 CR 指数,同时会列出位居各行业经济规模(同样使用当年价格的工业总产值数据加以衡量)前四位的省区名称,进而分析在考察期内,各行业的行业集中度指数的演变情况。2000 年及 2000 年以后的数据中含有重庆市,将单独进行统计,同样将西藏自治区排除在样本外。

由于《中国工业统计年鉴》中给出的 2000 年和 2008 年的数据有缺失,部分行业的有关数据没有进行报告(详见上文行业归并和统一名称中的说明),所以为了系统地考察波动情况,在此仅对在样本期内进行了连续报告的行业,一共有 18 个行业(行业 5、6、7、8、10、11、16、17 未连续报告),分别以两个折线图来加以描述,见图 7-2(a)和图 7-2(b)。

从图 7-2 所反映出来的各行业 CR4 指数波动特点可以看出在考察期内,CR4 指数的整体波动呈现出较为一致的规律,即先下降、再上升,最后又下降,呈现出较为明显的两次转折特征。就两次转折发生的时间点来看,第一次转折发生在 1990 年前后,在此之前大部分行业的 CR4 指数在不断下降,18 个目标行业中仅有 1、4、13、18、20 等 5 个行业的 CR4 值在 1980—1990 年间未持续下降,但除了行业 1 外,其他 4 个行业均是先下降,后又上升,可以说整体而言,在 1980—1990 年间,各行业的 CR4 指数呈现下降的态势,表明各行业的空间分布状况呈现发散的态势,不再仅仅集中于部分省市。第二次转折发生在 2004 年前后,由此前的持续上升转变为下降,在 18 个行业中仅有 3、4、13、19、20 几个行业例外,其他行业基本呈现出转折的态势,这表明在 1990—2004 年间,各行业的空间分布状况大

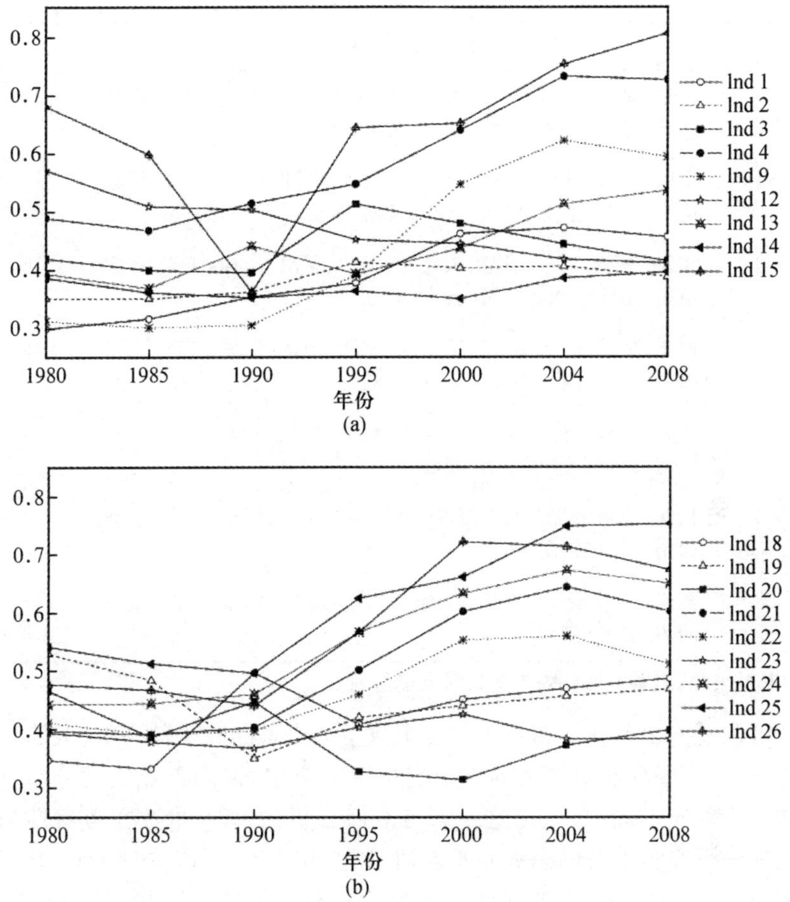

图 7-2 行业 CR4 指数波动图

资料来源：笔者根据有关年鉴数据计算绘制。

多呈现出更加集中的态势，但 2004 年之后，这一态势发生了逆转，大部分行业的分布又趋向于发散，这与前文空间基尼系数分析得出的结果基本一致，也与考察期内中国地区差异的波动情况呈现出同步变动的特征。

各行业经济活动规模位于前四位省份的变动也可以为分析行业集聚的演变情况提供一些参考，表 7-4 给出了各年份进入过经济规模位居某行业前四位省区的名称和个数（多数省份会位于多个行业的经济规模前四位，我们已经删除了重复的情况）。

表 7-4 CR4 指数前 4 位省份变动情况

年份	出现在前 4 位的省份	个数
1980	安徽、北京、甘肃、广东、河北、河南、黑龙江、湖北、湖南、吉林、江苏、辽宁、山东、上海、四川、天津、浙江	17 个
1985	安徽、北京、甘肃、广东、河南、黑龙江、湖北、湖南、吉林、江苏、辽宁、山东、上海、四川、天津、云南、浙江	17 个
1990	北京、福建、广东、河南、黑龙江、湖北、湖南、吉林、江苏、辽宁、山东、山西、上海、四川、云南、浙江	16 个
1995	福建、甘肃、广东、河南、黑龙江、湖北、湖南、吉林、江苏、辽宁、山东、上海、四川、天津、云南、浙江	16 个
2000	北京、广东、河南、黑龙江、湖北、湖南、吉林、江苏、辽宁、山东、上海、四川、天津、云南、浙江	15 个
2004	福建、广东、河南、黑龙江、湖南、吉林、江苏、辽宁、山东、上海、四川、天津、云南、浙江	14 个
2008	福建、广东、河南、黑龙江、湖南、江苏、辽宁、山东、山西、上海、四川、云南、浙江	13 个

资料来源:笔者根据有关年鉴数据整理得到。

可以看出出现在前四位的省份个数呈现出不断减少的态势,表明整体上而言,行业规模相对较大的省份变得更为集中,说明行业空间分布倾向于向更少的省份集中,当然这一点与上面分析的 CR4 指数在考察期内呈现出的先下降再上升的态势并不矛盾,因为从 CR4 数值本身来看,1980—2008 年间,其数值是呈现出整体扩大的态势(仅有行业 12、19、20、23 例外)。

从东、中、西部区域格局的发展情况来看,在改革开放初期的 1980 年,有甘肃、四川等西部省份能够进入某行业规模前四的省份排名(甘肃在有色金属冶炼及压延加工进入了规模前四,四川省在食品业、饮料制造业、造纸及纸制品业、印刷业和记录媒介的复制工业、医药工业和黑色金属冶炼压延等 6 个行业进入了规模前四),但随着时间发展,甘肃省未能再进入行业排名前四,云南进入了行业排名前四,但仅在烟草业这一受地理环境因素影响较大的行业进入了规模前四,而四川虽然仍然能够进入行业规模前四,但也仅仅在饮料制造业这一行业实现,相对于 1980 年在 6 个行业的发展情况,可以说西部地区的整体行业集中度相对而言有了较大幅度的下降。中部地区省份有河南、湖北、湖南、山西进入过不同年份行业经济规模的前四位。山西在 1990 年进入到化学工业经济规模的前四位,2008 年进入到石油加工工业前四位。河南省和湖南省在考察期内能够进入经济规模前四位的次数较为稳定，而湖北则出现了一定程度的下降，表明湖北作为曾经的中部地区重要的工业基地，其地位在改革开放以后出现了下降。东北地区的黑龙江和辽宁在考察期内保持了行业集聚度的相对稳定，吉林地区仅在考察期初进入了木材加工业经济规模的前四位（1985 年），这种集中更多的是由于东北地区具有较为丰富的林业资源，到了考察期后期，江苏、浙江、山东、广东成为木材加工行业的规模领先省份，而这些省份本身并无林业资源优势，可见其行业发展水平要远高于林业省份。整体而言，东北地区由于其老工业基地的基础地位和辽宁省处于沿海地区的地理优势，使其在考察期内在国内行业空间分布格局中的地位相对稳固。东部地区省份随着改革开放的深入，其在各行业排名中的整体上仍然保持了相对领先的位置，在东部省份内部，上海的地位相对下降（1980 年的 6 个行业中，上海在 13 个行业中位居第一，2004 年仅在交通运输设备制造业上位居第一），北京市 1980 年在多个行业进入到经济规模前四的位置，但到了 1995 年以后，再未进入过，造成这一现象的原因既有其他省份工业制造业的快速发展，也有北京自身行业机构调整的因素，由传统制造业向金融、文化等服务业转型。而同时期，广东、福建、浙江等沿海省份随着对外开放的扩大，经济地位不断上升。如广东省，在 1980 年仅在家具制造这一劳动密集型和一般技术型行业上进入了经济规模第一，而到 2004 年则在家具制造业、印刷业和记录媒介的复制、文教体育用品制造业、塑料制品业、金属制品业、电气机械及器材制造业、通信设备、计算机及其他电子设备制造业、仪器仪表及文化、办公用机械制造业等行业位居经济规模第一，而且有几个行业属于资本密集型和高技术行业，表明沿海地区在整体保持领先优势的同时，其内部的行业空间分布也发生了一定的变化。

第二节　基于新增长理论的动态面板模型

本节在新增长理论框架下，参考有关经济增长理论的经典框架，构建一个制造业增长的模型框架，并使用动态面板数据方法进行实证分析，以探究贸易开放对中国制造业增长地区差异的影响，考察贸易开放条件下全国层面和不同地区产业增长的特点和规律。

一、动态面板模型与方法

源于 Ramsey 模型的 Solow 模型和扩展的 Solow 模型，构建起经济增长理论的经典框架，此后关于经济增长以及地区间经济增长差异的研究多数是在上述框架下进行的。Baurmol(1986)的研究成果是关于经济增长和趋同问题研究的经典文献，采用了最简单的二元回归方程。Barro(1991)和M-R-W(1992)分别构建了一个人均产出与初期人均产出、储蓄率、人口增长率、折旧率、人力资本等结构因素相关的多元线件截面回归方程，由于Barro所作出的杰出贡献，截面回归分析方法也被称之为"Barro回归"。此后，很多学者在此基础之上进行了拓展，主要是引入其他一个或数个影响经济增长的解释变量。截面回归方程一般表达形式为：

$$[\ln y_{i,t} - \ln y_{i,t-T}]/T = a_0 + b_0 \ln y_{i,t-T} + pW_{i,t} + dZ_{i,t} + u_{i,t} \quad (7.6)$$

其中 $y_{i,t}$表示第 i 个经济体在 t 时刻的人均产出，$[\ln y_{i,t} - \ln y_{i,t-T}]/T$ 表示 T 时期内的人均产出增长率，$W_{i,t}$表示扩展 Solow 模型中影响经济增长的因素，$Z_{i,t}$表示其他一些影响经济增长的解释变量，截距项 α_0包括各经济体所特有的因素，如一国的技术水平、自然禀赋、气候、经济体制等。在M-R-W(1992)中用 $A_i(0)$表示期初的这些个体特定因素，$u_{i,t}$表示扰动项。在估计方法上，截面回归主要使用混合回归(Pooled OLS)和组间估计(Within Group)。

以往中国很多学者在对中国经济增长和地区经济增长差异进行分析时，主要也利用截面回归分析方法，如蔡昉和都阳(2001)，沈坤荣和马俊(2002)等。但截面回归方法主要存在两个问题：第一，各经济系统中结构特征的异质性问题，即不能对反映不同经济体特质的变量 $A_i(0)$进行有效控制，而且 $A_i(0)$会与其他解释变量相关。在截面回归中无法处理上述问题，许多学者的做法是将其忽略或假定各经济系统的 $A_i(0)$相同，利用最小二乘法进行估计，如此会产生忽略变量误差问题，而且得不到一致估计量。蔡昉和都阳(2001)，沈坤荣和马俊(2002)等在研究中国东、中、西三个地区增长差异问题时，引入地区虚拟变量的方法来刻画不同地区$A_i(0)$，但通过引入虚拟变量很难刻画数十个省份之间的差异。第二，解释变量的内生性问题。在动态回归方程中，至少可以肯定解释向量中的那些"流量"(flow)变量，如投资率、人口增长率等，是内生解释变量，直接利用最小二乘法估计得到的估计结果是有偏的(Caselli等，1996)。为了解决截面回归中所存在的一系列问题，Barro和Lee(1994)、Islam(1995)和Caselli等(1996)等引入面板数据方法。

本研究参考有关经济增长经典模型，利用面板数据的方法构造一个中国各省区制造业增长的模型，将有关影响制造业增长的因素纳入到模型中来，从而得到以下基本估计方程：

$$[\ln y_{i,t} - \ln y_{i,t-T}]/T = b_0 \ln y_{i,t-T} + pW_{i,t} + dZ_{i,t} + T_t + \eta_i + u_{i,t} \tag{7.7}$$

$y_{i,t}$表示第 i 个省区在 t 期的制造业发展水平，$W_{i,t}$和 $Z_{i,t}$表示影响制造业产出的相关因素，我们在后文会进行详细的说明。η_i反映个体特征，T_t刻画一些随时间变化的因素。

对于不易观测的异质性问题，面板数据通过差分或取变量与均值离差的方式可以处理各国期初异质性变量 η_i的参数估计问题。对于内生变量问题，通过一阶差分矩估计法（Dif-GMM）可以处理。Bond 等（2001）进一步指出，当变量具有高度持续性（persistent），而且时间序列相对较短时，一阶差分矩估计法会遇到大样本环境下也存在的弱工具变量问题，导致有限样本估计偏误的出现。为此他们提出利用系统矩估计法（Sys-GMM）会得到更为有效的估计结果。在估计结果有效性方面，Bond 等（2001）指出了一种判断 GMM 估计是否有效的简单方法：滞后因变量系数 β 的一致估计量应该位于 POLS 和 FE 估计量之间。Blundell 和 Bond（1998），Blundell 等（2000）提出虽然二步估计量在理论上更加有效，但由于二步估计中使用的权重矩阵是在一步估计系数基础上得到的，会使二步估计量的渐进分布近似性不够可靠，因而大多数文献中会选取一步估计量进行分析。此外在 GMM 估计中，以往研究常忽视工具变量个数过多的问题，Roodman（2006）指出有限样本条件下，过多的工具变量无法得到有效的估计。为此他提出了一个经验性作法（a thumb rule）：考察工具变量个数是否超过截面单位数，如果超过，则通过检验稳健性来逐步减少。

我们将按照研究经济增长的经典框架，使用基于动态面板数据的估计方法，对中国地区产业发展不平衡进行研究，重点考察贸易开放和市场化进程在这一过程中所发挥的作用。在使用动态面板数据这一计量方法时，我们会考虑可能存在的弱工具变量问题，并应用 Roodman 规则来优化工具变量的选择。

二、数据和变量说明

本节所使用数据基本来自于《新中国五十年统计资料汇编》和《中国统计年鉴》，个别数据参考有关省份的统计年鉴，为了保持数据统计口径的一致性，1998 年及以前的数据来自于《新中国五十年统计资料》，1999 年及以后的数据来自于相应年份的《中国统计年鉴》和相关省份的统计年鉴。

样本数据时间跨度为 1981—2006 年，参照经济增长动态研究的一般做法，同时考虑到样本的个体规模，我们将 25 年划分为 5 个区间，即

1981—1986 年,1986—1991 年,1991—1996 年,1996—2001 年,2001—2006 年。[①] 要说明的是,对时间区间进行划分只是一种经验性做法,并无充分理论依据,Islam(1995)最初采用这种方法的理由是可以避免商业周期对估计的影响,但 Caselli 等(1996)按照 5 年、4 年等不同间隔进行划分,比较回归结果后发现系数变化并不明显,因此他们认为商业周期对于估计结果影响不大。样本的截面单位为除去西藏、重庆的其他 29 个省、市、自治区,以往有文献将重庆与四川合并处理,如姚先国和张海峰(2008),但通过比较《新五十年统计资料汇编》与 1997 年、1998 年和 1999 年《中国统计年鉴》中关于四川、重庆的统计数据,可以看出《新五十年统计资料汇编》在统计四川历年的数据时,已经剔除了重庆的影响,为了保证统计口径的一致性,不应该将两者数据简单合并,又因为 1996 年前重庆的数据缺失,故而不考虑重庆。西藏由于独特的地理、文化和民族政策原因,也放弃考虑。

贸易开放度(To)的测量:根据以往研究贸易开放与中国经济增长的研究结果,外贸依存度与其他测量指标相比能更好地解释贸易开放与经济增长的关系(许和连等,2003),因此我们直接使用外贸依存度作为贸易开放的代理指标,度量贸易开放对产业增长的可能影响。

市场化进程(M)的测量:与樊纲等(2003)不同,我们选择非国有经济比重变化作为市场化进程的代理变量:一是考虑到早期统计数据的可获得性,二是因为中国改革开放以来在经济体系中发生的一个显著变化就是以市场导向的非国有经济取得了重大发展,非国有经济的发展减少了交易摩擦,降低了交易费用,促进了新产品开发,有助于建立合理的市场竞争体制,因此非国有经济在国民经济中比重的指标可以较好地反映市场化进程。具体选取了三个指标进行加权衡量:

a. 非国有经济在全部工业总产值中的比重

b. 非国有经济在全社会固定资产总投资中的比重

c. 非国有经济就业人口占总就业人口比重

得到上述三个指标后,采用主成分分析法[②](Principle Component Analysis)来计算权重,按此方法计算的比值可以较好地反映各地区非国有经济比重的动态变化,进而反映市场化进程的不同。除了计算全国层面的市场

---

① 选择 1981 年作为起始年是因为之前年份的数据有缺失,又因为需要以 5 年为周期进行平均,所以考察截止期为 2006 年。

② 因为迄今为止对于市场化这一抽象概念并无准确定义,其各组成部分的相对重要性很难从经济理论或定性的角度进行判断。

化进程外,同时会计算各省市和各地区的市场化进程。统计年鉴中并没有专门统计非国有经济的指标,可通过计算国有经济相应比重来推算上述指标。对于指标 a,关键是处理全部工业总产值统计口径的变化。全国工业总产值的统计口径 1978—1998 年为全部独立核算工业企业,1998 年以后统计口径改为全部国有及规模以上非国有工业企业。不过广东、上海、山东、天津、甘肃、新疆、青海等省份在 1999 年后省级统计年鉴中仍然统计了全部工业企业的总产值,参考这些省份全部国有及规模以上非国有工业企业产值/全部工业企业总产值的比例,对其他省份的全部工业总产值进行推算。对于指标 b,由历年国有经济固定资产投资额及全社会固定资产投资额,可以得到非国有经济在全社会固定资产投资中的比重,少数缺失数据通过时间序列预测程序进行估算。对于指标 c,由历年的国有经济单位职工人数与全社会就业人口总数,可以得到非国有经济就业人口占总就业人口比重。由此进一步计算各时间段的平均指标。得到上述三个指标后,再采用主成分分析法来计算权重,可得到各指标的方差贡献率 w_1, w_2, w_3,将其作为各成分权重,最终得到各地区各年的市场化进程度为:$a^* w_1 + b^* w_2 + c^* w_3$。按此方法计算的比值可以较好地反映各地区非国有经济比重的动态变化,进而反映市场化进程的不同。表 7-5 给出了各省区在不同时间段内市场化进程指标的部分结果。

表 7-5　部分地区非国有经济比重动态变化表

	北京	河北	辽宁	吉林	上海	浙江	广东	江西	甘肃	新疆
1981—1986 年	0.185	0.416	0.298	0.282	0.205	0.582	0.449	0.327	0.160	0.160
1986—1991 年	0.246	0.536	0.383	0.297	0.294	0.680	0.524	0.372	0.228	0.202
1991—1996 年	0.407	0.610	0.528	0.351	0.508	0.772	0.704	0.491	0.319	0.227
1996—2001 年	0.448	0.623	0.596	0.474	0.587	0.813	1.093	0.571	0.423	0.314
2001—2006 年	0.576	0.668	0.602	0.499	0.651	0.844	0.815	0.577	0.387	0.396

资料来源:笔者根据有关年鉴数据计算所得。

其他变量包括:

(1) 人均制造业产出(y):先计算以 1998 年价格衡量的各地区实际人均制造业产值,由于整个时间区间分为 5 个时间段,最终利用的是 1981 年、1986 年、1991 年、1996 年、2001 年的人均制造业产出。

(2) 人均实际制造业产出增长率:各个时间段期末人均制造业产出与期初人均制造业产出之差再除以 5。

(3) 物质资本的投资率(Sk):根据新古典收敛理论,储蓄率代表了增长期间资本积累速度，我们使用资本投资率代替储蓄率，用各年全社会固定资产投资总额与GDP之比表示。

（4）人力资本存量（*Sh*）：以各地区在校大学生人数与总人口之比表示。

（5）人口增长率（*n*）：各时间段内人口的年平均增长率。

（6）技术进步率及折旧率之和（$g+\delta$）：按照一般经验性做法取0.05。

（7）基础设施（*I*）：用每平方公里的公路里程数表示。

其中 *Sk*、*Sh*、$n+g+\delta$、*I* 均取5个各时间段的平均值。上述变量的主要统计特征值见表7-6。

表7-6 各主要变量的统计性质

变量	观测值	均值	标准差	最大值	最小值
ln*y*	145	6.308	0.998	9.161	4.129
Sk	145	0.336	0.104	0.753	0.190
Sh	145	0.005	0.005	0.033	0.001
n	145	0.062	0.009	0.101	0.039
I	145	0.289	0.204	1.233	0.013
To	145	0.201	0.277	1.559	0.013
M	145	0.460	0.171	0.844	0.160

三、全国层面的经验分析

利用上一小节的方程（7.7），我们首先考察相关因素在全国层面的制造业增长中所扮演的角色，为了得到更为稳健的估计结果，利用不同的估计方法对方程（7.7）进行估计。表7-7报告了不同方法的估计系数和稳健性检验结果，在进行GMM估计时，根据Roodman规则优化了工具变量的个数。

表7-7 全国层面产业增长的估计

解释变量	被解释变量：$[\ln y_{i,t}-\ln y_{i,t-5}]/5$					
	(1) POLS	(2) FE	(3) 1*s*-Dif	(4) 2*s*-Dif	(5) 1*s*-Sys	(6) 2*s*-Sys
$\ln(y_{t-5})$	-0.015^{***}	-0.061^{***}	-0.067^{***}	-0.066^{***}	-0.016^{***}	-0.021^{***}
	(−3.59)	(−6.30)	(−3.48)	(−3.51)	(−3.46)	(−2.21)
ln*Sk*	0.029^{***}	0.033^{**}	0.033	0.023^{**}	0.033^{**}	0.029^{***}
	(2.03)	(1.82)	(0.89)	(1.66)	(1.66)	(2.54)

（续表）

解释变量	被解释变量:$[\ln y_{i,t}-\ln y_{i,t-5}]/5$					
	(1) POLS	(2) FE	(3) 1s-Dif	(4) 2s-Dif	(5) 1s-Sys	(6) 2s-Sys
ln*Sh*	-0.002	0.025***	0.030***	0.034	0.002	0.006
	(-0.26)	(4.58)	(1.76)	(1.41)	(0.24)	(0.44)
$\ln(n+g+\delta)$	-0.067***	-0.038***	-0.026	-0.022**	-0.064***	-0.064***
	(-2.33)	(-1.77)	(-0.92)	(-2.08)	(-2.08)	(-2.11)
ln*I*	0.005	0.024	-0.041	-0.027	0.002	0.003
	(0.95)	(1.23)	(-1.09)	(0.23)	(0.23)	(0.20)
lnTo	0.007*	0.023***	0.081***	0.078**	0.019**	0.018**
	(2.39)	(4.03)	(5.30)	(4.50)	(1.85)	(2.54)
ln*M*	0.023	0.048***	0.078***	0.087**	0.021**	0.021**
	(1.33)	(2.72)	(2.28)	(1.97)	(1.72)	(2.91)
AR(1)	—	—	-3.46	-02.27	-2.39	-3.47
AR(2)	—	—	2.94	2.47	2.24	3.14
Sargan	—	—	0.072	0.023	0.143	0.002
Dif-Sargan	—	—	—	—	0.86	0.854

注:(1) 上标***、**、*分别表示在1%、5%和10%水平上显著,(1)、(2)列括号中为t值,(3)—(6)列括号中为z值;(2) POLS表示混合最小二乘回归估计,FE表示固定效应估计,1*s*-Dif,2*s*-Dif分别表示一步一阶差分GMM估计、二步一阶差分GMM估计,1*s*-Sys、2*s*-Sys分别表示一步系统GMM估计、二步系统GMM估计;(3) AR(1)和AR(2)检验分别为一阶和二阶序列相关的检验值。Sargan检验为Dif-GMM估计中工具变量过度识别的约束检验,Dif-Sargan是针对Sys-GMM估计中用于原水平方程的工具变量有效性进行检验,报告了两类检验的p值。

总体而言,Dif-GMM和Sys-GMM估计结果之间有着较大的差异,而选择一步估计还是二步估计对估计系数的影响并不明显。初步判断由于利用全国层面数据时,存在截面单位数远大于时间段数的情况,极有可能存在弱工具变量问题。根据Bond(2001)的结论,合理的滞后因变量系数应该位于POLS估计方法所得的系数值和FE估计方法所得的系数值之间,即位于(-0.061,-0.015)区间内。可以看出,Dif-GMM的估计值超出了这一范围,但Sys-GMM的估计值恰好位于这一区间内,说明此处模型存在弱工具变量问题,而使用Sys-GMM估计方法则可以得到更优的一致估计量。

下面就根据一步Sys-GMM的估计结果进行分析。该估计的Sargan检验和Dif-Sargan检验的P值均较大,证明不存在过度识别,工具变量的选择是有效的。Arellano和Bond(1991)提出如果一阶差分后的扰动项在95%水平上不存在一阶序列自相关时,AR(2)值应在(-1.96,1.96)区域内,这里的 AR(2)检验值为 2.24,表明扰动项存在一定程度的序列自相关,不过由于偏离较小,可以认为估计结果整体上是稳健的。从控制变量的系数大小来看,投资对于人均产出增长的贡献最大,资本积累率的系数达到 0.033,根据这一系数可以计算资本产出弹性约为 0.45①,比成熟经济体中 0.33 的份额要高许多。傅晓霞和吴利学(2006)利用收入份额法和 C-D 生产函数法计算的中国资本产出弹性分别为 0.48 和 0.687,本文的计算值恰位于两者之间,这表明中国近二十多年来制造业增长中对于投资投入的依赖过大,主要是一种投资拉动型增长。人力资本系数并不显著,目前有关人力资本在产业增长中作用的经验分析并未达成一致结论(见姚先国和张海峰(2008)的有关论述)。基础设施的估计结果并不显著,原因可能是以公路为代表的基础设施具有很强的外溢性,不仅服务于本地产业的发展,对于各个地区的产业发展都有着显著的效应。

我们最为关注的贸易开放(To)和市场化进程(M)变量均在 1% 的水平上显著,且系数符号与理论经验吻合,这说明贸易开放和市场化进程在中国制造业增长中确实发挥了积极的作用。相对而言,贸易开放的贡献率(0.019)和市场化进程的贡献率(0.021)要小于资本的贡献率(0.033),这也与一般的经验性研究相一致,即投资是以往制造业增长的主要拉动力。那么为缩小地区间产业发展的差异是否应该主要通过对落后地区加大投资来进行呢?诚然,通过政府投资、项目布局的倾斜(正如中国在计划经济时期进行三线建设时实施的有关产业发展政策),可以在一定程度上减小地区间产业发展的差异和不平衡,但却无法从根本上解决问题。

我们认为如果没有运作良好的经济机制,单纯的投资无法促进地区制造业的快速发展,只有让市场机制在资源配置中发挥主导作用,才能有效地将投资转化为产出。

为了检验贸易开放、市场化机制在投资转化为制造业增长过程中的重要作用,我们在方程(7.7)基础上加入贸易开放、市场化进程与资本的交叉项,得到的动态面板模型为:

$$
\begin{aligned}
[\ln y_{i,t} - \ln y_{i,t-5}]/5 = {} & b_0 \ln y_{i,t-5} + b_1 \ln Sk_{i,t} + b_2 \ln Sk_{i,t} \times \ln M_{i,t} \\
& + b_3 \ln Sk_{i,t} \times \ln \mathrm{TO}_{i,t} + bX_{i,t} \\
& + T_t + \eta_i + u_{i,t}
\end{aligned}
\tag{7.8}
$$

① 根据基本索罗模型,$\ln sk$ 系数为$[(1-e^{\lambda T})/T]\times[\alpha/(1-\alpha)]$,$\alpha$ 为人均产出中的资本份额,一般理论认为其为 33%,加入其他因素后,$\ln sk$ 的系数会更为复杂,本文根据上述表达式初略计算$[(1-e^{\lambda T})/T]\times[\alpha/(1-\alpha)]=0.033$,从而得到 $\alpha=0.45$。

其中 $X_{i,t}$ 为其他控制变量，对方程(7.8)直接采用一步 Sys-GMM 方法进行估计，表 7-8 报告了主要待估系数的估计结果。

表 7-8　全国层面引入交叉项的估计

被解释变量：$[\ln y_{i,t} - \ln y_{i,t-5}]/5$		
	(1)	(2)
$\ln(y_{t-5})$	-0.010^{**} (-1.77)	-0.011^{***} (-2.07)
$\ln Sk$	0.16^{***} (2.98)	0.137^{***} (2.65)
$\ln Sk \times \ln M$	0.078^{**} (2.46)	0.129^{**} (2.39)
$\ln Sk \times \ln To$	0.031 (1.48)	—
AR(2)	3.09	3.42
Sargan	0.00	0.00
Differ-Sargan	0.952	0.947

注：上标 ***、**、* 分别表示在 1%、5% 和 10% 水平上显著，括号中为 z 值。

表 7-8 中 AR(2)、Sargan、Differ-Sargan 检验均证明估计结果稳健，第(1)列结果表明贸易开放与投资交叉项的估计系数不显著，说明贸易开放并不直接影响到投资的使用效率。第(2)列表明去掉贸易开放与投资交叉项后，市场化进程与投资交叉项的估计系数仍然显著，此时投资对于产业增长的偏效应为：

$$\partial([\ln y_{i,t} - \ln y_{i,t-5}]/5)/\partial \ln Sk_{i,t} = 0.16 + 0.078\ln M_{i,t} \qquad (7.9)$$

由此可见投资的增加对于制造业产出增长所起的促进效应不仅取决于投资本身，也取决于市场化机制的发展情况。市场化进程越高，相同数额的投资可以更有效地转化为制造业产出的增加长。那么在地区产业发展层面上，贸易开放和市场化进程是否发挥了同样的作用，中国不断扩大的地区制造业发展差异是否与各地区的贸易开放度和市场化进程水平及其发挥的作用有关？接下来我们分析贸易开放和市场化进程在不同地区制造业增长中所起到的作用。

四、各区域的经验分析

我们首先按照东、中、西部将上述 29 个省级单位划分为三大区域①,具体来说北京、天津、河北、辽宁、上海、江苏、浙江、福建、山东、广东、海南为东部,山西、吉林、黑龙江、安徽、江西、河南、湖北、湖南为中部,内蒙古、广西、四川、贵州、云南、陕西、甘肃、青海、宁夏、新疆为西部。然后按照前文所讲的计算方法,分别计算了各区域整体的贸易开放度和市场化水平的不同发展情况,如图 7-3、图 7-4 所示。

可见改革开放初期,东部的贸易开放度和市场化进程即高于中西部地区,而且随着时间推移,差距在不断扩大。我们将已有数据按区域分成三组面板数据,同样利用方程(7.7)进行动态面板回归分析。由于此时每组个体数量减少,使弱工具变量问题出现的可能性降低,而且使用 Sys-GMM 估计难以确保工具变量的个数少于截面单位,因此选择利用 Dif-GMM 一步法估计,表 7-9 报告了主要系数的估计结果。

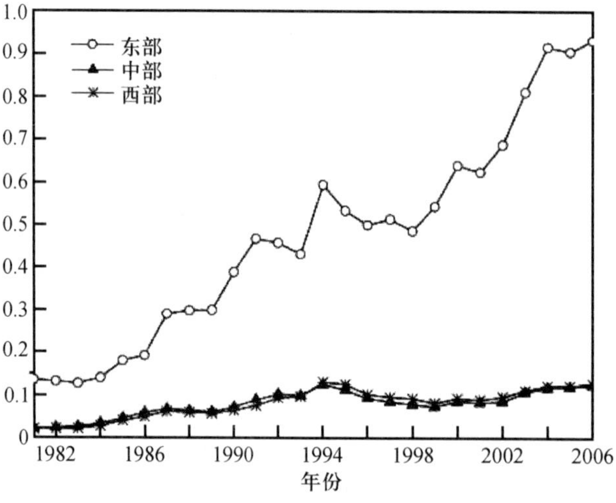

图 7-3 东中西部地区贸易开放度图

资料来源:笔者根据有关年鉴数据绘制。

---

① 学界对东中部地区划分标准较多,由于近年来中国相继出台多部区域性经济发展规划,我们以此类规划为准进行划分,但考虑到东北老工业基地三省份的省区特征异质性较大,我们将吉林和黑龙江并入中部地区,其余的中部地区为《促进中部地区崛起规划》中涉及的山西、安徽、江西、河南、湖北和湖南 6 省,西部地区为西部大开发计划中的西部 12 省区市,其余沿海省区为东部地区。

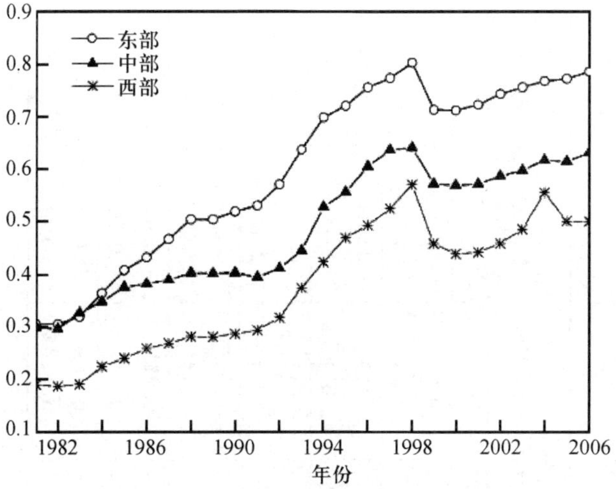

图 7-4　东中西部地区市场化进程图

资料来源：笔者根据有关年鉴数据绘制。

表 7-9 中各列估计的 AR 检验和 Sargen 检验表明不存在序列相关和工具变量过度识别的问题。列(1)、(3)、(6)中的 $\ln Sk\times\ln To$ 的系数均不显著，列(4)中市场化进程与投资的交叉项的估计系数为负，而市场化进程本身不显著，表明该交叉项的引入在中部地区不合理。列(7)中西部地区的市场化进程与投资交叉项的估计系数也不显著。因此三个地区合理的模型设定分别为列(2)、(5)、(8)，对结果进行分析可得：一是从估计系数的相对大小来看，投资仍是各个区域经济发展的主要动力，这与全国层面结论一致，表明各个区域的产业增长对投资的依赖性较大。二是贸易开放在各区域的产业增长均发挥了显著作用，这说明进出口对于产业增长的带动效应在各区域均有显著体现。市场化进程能够显著地促进东部和中部地区的经济发展，而对于西部地区的产业增长却并无显著贡献，但并不能因此而否定市场化进程在产业增长中的积极作用。由图 7-4 可知，西部地区的市场化进程与东、中部间存在较大的差距，我们推断市场化进程对于产业增长的作用可能存在一个门限效应，西部地区的市场化进程目前还没有达到这一门限，因此对于产业增长的促进作用并不显著。三是各地区 $\ln Sk\times\ln To$ 的系数均不显著，表明在各区域对外开放因素均不会促进资本的转化，与全国层面的结果一致。这应该与中国贸易结构的现实有关，多年以来占中国对外贸易 50% 左右的是所谓“两头在外”的加工贸易，这种贸易模式不利于中国通过模仿创新、技术扩散等渠道来获得技术外溢的成果，因此贸易开放对于促进资本利用效率提高的作用有限。四是仅有东部地

表 7-9 不同区域引入交叉项的估计

解释变量	被解释变量：$[\ln y_{i,t}-\ln y_{i,t-5}]/5$							
	东部		中部			西部		
	(1)	(2)	(3)	(4)	(5)	(6)	(7)	(8)
$\ln(y_{t-5})$	-0.053^{***} (-4.98)	-0.053^{***} (-4.25)	-1.42^{**} (-4.49)	-1.42^{**} (-3.21)	-0.124^{*} (-3.34)	-0.079^{***} (-4.15)	-0.079^{***} (-4.23)	-0.080^{***} (-3.95)
$\ln Sk$	0.089^{**} (3.65)	0.091^{**} (3.56)	-0.017 (-0.22)	-0.022 (-0.43)	0.095^{**} (3.98)	0.119^{*} (2.01)	0.103^{*} (1.95)	0.079^{***} (3.34)
$\ln Sh$	0.011^{*} (1.65)	0.011 (1.71)	0.026 (1.34)	0.026 (1.23)	0.020 (1.21)	0.015^{*} (2.01)	0.017^{*} (2.12)	-0.016^{*} (3.45)
$Ln(n+g+\delta)$	-0.124^{**} (-2.98)	-0.124^{**} (-3.44)	-0.09 (-1.28)	-0.11 (-1.27)	-0.112 (-1.22)	-0.065^{*} (-2.14)	-0.068^{*} (-2.28)	-0.066^{*} (-2.34)
$\ln I$	0.015 (0.81)	0.021 (0.78)	0.022 (0.65)	0.035 (0.79)	0.005 (0.32)	0.013 (0.32)	0.015 (0.76)	0.019 (0.97)
$\ln To$	0.021 (0.77)	0.018^{*} (2.14)	0.11 (0.69)	0.016^{*} (2.14)	0.024^{**} (2.87)	0.019 (0.99)	0.01 (0.95)	0.019^{*} (0.62)

（续表）

解释变量	被解释变量：$[\ln y_{i,t}-\ln y_{i,t-5}]/5$							
	东部		中部			西部		
	(1)	(2)	(3)	(4)	(5)	(6)	(7)	(8)
ln*M*	0.145** (2.45)	0.165* (2.98)	-0.054 (-0.27)	-0.045 (-0.43)	0.143** (3.45)	0.033 (0.37)	0.024 (0.89)	0.034 (0.345)
ln*Sk* × ln*M*	0.082** (3.32)	0.087** (2.54)	-0.125* (-2.19)	-0.136* (3.45)	—	-0.000 (-0.02)	0.019 (0.25)	—
ln*Sk* × ln*To*	-0.000 (-0.17)	—	0.036 (0.16)	—	—	0.019 (0.79)	—	—
AR(1)	-2.11	-0.68	-1.91	-1.91	-2.23	-2.22	-2.12	-2.22
AR(2)	0.07	0.06	1.13	1.25	1.29	1.87	1.97	1.89
Sargan	0.193	0.077	0.39	0.43	0.42	0.743	0.511	0.388

注：(a) 上标***、**、*分别表示在1%、5%和10%水平上显著，括号中为 z 值；(b) AR(1)和AR(2)检验报告为一阶和二阶序列相关的检验值。Sargan 检验报告的 p 值。

区的市场化进程与投资交叉项的估计系数显著，而在中部和西部地区，市场化进程与投资交叉项的系数均不显著，这也就意味着同样的投资在东部可以更有效地转化为产业增长。

上述结论为近三十年来区域产业发展不平衡提供了很好的解释。由于历史和文化的原因，东部地区居民的开放意识和对于市场的认识、把握能力相对更强，再加上梯度开放政策的实施，使沿海地区的对外贸易和民营经济得到了迅速的发展，东部地区原本较高的贸易开放度和市场化进程有了更大的提高，与中西部的相对差距不断扩大。在贸易开放度和市场化进程均能显著促进产业增长的情况下，较高的贸易开放度和市场化进程自然意味着较快的产业增长。同时市场化进程的不同会影响到各地区对投资的使用效率，由于东部的市场化进程能够显著提高投资的使用效率，在投资是中国产业增长的主要驱动力背景下，东部地区的产业增长就有了更充足的动力。此外由于资本追求相对较高的利润率，越是投资效率高的地区越能吸引到投资，投资主体也更加多元化，这也会促使资本更多地流向东部地区。在上述效应的共同作用下，虽然中国整体的对外开放、对内改革不断迈向深入，但地区间产业发展差异并未有效地缩小。

第三节 小 结

本章采用 1981—2006 年省级数据，利用动态面板模型，对中国地区制造业增长的差异进行了考察，重点讨论贸易开放、市场化进程在产业增长中的作用。我们首先研究了全国层面制造业增长的有关驱动因素，进而讨论在不同地区制造业增长中这些因素的作用有何不同。主要结论如下：

第一，贸易开放、市场化进程在全国层面和东中部地区均对人均制造业产值增长率的提高有着显著正向效应。西部地区的贸易开放也能显著提高产业发展水平，但较低的市场化进程并不能显著地促进其人均制造业产值的增加。同时，无论从全国层面还是从地区层面看，投资仍是以往产业增长的最主要拉动力，但是单纯加大对中西部地区的投资并不能有效地缩小地区差距，关键需要提高中西部地区的投资利用效率。

第二，通过交叉项分析，发现全国层面的市场化进程能够提高投资转化效率。就地区层次而言，相同的现象仅在东部地区存在，中部和西部地区的市场化进程均不能促进投资效率的提高。而贸易开放无论在全国层面还是在各个地区均不会显著地提高投资转化效率。

第三，东部地区与中西部地区在贸易开放、市场化进程发展水平上的差异呈扩大趋势,在贸易开放度和市场化进程均能显著促进制造业增长的条件下,较高的贸易开放度和市场化进程自然意味着较快的制造业增长。同时,由于投资促进制造业增长偏效应的存在,东部地区的投资转化效率更高,会进一步提高东部地区的制造业发展水平,从而造成在中国整体对外开放和对内改革不断取得显著成绩的同时,地区间的制造业发展水平差异却没有自然地收敛。

总的看来,改革开放后中央政府实施支持东部沿海地区率先开放的非均衡发展策略,这一战略给予东部地区更多的宽松政策和改革机遇,扩大了当地在对外开放程度和市场化程度方面与中西部地区的差距,进而造成地区制造业发展失衡并相应导致地区发展差距难以缩小。要缩小地区差距,我们认为政府除了加大对中西部地区的投资和转移支付外,更应该通过实施有效的制度创新和改革措施改善中西部地区的投资环境,鼓励中西部地区民营经济的发展,完善经济发展的内在增长机制,同时进一步提升连接中西部地区与沿海地区的交通、通信等基础设施水平,弥补中西部地区在空间区位上的劣势,扩大中西部地区的对外开放度,促进中西部地区出现更多的产业集聚区,这应该是实现地区间产业增长趋同的有效途径。

第八章　中国对外开放和区域经济发展战略选择

本书的理论和实证研究都表明，贸易开放对中国区域经济发展有着不可或缺的作用。事实经验证明，关起门来搞建设是不能成功的，中国的发展离不开世界。① 面对经济全球化的发展趋势，对外开放应该进一步扩大，无论在对外经济技术合作，还是贸易往来中，都应当在平等互利的基础上，积极推进贸易和投资的自由化。在经济全球化背景下，中国的发展不再是一个国家内部发展的问题，而是一个与全球经济社会发展大环境密切相关的全球性问题，中国必须尽可能地统筹利用国际、国内两种条件和国际、国内两种市场，在进一步扩大对外开放中实现中国与世界的互惠共赢。②

同时，基于对贸易开放影响区域经济发展的机制和条件的认识，结合当前中国区域经济发展的现实状况，笔者认为必须在科学发展观指导下，统筹国内区域发展与对外开放，因地制宜实施必要的向落后地区倾斜的区域政策，才能逐步缩小业已存在的区域经济发展差距。

第一节　调整对外开放战略

一、调整优化对外开放布局，促进区域协调发展与发展方式转变

改革开放以来，中国实施对外开放战略融入经济全球化浪潮，中国经济与世界经济的紧密联系程度不断攀上新的高度。然而，由于中国对外开放过程的梯度特征和非均衡性，致使区域间经济发展的不平衡和居民收入的差距进一步扩大，这已成为当前和谐社会构建进程中必须解决的一个突出问题。但是，我们决不能因噎废食，而应当改善对外开放的结构，要坚持

---

① 邓小平：《邓小平文选》（第三卷），人民出版社，1993 年。

② 门洪华："对中国对外开放战略的若干思考"，《开放导报》，2008 年第 3 期，第 17—23 页。

以大开放促大开发的方针来统筹国内发展与对外开放。

中国经济发展已经进入新的阶段，要求有新的对外开放战略与之呼应。新的区域开放战略应充分利用国际国内两个市场、两种资源，通过优化开放布局，因地制宜制定不同区域的对外开放战略，从而将促进区域协调发展与发展方式转变有机结合。具体而言，东部沿海发达地区应大力提高对外开放质量与水平，引领中国产业全面升级，提升我国国际分工的地位；东部沿海欠发达地区应着力承接加工贸易，发挥低成本制造优势，发展临港工业，深化对外开放促进本地发展；中西部地区应扩大开放范围，加快开放进程，以更开放的资源开发政策、更方便的资本市场、更有利的开放机会和产业准入政策探索内地开放型经济发展新模式，将本地产业基础与外资外贸有机结合，加速本地经济发展；沿边地区应大胆探索对外开放的新方式，大力发展边境贸易与跨境经济合作，实现边疆地区经济发展与社会稳定①。

为提高中西部尤其是西部地区的对外开放，我们应着力促进中西部地区多边开放和多国合作，推动次区域经济合作，如中国的华南、西南地区及东南亚诸国的东南亚次区域经济合作，中国的华东、华北和东北地区及日本、韩国、朝鲜、俄罗斯、蒙古的东北亚次区域经济合作，中国的新疆及西北地区和中亚诸国的中亚次区域经济合作。而江西、湖南、重庆等省市可利用泛珠三角“9+2”模式，积极发展内地与港澳的经贸合作。中国周边次区域经济区的形成和发展必将有利于中国逐步建立起多层次参与国际经济循环的格局，加速中国对外开放的进程。

二、调整对外贸易结构，促进对外贸易多元化和结构优化

首先，要改善外贸市场结构。随着中国对外开放的不断扩大和深入，中国经济发展的对外依存度也越来越高。这一方面是中国抓住经济全球化机遇，不断增强国力的表现，另一方面也暗示随着中国经济对外依存度的加深，其带来的潜在风险也不可低估。过分依赖外需会使中国的经济发展形成对外依附，一旦世界经济出现波动，外部经济形势恶化导致外需趋弱，中国的经济社会发展将会受到严重的冲击。② 因此，我们必须实施对外贸易多元化战略，形成多元化的对外贸易格局，改善外贸市场结构，降低市场过度集中的风险。在继续巩固和扩展主要发达国家和地区如美、日、

① 隆国强：《区域开放新战略》，中国发展出版社，2010 年，第 34 页。

② 魏杰：“30 年中国对外开放战略的变革——纪念改革开放 30 周年”，《理论前沿》，2008 年第 10 期，第 9—13 页。

欧以及港、澳、台地区市场的同时,有选择地积极开拓非传统但具有前景的新兴市场,如“金砖国家”和南美非洲新市场,在全球形成布局合理、层次分明、风险分散的多元化外贸格局。

其次,要优化进出口商品结构。一方面是要调整出口战略,促进对外贸易由重视数量型向重视质量型转变,提高外贸产品的质量和效益,积极塑造外贸企业品牌。在巩固中国传统的劳动密集型产品在国外市场地位的同时,通过给予税收优惠和倾斜等措施鼓励技术密集型产品的出口,扩大具有自主知识产权、自主品牌的产品和服务出口,提高加工贸易的产业层次并增强国内的配套能力。另一方面要重视进口贸易战略。进口贸易在满足国内市场需求的同时,对促进国内企业技术水平和管理理念也起着积极作用。要积极扩大进口,调整进口商品结构,扩大先进技术、关键设备及零部件的进口,着重引进先进技术、管理经验和高素质人才,做好引进技术的消化吸收和创新提高。要不断优化引进外资的结构,更好地把引进外资和提升国内产业结构、技术水平结合起来,和促进区域协调发展结合起来。

三、调整对外开放战略,促进人口优势向人力资源优势转化

在全球经济知识化和信息化时代,国与国、区域与区域之间的竞争归根结底是人才的竞争。较低的劳动力成本是中国对外开放参与全球竞争的比较优势所在,但是如果巨大的劳动力资源只停留在非熟练劳动力层次,不能向熟练劳动力提升和转换,竞争力将会逐渐下降。在新的发展阶段,中国对外开放战略调整,就是要以科学发展观为指导,在对外开放的过程中,通过发展教育、人员培训、国际交流与合作等多种方式推进人力资源的能力建设,促进我国人口优势转换为对外开放中的人力资源优势。①

特别是,中西部地区虽然人口众多,但人力资本开发和积累薄弱,甚至大量本地人才外流严重。新一轮国际国内产业转移中,国内外资本不断流向中西部地区,这些地区必须提升劳动力素质,才能突破吸收国际国内技术转移的瓶颈。针对新一轮国际国内产业转移的特点,国家应扩大对中西部落后地区的教育和培训资助的范围和力度,鼓励和支持社会力量介入以完善教育培训体系,加强高素质科技和管理人才的培养,以提高吸纳新一轮技术产业转移和服务业外包的能力,为发展开放型区域经济提供有力的

---

① 李安方:“科学发展观与中国对外开放战略的调整”,《现代经济探讨》,2005 年第 7 期,第 48—52 页。

人才支撑。另外,在对外开放深化过程中,还要求中国进一步优化国内的创业环境和人才激励机制,为外部引进人才在工作、创业营造良好的人居环境,建立人才培养、引进、成长的有效模式。

第二节　加强对中西部和东北地区的投入

一、加强中西部和东北地区增长极培育,带动区域经济发展

随着“十一五”规划和统筹区域发展战略的逐步落实,中央政府经过通盘考虑建立了一些战略性改革试验区,包括成渝城乡统筹改革试验区、武汉城市圈和长株潭城市群“两型”社会配套改革试验区、沈阳经济区国家新型工业化综合配套改革试验区、山西省国家资源型经济转型综合配套改革试验区,成为新一轮社会经济发展的助推器,中国区域经济已进入了一个黄金发展时期。但是,相对地域广大、人口众多的中西部和东北地区而言,这样的区域增长极数量还远远不够。

区域经济增长极理论和30年中国区域发展的经验都表明,在一定时期确立一些有条件的重点发展区域,集中给予该区域政策资源优势和大量投资支持,促使其尽快形成区域经济的增长极,从而带动和辐射其周边区域经济发展,这种策略是行之有效的。2009年以来,中国共有二十多个区域规划上升为国家发展战略,这些区域规划被赋予了不同的战略目标和定位,正在成为一种新的区域发展布点方式,改变着中国区域经济发展的格局。① 其中包括中西部地区的关中天水经济区、中原经济区和皖江城市带。

国家已经开始在中西部地区布局重要战略,应该在现有基础上大力培育西安、成都和重庆三个具有全国意义的都市经济区,作为西部参与全国和全球经济的主要网络节点;着力发展天山北麓经济带(乌鲁木齐城市群)等,使其成为西部经济的主要聚集地和增长极;扶持培育湖北省的武汉城市群和河南省的中原经济区,使其成为中部崛起的两大强有力增长极;积极推动东北地区的大连和哈尔滨等中心城市,丹东和满洲里等边贸城市的发展,使其成为区域经济增长极。②

---

①　杨龙、胡慧旋:“中国区域发展战略的调整及对府际关系的影响”,《南开学报(哲学社会科学版)》,2012年第2期,第35—47页。

②　于今:“中国区域发展回顾与展望”,《中国建设信息》,2008年第22期,第14—17页。

二、加大对欠发达地区的财政支持力度,促进公共服务均等化

不同区域之间的发展差异是一个客观存在的现实,它是由不同的自然条件、地理区位、发展历史、要素资源、经济基础、制度体系、文化背景等因素长期相互作用积淀形成,既有通过努力可以改变的一面,也有人为无法动摇的一面。基于这种客观存在,区域协调发展不是要求各个区域的经济总量必然相等,也不能简单地追求缩小人均地区生产总值的差异,而是必须注重缩小各区域之间基本公共服务的差距。应该把基本公共服务均等化作为缓解区域发展差异,从而推动经济社会协调发展的一种重要手段。

基本公共服务是最基本的生存权和发展权,它体现在人民应享受的教育、卫生、文化、就业、社会保障、生态环境、公共基础设施等领域的公共服务上。① 目前,东、中、西三大区域的人民在享受基本公共服务方面,还存在相当大的差距。为此,中央政府应该建立以促进基本公共服务均等化为目的的公共财政体系,加大对中西部欠发达地区的财政转移支付力度,提升欠发达地区的公共基础设施水平,使东、中、西部地区人民享有较为均等的公共服务机会和公共服务产品。

三、打破地方保护主义,促进区域间商品和要素合理流动

区域经济发展不仅取决于自然区位条件和比较成本优势,也取决于对可流动生产要素的吸纳和投入。目前,中国商品和生产要素跨区域的流动存在一种不合理的流动趋向,即基础性战略资源如能源资源由西向东单向流动,同时人力资源也大量向东部发达地区和城市聚集,但中西部地区生产的商品很难进入东部地区市场。这种不合理的商品和生产要素流动,反映出我国国内市场分割严重,地方狭隘保护主义盛行,这在客观上也加剧了区域之间发展的差距。

国际经验证明,培育更加开放自由的商品和要素市场,构建内部开放统一的大市场,通过商品和生产要素的合理流动减少不同区域之间的收入差距,是缩小区域经济发展差距行之有效的方法。中国市场目前还不具有充分的自由流动性,尤其是现行的户籍制度和地方行政保护,严格制约着劳动力和商品的自由流动。因此,要确实改革现行户籍制度,创造条件引导中西部劳力向产业相对集中的地区转移,充分发挥这些地区的劳动力承

① 李剑林:“我国区域发展战略的重大转型”,《中国社会科学院研究生院学报》,2008 年第 4 期,第 5—9 页。

载优势。同时,引导亟须的资金、技术等生产要素向中西部流动,增强中西部地区的经济基础。此外,还要打破地方保护主义,通过商品和要素的双向流动,可以促进区域协调发展,逐渐缩小发展差距。

第三节　欠发达区域适宜的区域经济发展策略

一、正确选择本地核心产业

产业发展是一切区域发展问题的核心,而本地核心产业的选择在其中尤为重要。从远期来看,选择的核心产业应具有较强的区域比较优势、市场竞争力和产业发展空间。通过培育本地核心产业,培养欠发达区域的经济组织与生产创新能力,从而带动本区域经济的增长。作为发展突破口的核心产业,首先要依据区域比较优势进行选取。只有充分利用区域比较优势,才能够增强核心产业与区域经济基础之间的联系,在带动本区域相关产业发展的同时,避免区域经济发展过程中出现"飞地"现象。①

当然,选择的核心产业并不能仅仅依靠本区域的初级资源优势参与竞争,必须同时具备一定的核心竞争优势②。在核心产业选择过程中,必须考虑该产业的核心竞争优势及其所能带来的社会效益,也就是说核心产业能够通过产业链关联带动本地其他产业的发展和区域综合效益的改善。基于此,欠发达地区在承接国内外发达地区的产业转移时,应该避免低层次、低关联、高污染的承接转移循环,通过核心产业促进区域自身经济增长能力的提升和区域产业结构的升级。

二、加强基础设施建设

基础设施建设和完善是区域发展的基础,其能够加速各要素区域间的流动,从而在有利于市场合理配置资源的同时促使当地发展观念的转变。基础设施短缺,尤其是落后地区运输和通信设施的短缺加剧了国内市场的分割,落后的交通条件和通信条件导致运输成本和信息沟通成本高企,降低了产品的竞争力和出口能力,限制了落后地区与国内和国际市场的融通,成为区域发展差距形成的重要原因。

---

① 薛白、邵帅:"差距、差异与科学发展观——欠发达区域发展战略选择的真实基础",《北方经济》,2007 年第 6 期,第 35—37 页。

② 所谓核心竞争优势是指产品生产过程中具有的其他区域短期内难以模仿的技术知识和管理能力,其并能通过创新不断加强这种优势的发挥。

因此,改善落后地区发展状况,应该从大力改善落后地区滞后的交通通信等基础设施着手。对于交通能源等大多数基础设施门类,应该与经济发展的需要相协调,保持适度较高的投资规模,奠定经济发展的良好基础;对于信息基础设施这样关系未来发展、代表技术进步方向的基础设施门类,应该适度超前发展,保障经济发展的潜力空间;对于水利、环保等严重滞后于经济发展的基础设施门类,应该加大投资力度,满足区域可持续发展的基本要求。①

三、完善区域制度环境

欠发达地区制度建设落后于经济发展,因此除硬件基础设施建设外,欠发达地区还要注重的是软基础设施的建设,为区域经济发展营造良好的制度环境。

首先,通过新的行政管理理念的引入,克服政府办事效率的低下、政府过度干预市场行为,建立鼓励生产和投资的灵活保障政策,提供充足透明的公共产品,实现制度的接轨与优化。其次,完善本地市场机制,具体包括促进价格机制、流通机制和竞争机制的完善,通过市场机制的作用对区域经济结构进行调节。最后,建立和完善本地诚信监控体系、知识产权保护制度以及人力资本制度,为所需人才在本地创业、创新、发展提供充分可靠的制度保障。

① 王任飞、王进杰:"基础设施与中国经济增长:基于 VAR 方法的研究",《世界经济》,2007 年第 3 期,第 13—20 页。

主要参考文献

1. Aguignier, P. (1988), "Regional Disparity Since 1978", in Feuchtwang, Sephen, Hussain, Athar and Pairault, Thierry, (Ed.), Transforming China's Economy in the Eighties: The Urban Sector, 2, pp. 93—106, London: Zed Books Ltd.

2. Alonso-Villar, O., (1999), "Spatial Distribution of Production and International Trade: A Note", Regional Science and Urban Economics, Vol. 29 (3), pp. 371—380.

3. Alcalá, F. and Ciccone, A., (2004), "Trade and Productivity", The Quarterly Journal of Economics, Vol. 119(2), pp. 612—645.

4. Altomonte, Carlo and Resmini, Laura, (2001), "Multinational Corporations as Catalyst for Industrial Development: The Case of Poland", William Davidson Institute Working Papers Series 368, William Davidson Institute at the University of Michigan.

5. Amiti, Mary, (1998), "Trade Liberalisation and the Location of Manufacturing Firms", The World Economy, Vol. 21(7), pp. 953—962.

6. Anderson, J. E. and Neary, P., (1994), "Measuring the Restriction of Trade Policy", World Bank Economic Review, Vol. 8(1), pp. 151—169.

7. Anselin, L., (1988), Spatial Econometrics: Methods and Models, Dordrecht: Kluwer Academic Publishers, The Netherlands.

8. Anselin, L. and Rey, S., (1991), "Properties of Tests for Spatial Dependence in Linear Regression Models", Geographical Analysis, Vol. 23, pp. 112—131.

9. Anselin, L. and Hudak, S., (1992), "Spatial Econometrics in Practice: A Review of Software Options", Regional Science and Urban Economics, Vol. 22, 509—536.

10. Anselin, L., (1995), "Local Indicators of Spatial Association—LISA", Geographical Analysis, Vol. 27(2), pp. 93—115.

11. Anselin, L. and Florax, R., (1995), "Small Sample Properties of Tests for Spatial Dependence in Regression Models: Some Further Results", in Anselin, L. and Florax, R. (Eds.) New Directions in Spatial Econometrics, pp. 21—74, Berlin: Springer-Verlag.

12. Anselin, L., (2003), "Spatial Externalities, Spatial Multipliers, and Spatial Econometrics", International Regional Science Review, 26, pp. 153—166.

13. Anselin, L., Kim, Y.-W., and Syabri, I., (2004), "Web-based Analytical tools for the Exploration of Spatial Data", Journal of Geographical Systems, 6: 197—218.

14. Arellano, M. , and Bond, S. ,(1991), "Some Tests of Specification for Panel Data: Monte Carlo Evidence and an Application to Employment Equations", Review of Economic Studies, Vol. 58(2), pp. 277—297.

15. Audretsch, David B. , and Feldman, Maryann P. ,(1996), "R&D Spillovers and the Geography of Innovation and Production", The American Economic Review, Vol 86 (3), pp. 630—640.

16. Azzoni, C. R. ,(2001), "Economic Growth and Income Inequality in Brazil", Annals of Regional Science, Vol. 31(1), pp. 133—152.

17. Balassa, B. (1985), "Exports, Policy Choices, and Economic Growth in Developing Countries after the 1973 Oil Shock", Journal of Development Economics, Vol. 18(2), pp. 22—35.

18. Baldwin, Richard and Forslid, Rikard, (1997), "The Core-Periphery Model and Endogenous Growth," CEPR Discussion Papers No. 1749, C. E. P. R. Discussion Papers.

19. Baldwin, Richard E. and Forslid, Rikard, (2000), "Trade Liberalisation and Endogenous Growth: A q-theory Approach", Journal of International Economics, Vol. 50(2), pp. 497—517.

20. Baltagi, B. H. , (2001), Econometric Analysis of Panel Data, 2nd edition Chichester, UK: Wiley.

21. Barro, Robert J. ,(1991), "Economic Growth in a Cross Section of Countries", Quarterly Journal of Economics, Vol. 106, No. 2, pp. 407—443.

22. Barro, Robert J. and Lee J. W. , (1993), "International Comparison of Educational Attainment", Journal of Monetary Economics, Vol. 32, No. 3, pp. 363—394.

23. Barro, Robert J. and Lee J W. , (1994), "Sources of Economic Growth", Carnegie-Rochester Conference Series on Public Policy, 40, pp. 1—46.

24. Barro, Robert J. and Xavier Sala-i-Martin, (1995), Economic Growth, New York: McGraw Hill.

25. Barro, Robert J. (1997), "Determinants of Economic Growth: A Cross-Country Empirical Study", Lionel Robbins Lectures, Cambridge :The MIT Press, MA.

26. Barry, Ronald P. and Pace, R. Kelley. (1999) , "Monte Carlo Estimates of the Log Determinant of Large Sparse Matrices", Linear Algebra and its Applications, 289, pp. 41—54.

27. Baumol, William J. , (1986), "Productivity Growth, Convergence, and Welfare: What the Long-run Data Show", American Economic Review, Vol. 76 (5), pp. 1072—1085.

28. Benhabib, Jess and Spiegel, Mark (1994), "The Role of Human Capital in Economic Development: Evidence from Aggregate Cross-Country Data", Journal of Monetary Economics, Vol. 34, No. 2, pp. 143—173.

29. Benhabib, Jess and Spiegel, Mark (2003), "Human Capital and Technology Dif-

fusion", FRB of San Francisco Working Paper, No. 2003—02.

30. Blundell, R., and Bond, S., (1998), "Initial Conditions and Moment Restrictions in Dynamic Panel Data Models", Journal of Econometrics, Vol. 87, pp. 115—143.

31. Blundell, R., Bond, S., and Windmeijer, F., (2000), "Estimation in Dynamic Panel Data Models: Improving on the Performance of the Standard GMM Estimator", IFS Working Papers W00/12, Institute for Fiscal Studies.

32. Bond, S., Hoeffler, A., and Temple, J., (2001), "GMM Estimation of Empirical Growth Models", Economic Papers, W21. Nuffield College, University of Oxford.

33. Bourguignon, François, and Morrisson, Christian., (2002), "Inequality Among World Citizens: 1820—1992 " ,American Economic Review, Vol. 92(4),pp. 727—744.

34. Borjas, G., R. Freeman and L. Katz, (1992), "On the Labor Market Effects of Immigration and Trade", in G. Borjas and R. Freeman (eds), Immigration and the Work Force, Chicago: Chicago University Press, pp. 213—244.

35. Boudeville, J. R, (1966), Problems of Regional Economic Planning, Edinburgh : Edinburgh University Press.

36. Brander, J. A. and Spencer, B. J, (1985), "Export Subsidies and International Market Share Rivalry", Journal of International Economics, Vol. 18, pp. 83—100.

37. Braumoeller, Bear F., (2004), "Hypothesis Testing and Multiplicative Interaction Terms", International Organization, Vol. 58(04), pp. 807—820.

38. Brambor, T., Clark W. and Golder M., (2006), "Understanding Interaction Models: Improving Empirical Analyses", Political Analysis, Vol. 14(1), pp. 63—82.

39. Caselli, F., Esquivel, G., and Lefort, F., (1996), "Reopening the Convergence Debate: A New Look at Cross-Country Growth Empirics", Journal of Economic Growth, Vol. 1(3), pp. 363—389.

40. Charles, D. S. (2003), "The Measurement of Trade Openness", From Florida State University College of Social Sciences, A dissertation for the degree of Doctor of Philosophy, UMI Number:3098401.

41. Chen J, and Fleisher, B. M., (1996), "Regional Income Inequality and Economic Growth in China", Journal of Comparative Economics, Vol. 22, pp. 141—164.

42. Connolly, Michelle. (2003), "The Dual Nature of Trade: Measuring its Impact on Imitation and Growth", Journal of Development Economics, Vol. 72, pp. 31—55.

43. Connolly, Michelle. (2004), "Human Capital in the Post-Bellum South: A Separate but Unequal Story", Journal of Economic History, Vol. 64, 2: 363—399.

44. Cui Fan, (2003), "Geographic Location and Regional Income Inequality in China", Preliminary Research Report, Marco Schonborn(LSE).

45. Cuadrado, Roura and Juan Ramón. (2001), "Regional convergence in the European Union: From hypothesis to the actual trends", The Annals of Regional Science, Vol. 35, pp. 333—356.

46. David S. Landes, (1998), The Wealth and Poverty of Nations: Why Some Are So Rich and Some So Poor, New York : W. W. Norton & Company, 1 edition.

47. De Hoyos, Rafael E. and Sarafidis, Vasilis, (2006), "Testing for Cross-sectional Dependence in Panel-data Models", Stata Journal, Vol. 6(4), pp. 482—496.

48. Dollar, D., (1992)," Outward-oriented Developing Economies Really do Grow More Rapidly: Evidence from 95 LDCs, 1976—1985", Economic Development and Cultural Change, pp. 523—544.

49. Dollar, D. and Kraay, Aart, (2002), "Growth Is Good for the Poor", Journal of Economic Growth, Vol. 7(3), pp. 195—225.

50. Dollar, D. and Kraay, Aart, (2004), "Trade, Growth, and Poverty", The Economic Journal, Vol. 114(493), pp. F22—F49.

51. Dornbusch R., Fischer S. and Samuelson, P. A. (1977), "Comparative Advantage, Trade, and Payments in a Ricardian Model with a Continuum of Goods", American Economic Review, Vol. 67, No. 5, pp. 823—839.

52. Duranton, G. and Monastitiotis, V. (2002), "Mind the Gaps: The Evolution of Regional Earnings Inequalities in the U. K. 1983—1997", Journal of Regional Science, Vol. 42, pp. 219—256.

53. Edwards, S. (1992), "Trade Orientation, Distortions and Growth in Developing Countries", Journal of Development Economics, Vol. 39(1), pp. 31—57.

54. Edwards, S. (1998), "Openness, Productivity and Growth: What Do We Really Know?", Economic Journal, Vol. 108, pp. 383—398.

55. Elhorst, J. P., (2003), "Specification and Estimation of Spatial Panel Data Models", International Regional Sciences Review, Vol. 26, pp. 244—268.

56. Elhorst, J. P., (2005), "Unconditional Maximum Likelihood Estimation of Linear and Log-Linear Dynamic Models for Spatial Panels", Geographical Analysis, Vol. 37, pp. 85—106.

57. Esquivel, G. and Messmancher, M. (2003), "Sources of Regional non Convergence in Mexico", IBRD mimeo, Chief Economist Office for Latin America, Washington D. C.

58. Ethier, Wilfred J. (1982), "National and International Returns to Scale in the Modern Theory of International Trade", American Economic Review, Vol. 72, No. 3, pp. 389—405.

59. Fedorov, Leonid. (2002), "Regional Inequality and Regional polarization in Russia, 1990—99", World Development, Vol. 30, No. 3, pp. 443—456.

60. Ferranti, et al., (2005), "Beyond the City: The Rural Contribution to Development", World Bank, Washington, D. C.

61. Feyrer, James. (2007), " Demographics and Productivity", The Review of Economics and Statistics, Vol. 89(1), pp. 100—109.

62. Friedman, J. , (1972), "A General Theory of Polarized Development", in N. M. Hansen , ed. , Growth Centers in Regional Economic Development, New York: The Free Press.

63. Fujita, M. and Hu, Depand. , (2001), "Regional Disparity in China 1985—1994: The Effects of Globalization and Economic liberalization", The Annals of Regional Science, Vol. 35, pp. 3—35.

64. Fuchs, R. J. and Pernia, E. M. , (1987), "External Economic Forces and National Spatial Development: Japanese Direct Investment in Pacific Asia", Urbanization and urban policies in Pacific Asia, pp. 88—111.

65. Gaetano, C, Mauro, L. , (2002), "The Convergence of the Italian Regions and Unemployment: Theory and Evidence", Journal of Regional Science, Vol. 42, pp. 509—532.

66. Glassman, I. (2002), "Does Trade Cause Inequality?", Journal of Politics & Society, Vol. XIII, pp. 59—60.

67. Goodchild, M. , Anselin, L. and Applebaum, R. , (2000), "Towards a Spatially Integrated Social Science", International Regional Science Review, Vol. 23 (1), pp. 139—159.

68. Gries, Thomas, and Naude , Wim, (2008), "Trade and Endogenous Formation of Regions in a Developing Country", Review of Development Economics, Vol. 12(2), pp. 248—275.

69. Haaparanta, P. (1998), "Regional Concentration, Trade, and Welfare", Regional Science and Urban Economics, Vol. 28, pp. 445—463.

70. Hansen, N. M. , (1965) , "Unbalanced Growth and Regional Development", Economic Inquiry, Vol 4(1), pp. 3—14.

71. Hanson, G. H. , (1998), "North American Economic Integration and Industry Location", Oxford Review of Economic Policy, Vol. 14(2), pp. 30—44.

72. Hanson, G. H. , (2001), "Scale Economies and the Geographic Concentration of Industry", Journal of Economic Geography, Vol. 1, pp. 255—276.

73. Harrison, A. , (1996), "Openness and Growth: A Time-series, Cross-country Analysis for Developing Countries", Journal of Development Economics, Vol. 48 (2), pp. 419—447.

74. Hermansen, T. , (1972), "Development Poles and Related Theories: A Synoptic Review", in N. M. Hansen , ed. , Growth Centers in Regional Economic Development, New York: The Free Press.

75. Hirschman, A. O. , (1958), The Strategy of Economic Development, New Haven: Yale University Press.

76. Hu, Depang. , (2002), "Trade, Rural-urban Migration, and Regional Income Disparity in Developing Countries: A Spatial General Equilibrium Model Inspired by the Case of

China", Regional Science and Urban Economics, Vol. 32, pp. 311—338.

77. Iranzo, Susana, and Giovanni Peri, (2006), "Schooling Externalities, Technology and Productivity: Theory and Evidence from U. S. States", NBER Working Paper, No. 12440.

78. Islam, Nazrul, (1995), "Growth Empirics: A Panel Data Approach", Quarterly Journal of Economics, Vol. 110(4), pp. 1127—1170.

79. Jian, T. L., Sachs, J., and Warner, A., (1996), "Trends in Regional Inequality in China", China Economy Review, Vol. 7(1), pp. 1—21.

80. Kanbur, Ravi, and Xiaobo Zhang, (1999), "Which Regional Inequality? The Evolution of Rural-Urban and Inland-Coastal Inequality in China from 1983 to 1995", Journal of Comparative Economics, Vol. 27, pp. 686—701.

81. Kanbur, Ravi, Venables Anthony and Guanghuan Wan. (2005), "Introduction to a Special Issue: Spatial Inequality and Development in Asia", Review of Development Economics, Vol. 9 (1), pp. 1—5.

82. Kanbur, Ravi and Zhang, Xiaobo, (2005), "Fifty Years of Regional Inequality in China: A Journey through entral Planning, Reform and Openness", Review of Development Economics , Vol. 9 (1), pp. 87—106.

83. Kelejian, H. H. and Prucha, I. R., (1999), "A Generalized Moments Estimator for the Autoregressive Parameter in a Spatial Model" , International Economic Review, Vol. 40, pp. 509—533.

84. Keller, W., (1996), "Absorptive Capacity: On the Creation and Acquisition of Technology in Development", Journal of Development Economics, Vol. 49, pp. 199—227.

85. Krueger, Alan B. and Lindahl, Mikael, (2001), "Education for Growth: Why and for Whom?", Journal of Economic Literature, vol. 39(4), pp. 1101—1136.

86. Krugman, Paul, (1991a), "History and Location: The Case of the Manufacturing Belt", American Economic Review, Vol. 81, pp. 80—83.

87. Krugman, Paul, (1991b), "Increasing Returns and Economic Geography", Journal of Political Economy, Vol. 99, pp. 483—499.

88. Krugman, Paul and Venables, Anthony, (1990), "Integration and the Competitiveness of Peripheral Industry", in Christopher Bliss and Jorge Braga de Macedo (Eds.), Unity with Diversity in the European Community, Cambridge University Press, Cambridge, Massachussets.

89. Krugman, Paul R. and A. J. Venables (1995), "Globalization and the Inequality of Nations", Quarterly Journal of Economics, vol. 110, pp. 857—880.

90. Krugman, Paul and Raúl Livas Elizondo, (1996), "Trade Policy and the Third World Metropolis", Journal of Development Economics, Vol. 49(1), pp. 137—150.

91. Kuznets, Simon. (1955), "Economic Growth and Income Inequality", American Economic Review, Vol. 451, pp. 1—28.

92. Lange, A. (2004) , Uneven Regional Development: The European Union and its New Member States, Germany: Lit Verlag Munster.

93. Leamer, E. (1988), "Measures of openness", in R. Baldwin (Eds.), Trade policy and Empirical Analysis, pp. 147—204 ,Chicago :The University of Chicago Press.

94. LeSage,J. ,(1999),The Theory and Practice of Spatial Econometrics, The Web Book of Regional Science.

95. LeSage,J. and Pace ,R. K. ,(2009),Introduction to Spatial Econometrics,Boca Raton: Chapman & Hall/CRC,Taylor & Francis Group.

96. Levine, R. , and Renelt, D. (1992), "A Sensitivity Analysis of Cross-country Growth Regressions", American Economic Review, Vol. 82, pp. 942—963.

97. Lucas, Robert E. (1988), "On the Mechanics of Economic Development", Journal of Monetary Economics, Vol. 22(1), pp. 3—42.

98. Lucas, Robert E. (1990), "Why Doesn't Capital Flow from Rich to Poor Countries?", American Economic Review, Vol. 80,pp. 92—96.

99. Lundberg, M. and Squire, L. (2003), "The Simultaneous Evolution of Growth and Inequality", Economic Journal, Vol. 113, pp. 326—344.

100. Lyons, Thomas. (1991), "Interprovincial Disparities in China: Output and Consumption, 1952—1987", Economic Development Cultural Change,Vol. 39, pp. 471—506.

101. Mankiw, N. Gregory, Romer, David, and Weil, David N. ,(1992), "A Contribution to the Empirics of Economic Growth", Quarterly Journal of Economics, Vol. 107 (2), pp. 407—437.

102. Mansori, K. (2003), " The Geographic Effects of Trade Liberalization with Increasing Returns in Transportation", Journal of Regional Science, Vol. 43, pp. 249—268.

103. Markusen, Ann and Clelio Campolina Diniz. (2005), "Differential Regional Competitiveness: Opportunities and Constraints", in Paolo Giordano, Francesco Lanzafame and Jorge Meyer Stamer, Eds. , Asymmetries in Regional Integration and Local Development, Washington, DC: Inter-American Development Bank.

104. Michaely, Michael, Papageorgiou D. and Choksi Armine M. , (1991), Liberalizing Foreign Trade: Lessons of Experience in the Developing World, Oxford: Basil Blackwell.

105. Midelfart-Knarvik, K. H. ,Overman, H. G. , Redding, S. J. , and Venables, A. J. , (2000), "The Location of European Industry", Economic Papers No. 142, European Commission.

106. Myrdal, Gunnar, (1971 [1957]), Economic Theory and Underdeveloped Regions, New York :Harper & Row.

107. Neary, J. Peter, (2001), "Of Hype and Hyperbolas: Introducing the New Economic Geography", Journal of Economic Literature, Vol. 39(2), pp. 536—561.

108. Nelson, R. R. and Phelps, Edmond. (1966), "Investment in Humans, Techno-

logical Diffusion, and Economic Growth", American Economic Review , Vol. 56, pp. 67—75.

109. Nicholas, G. (2006), "How Does Trade Affect Regional Disparities?", World Development, Vol. 34, No. 7, pp. 1201—1203.

110. Nijkamp, P. and Poot J., (1998), "Spatial perspectives on new theories of economic growth", The Annals of Regional Science, Vol. 32(2), pp. 7—37.

111. Noguer, Marta and Siscart, Marc, (2005), "Trade Raises Income: A Precise and Robust Result", Journal of International Economics, Vol. 65(2), pp. 447—460.

112. Noorbakhsh, F. (2003), "Spatial Inequality and Polarisation in India", CREDIT Research Paper, No. 03/16, University of Nottingham, UK.

113. Ottaviano, Gianmarco I. P., (2001), "Monopolistic Competition, Trade, and Endogenous Spatial Fluctuations", Regional Science and Urban Economics, Vol. 31(1), pp. 51—77.

114. Paluzie, E. (2001), "Trade Policy and Regional Inequalities", Papers in Regional Science, Vol. 80, pp. 67—85.

115. Patrick, L., Marcelo, O. and Javier, S., (1998), "Does Globalization Cause a Higher Concentration of International Trade and Investment Flow?", WTO Working Paper, No. 8.

116. Pernia, Ernesto M., and Quising, Pilipinas F. (2003), "Economic Openness and Regional Development in the Philippines", ERD Working Paper Series, NO. 34 , Asian Development Bank.

117. Perroux, F. (1950): "Economic Space: Theory and Application", Quarterly Journal of Economics, Vol. 64, PP. 89—104.

118. Pritchett, L. (1996), "Measuring outward Orientation in LDCs: Can it be Done?", Journal of Development Economics, Vol. 49, pp. 307—335.

119. Pritchett, L. (2001), "Where Has All the Education Gone?", The World Bank Economic Review, vol. 15, No. 3, pp367—391.

120. Puga, Diego and Venables, Anthony J., (1996), "The Spread of Industry: Spatial Agglomeration in Economic Development", Journal of the Japanese and International Economies, Vol. 10(4), pp. 440—464.

121. Puga, Diego. (1999), "The Rise and Fall of Regional Inequalities", European Economic Review, Vol. 43, pp. 303—334.

122. Puga, Diego. (2002), "European Regional Policies in Light of Recent Location Theories", Journal of Economic Geography, Vol. 2, pp. 373—406.

123. Rey, Sergio J., and Mark V. Janikas., (2005), "Regional Convergence, Inequality, and Space", Journal of Economic Geography, Vol. 5(2). pp. 155—176.

124. Rivera-Batiz, Luis A. and Xie, Danyang, (1993), "Integration among Unequals", Regional Science and Urban Economics, Vol. 23(3), pp. 337—354.

125. Rodriguez, F. and Rodrik, D. (2001), "Trade Policy and Economic Growth: A Skeptic's Guide to the Cross-national Evidence", in Bernanke, B. S. and Rogoff, K. (Eds.), NBER Macroeconomics Annual 2000, Cambridge: MIT Press.

126. Rodriguez Oreggia, Eduardo. (2005), "Regional Disparities and Determinants of Growth in Mexico", Annals of Regional Science, Vol. 39(2), pp. 207—220.

127. Rodríguez-Pose, Andrés and Sánchez-Reaza, Javier. (2005), "Economic Polarization Through Trade: Trade Liberalization and Regional Growth in Mexico", in Kanbur, Ravi and Venables, Anthony J., (eds.), Spatial Inequality and Development, Oxford: Oxford University Press, pp. 237—259.

128. Roodman, David, (2006), "How to Do xtabond2: An Introduction to 'Difference' and 'System' GMM in Stata", Working Papers 103, Center for Global Development.

129. Romer, Paul M., (1986), "Increasing Returns and Long-run Growth", Journal of Political Economy, Vol. 94(5), Pp. 1002—1037.

130. Romer, Paul M., (1990), "Endogenous Technology Change", Journal of Political Economy, Vol. 98(5), pp. S71—S102.

131. Sachs, J., and A. Warner, (1995), "Economic Reform and the Process of Global Integration", Brookings Papers of Economic Activity, 1, pp. 1—118.

132. Schultz, T. W., (1975), "Erratum to: Economics of the Family: Marriage, Children and Human Capital", Demography, Vol. 12(4), pp. 679—679.

133. Smirnov, Oleg and Anselin, Luc, (2001), "Fast Maximum Likelihood Estimation of Very Large Spatial Autoregressive Models: A Characteristic Polynomial Approach", Computational Statistics & Data Analysis, Vol. 35(3), pp. 301—319.

134. Squalli, Jay and Wilson, Kenneth, (2011), "A New Measure of Trade Openness", The World Economy, Vol. 34(10), pp. 1745—1770.

135. Stewart, W., (1999), "Institutional Quality and Its Effect on Trade: An Empirical Analysis", UBC Economic Honors Thesis.

136. Tobler, W., (1970), "A Computer Movie Simulating Urban Growth in the Detroit region", Economic Geography, Vol. 46(2), pp. 234—240.

137. Tsui K. Y., (1998), "Factor Decomposition of Chinese Rural Inequality: New Methodology, Empirical Findings and Policy Implications", Journal of Comparative Economics, Vol. 26, pp. 502—528.

138. Wacziarg, Romain, (2001), "Measuring the Dynamic Gains from Trade", The World Bank Economic Review, Vol. 15 (3), pp. 393—429.

139. Wacziarg, Romain and Welch, Karen Horn, (2008), "Trade Liberalization and Growth: New Evidence", World Bank Economic Review, Vol. 22(2), pp. 187—231.

140. Webber, M., Weller, S., (2001), "Trade and Inequality: Australia's Textile, Clothing, and Footwear Industries, 1986—1996", Journal of Economic Geography, Vol. 1, pp. 381—403.

141. Wei, S. and Y. Wu(2003), "Globalization and Inequality: Evidence from Within China", NBER Working Paper ,No. 8611,Cambridg,MA.

142. Wen, M., (2004), "Relocation and Agglomeration of Chinese Industry", Journal of Development Economics, Vol. 73(1), pp. 329—347.

143. Williamson, J. G. (1965), "Regional Inequality and the Process of National Development: A Description of the Patterns", Economic Development and Cultural Change, Vol. 13, pp. 3—45.

144. Wolf, Holger, (1993), "Trade Orientation: Measurement and Consequences", Estudios de Economia, Vol. 20, pp. 52—72.

145. World Bank (2000—2007), World Development Indicators, World Bank, Washington, DC.

146. Yao, S., A. Liu and Z. Zhang, (2001), "Convergence of China's Regional Incomes: 1952—97", China Economic Review, Vol. 12, pp. 243—258.

100. Yang, D., (1990), "Patterns of China's Regional Development Strategy", The China Quarterly, No. 122, pp. 230—257.

101. Yanikkaya, H., (2003), "Trade Openness and Economic Growth: A Cross-Country Empirical Investigation", Journal of Development Economics, Vol. 72(1), pp. 57—89.

102. Ying, L. G., (1999), "China's Changing Regional Disparities during the Reform Period", Economic Geography, Vol. 75(1), pp. 59—70.

103. Young, Alwyn., (1991), "Learning by Doing and the Dynamics Effect of International Trade", The Quarterly Journal of Economics, Vol. 106, pp. 369—405.

104. Zheng, F., Xu, L. and Tang, B., (2000), "Forecasting Regional Income Inequality in China", European Journal of Operational Research, Vol. 124(2), pp. 243—254.

105. 安虎森:《空间经济学原理》,北京:经济科学出版社,2005 年。

106. 包群、许和连、赖明勇:《贸易开放度与经济增长:理论及中国的经验研究》,《世界经济》,2003 年第 2 期,第 10—18 页。

105. 包群:《贸易开放与经济增长:只是线性关系吗》,《世界经济》,2008 年第 9 期,第 3—17 页。

106. 白永秀、任保平:《区域经济理论的演化及其发展趋势》,《经济评论》,2007 年第 1 期,第 124—130 页。

107. 蔡昉、都阳:《区域差距、趋同与西部开发》,《中国工业经济》,2001 年第 2 期,第 48—54 页。

108. 陈家勤等:《当代国际贸易新理论》,北京:经济科学出版社,2000 年。

109. 陈良文、杨开忠:《我国区域经济差异变动的原因:一个要素流动和集聚经济的视角》,《当代经济科学》,2007 年第 3 期,第 35—43 页。

110. 陈宣庆、张可云:《统筹区域发展的战略问题与政策研究》,北京:中国市场出版社,2006 年。

111. 陈秀山、张可云：《区域经济理论》，北京：商务印书馆，2003 年。

112. 陈钊、陆铭、金煜：《中国人力资本和教育发展的区域差异：对于面板数据的估算》，《世界经济》，2004 年第 12 期，第 25—31 页。

113. 大卫·李嘉图：《政治经济学及赋税原理》，北京：商务印书馆，1962 年。

114. 丹尼·罗德瑞克：《让开放发挥作用——新的全球经济和发展中国家》，北京：中国发展出版社，2000 年。

115. 邓翔：《中国地区差距的分解及其启示》，《四川大学学报（哲学社会科学版）》，2002 年第 2 期，第 31—36 页。

116. 《邓小平文选第三卷》，北京：人民出版社，1993 年。

117. 段英、冯宗宪：《试论有效保护率理论在我国关税减让中的应用》，《经济问题》，1998 年第 9 期，第 55—58 页。

118. 俄林：《地区间贸易与国际贸易》，王继祖等译，北京：商务印书馆，1986 年。

119. 樊纲、王小鲁、张立文、朱恒鹏：《中国各地区市场化相对进程报告》，《经济研究》，2003 年第 3 期，第 9—19 页。

120. 范剑勇、朱国林：《中国地区差距演变及其结构分解》，《管理世界》，2002 年第 7 期，第 37—44 页。

121. 范剑勇：《产业集聚与中国地区差距研究》，上海：格致出版社：上海人民出版社，2008 年。

122. 方芳、钱勇、柳士强：《我国农业基础设施投资的实证分析》，《财经研究》，2004 年第 2 期，第 76—89 页。

123. 冯星光、张晓静：《基于广义熵的地区差距侧度与分解》，《统计与信息论坛》，2005 年第 4 期，第 24—29 页。

124. 冯之浚：《区域经济发展战略研究》，北京：经济科学出版社，2002 年。

125. 傅晓霞、吴利学：《全要素生产率在中国地区差异中的贡献：兼与彭国华和李静等商榷》，《世界经济》，2006 年第 9 期，第 12—22 页。

126. 高小红、周茂荣：《贸易开放度测度研究述评》，《经济评论》，2008 年第 6 期，第 145—150 页。

127. 高新才：《与时俱进：中国区域发展战略的嬗变》，《兰州大学学报（社会科学版）》，2008 年第 3 期，第 2—17 页。

128. 干春晖，郑若谷：《改革开放以来产业结构演进与生产率增长研究——对中国 1978—2007 年“结构红利假说”的检验》，《中国工业经济》，2009 第 2 期，第 55—65 页。

129. 郭金龙、王宏伟：《中国区域间资本流动与区域经济差距研究》，《管理世界》，2003 年第 7 期，第 45—58 页。

130. 郭庆旺、贾俊雪：《基础设施投资的经济增长效应》，《经济理论与经济管理》，2006 年第 3 期，第 36—41 页。

131. 郭玉清、杨栋：《人力资本门槛、创新互动能力与低发展陷阱——对 1990 年以来中国地区经济差距的实证检验》，《财经研究》，2007 年第 6 期，第 77—89 页。

132. 何江,张馨之:《中国区域经济增长及其收敛性:空间面板数据分析》,《南方经济》,2006年第5期,第44—52页。

133. 何莉:《中国地区经济增长差距中的对外贸易因素研究》,北京:经济科学出版社,2011年。

134. 何璋、覃东海:《开放程度与收入分配不平等问题——以中国为例》,《世界经济研究》,2003年第2期,第38—43页。

135. 贺灿飞、梁进社:《中国区域经济差异的时空变化:全球化、市场化与城市化》,《管理世界》,2004年第8期,第8—17页。

136. 胡乃武、张可云:《统筹中国区域发展问题研究》,《经济理论与经济管理》,2004年第1期,第5—10页。

137. 胡兆量:《中国区域发展导论》,北京:北京大学出版社,2000年。

138. 江激宇:《产业集聚与区域经济增长》,北京:经济科学出版社,2006年。

139. 金相郁:《中国区域发展差距格式实证研究》,《地域研究与开发》,2005年第1期,第1—5页。

140. 金相郁、武 鹏:《中国区域经济发展差距的趋势及其特征——基于GDP修正后的数据》,《南开经济研究》,2010年第1期,第79—96页。

141. 金哲松、李军:《中国对外贸易增长与经济发展——改革开放三十周年回顾与展望》,北京:中国人民大学出版社,2008年。

142. 鞠晴江、庞敏:《基础设施对农村经济发展的作用机制分析》,《经济体制改革》,2005年第7期,第89—92页。

143. 李国平、许扬:《梯度理论的发展及其意义》,《经济学家》,2002年第4期,第69—75页。

144. 李国平、范红忠:《生产集中、人口分布与地区经济差异》,《经济研究》,2003年第11期,第79—88页。

145. 李会宁、叶民强:《我国东中西部三地区经济发展差距分析》,《经济问题探索》,2006年第2期,第6—13页。

146. 李坤望:《改革开放三十年来中国对外贸易发展评述》,《经济社会体制比较》,2008年4期,第35—41页。

147. 李剑林:《我国区域发展战略的重大转型》,《中国社会科学院研究生院学报》,2008年第4期,第5—9页。

148. 李仁贵:《西方区域发展理论的主要流派及其演进》,《经济评论》,2005年第6期,第57—62页。

149. 李文陆、张正河、王英辉:《我国东中西部地区经济"S形"发展差距态势的实证分析》,《技术经济》,2007年第3期,第88—92页。

150. 李小建、乔家君:《20世纪90年代中国县际经济差异的空间分析》,《地理学报》,2001年第2期,第136—145页。

151. 李勇、仇恒喜:《对外贸易对我国产业结构的影响分析》,《财贸研究》,2007年第1期,第149—150页。

152. 梁琦:《空间经济学:过去、现在与未来—兼评〈空间经济学:城市、区域与国际贸易〉》,《经济学》(季刊),2005 年第 4 卷,第 1067—1086 页。

153. 林毅夫、蔡昉、李周:《中国经济转轨时期的地区差距分析》,《经济研究》,1998 年第 6 期,第 3—10 页。

154. 林毅夫、刘培林:《中国的经济发展战略与地区收入差距》,《经济研究》,2003 年第 3 期,第 19—25 页。

155. 刘厚俊等:《国际贸易新发展:理论、政策、实践》,北京:科学出版社,2003 年。

156. 刘伦武:《农业基础设施发展与农村经济增长的动态关系》,《财经科学》,2006 年第 10 期,第 91—98 页。

157. 刘夏明、魏英琪、李国平:《收敛还是发散?——中国区域经济发展争论的文献综述》,《经济研究》,2004 年第 7 期,第 70—81 页。

158. 刘晓君、辛贤、毛学峰:《贫困地区农村基础设施投资对农户收入和支出的影响》,《中国农村观察》,2003 年第 1 期。

159. 刘旭华、王劲峰:《空间权重矩阵的生成方法与实验》,《地球信息科学》,2002 年第 2 期,第 38—44 页。

160. 刘旭华、王劲峰、孟斌:《中国区域经济时空动态不平衡发展分析》,《地理研究》,2004 年第 4 期,第 530—540 页。

161. 隆国强主编:《区域开放新战略》,北京:中国发展出版社,2010 年。

162. 陆铭:《经济开放、地区差距与市场分割》,《世界经济研究》,2007 年第 2 期,第 78—79 页。

163. 门洪华:《对中国对外开放战略的若干思考》,《开放导报》,2008 年第 3 期,第 17—23 页。

164. 孟斌等:《基于空间分析方法的中国区域差异研究》,《 地理科学》,2005 年第 4 期,第 393—400 页。

165. 赖肖尔:《近代日本新观》,上海:三联书店,1992 年版。

166. 诺斯:《制度、制度变迁与经济绩效》,上海:三联书店,1994 年。

167. 聂华林、马红翰:《中国区域经济格局与发展战略》,北京:中国社会科学出版社,2009 年。

168. 鲁凤、徐建华:《中国区域经济差异的空间统计分析》,《华东师范大学学报(自然科学版)》,2007 年第 2 期,第 44—52 页。

169. 裴长洪、彭磊:《对外贸易依存度与现阶段我国贸易战略调整》,《财贸经济》,2006 年第 4 期,第 3—8 页。

170. 钱方明:《开放与区域经济发展——兼对江浙模式的应用分析》,北京:人民出版社,2006 年。

171. 覃成林:《中国区域经济增长分异与趋同》,北京:科学出版社,2008 年。

172. 沈利生:《论外贸依存度——兼论计算外贸依存度的新公式》,《数量经济技术经济研究》,2005 年第 7 期,第 15—24 页。

173. 沈坤荣、耿强:《外国直接投资、技术外溢与内生经济增长》,《中国社会科学》,2001 年第 5 期,第 82—93 页。

174. 沈坤荣、马俊:《中国经济增长的“俱乐部收敛”特征及其成因研究》,《经济研究》,2002 年第 1 期,第 33—39 页。

175. 石磊、高帆:《地区经济差距:一个基于经济结构转变的实证研究》,《管理世界》,2006 年第 5 期,第 35—44 页。

176. 世界银行:《1994 年世界发展报告:为发展提供基础设施》,北京:中国财政经济出版社,1994 年,中译本。

177. 世界银行:《2009 年世界发展报告:重塑世界经济地理》,北京:清华大学出版社,2009 年,中译本。

178.《十五大以来重要文献选编》,北京:中央文献出版社,2003 年。

179. 孙翠兰:《梯度理论及其在我国中部崛起战略实践中的综合应用》,《晋阳学刊》,2006 年第 3 期,第 54—57 页。

180. 施祖麟:《区域经济发展:理论与实证》,北京:社会科学文献出版社,2007 年。

181. 谭崇台:《发展经济学》,太原:山西经济出版社,2001 年。

182. 唐纳德·B. 基辛:《发展中国家的贸易政策》,北京:中国财政经济出版社,1986 年版。

183. 藤田昌久,保罗·克鲁格曼,维纳布尔斯:《空间经济学:城市、区域与国际贸易》,北京:中国人民大学出版社,2005 年。

184. 万广华、陆铭、陈钊:《全球化与地区间收入差距:来自中国的证据》,《中国社会科学》,2005 年第 3 期,第 17—26 页。

185. 汪长江、赵珍:《长江三角洲经济发展的差距分析与根源探究》,《浙江海洋学院学报(人文科学版)》,2006 年第 3 期,第 25—35 页。

186. 王火根、沈利生:《中国经济增长与能源消费空间面板分析》,《数量经济技术经济研究》,2007 年第 12 期,第 98—108 页。

187. 王桂新等:《中国省际人口迁移对区域经济发展作用》,《复旦学报(社会科学版)》,2005 年第 3 期,第 148—161 页。

188. 王任飞、王进杰:《基础设施与中国经济增长:基于 VAR 方法的研究》,《世界经济》,2007 年第 3 期,第 13—20 页。

189. 王小鲁、樊纲:《中国地区差距的变动趋势和影响因素》,《经济研究》,2004 年第 1 期,第 33—44 页。

190. 王远飞、何洪林:《空间数据分析方法》,北京:科学出版社,2007 年。

191. 魏后凯:《中国地区间居民收入差异及其分解》,《经济研究》,1996 年第 11 期,第 66—73 页。

192. 魏后凯、刘楷等:《中国地区发展:经济增长、制度变迁与地区差异》,北京:经济管理出版社,1997 年。

193. 魏杰:《30 年中国对外开放战略的变革——纪念改革开放 30 周年》,《理论前沿》,2008 年第 10 期,第 9—13 页。

194. 薛白、邵帅:《差距、差异与科学发展观——欠发达区域发展战略选择的真实基础》,《北方经济》,2007 年第 6 期,第 35—37 页。

195. 许和连、包群、赖明勇:《贸易开放度与中国经济增长》,《中国软科学》,2003 年第 5 期,第 40—46 页。

196. 许和连、亓朋:《贸易开放度与经济增长研究进展述评》,《国际经贸探索》,2008 年第 7 期,第 4—9 页。

197. 徐建华、鲁凤、苏方林、卢艳:《中国区域经济差异的时空尺度分析》,《地理研究》,2005 年第 1 期,第 57—68 页。

198. 徐现祥、李郇:《中国城市经济增长的趋同分析》,《经济研究》,2004 年第 5 期,第 40—48 页。

199. 许统生:《我国实际贸易依存度的评估与国际比较》,《经济学动态》,2003 年第 8 期,第 17—20 页。

200. 许心礼:《西方国际贸易新理论》,上海:复旦大学出版社,1989 年版。

201. 许召元、李善同:《近年来中国地区差距的变化趋势》,《经济研究》,2006 年第 7 期,第 106—116 页。

202. 亚当·斯密:《国民财富的性质和原因的研究》(下卷),北京:商务印书馆,1972 年。

203. 杨明洪、孙继琼:《中国地区差距时空演变特征的实证分析:1978—2003》,《复旦学报(社会科学版)》,2006 年第 1 期,第 84—89 页。

204. 杨伟民:《地区间收入差距变动的实证分析》,《经济研究》,1992 年第 1 期,第 70—74 页。

205. 杨文举:《我国产业结构与区域经济发展差距关系的实证分析》,《生产力研究》,2005 年第 3 期,第 167—169 页。

206. 杨祖义:《20 世纪 90 年代中国区域经济发展的历史考察与基本经验》,《当代中国史研究》,2006 年第 3 期,第 50—59 页。

207. 杨晓光、樊杰、赵燕霞:《20 世纪 90 年代中国区域经济增长的要素分析》,《地理学报》,2002 年第 6 期,第 701—708 页。

208. 姚先国,张海峰:《教育、人力资本与地区经济差异》,《经济研究》,2008 年第 5 期,第 47—57 页。

209. 于今:《中国区域发展回顾与展望》,《中国建设信息》,2008 年第 22 期,第 14—17 页。

210. 余淼杰:《中国对外贸易三十年(1978—2008)》,北京大学国家发展研究院中国经济研究中心工作论文,No. C2008007,2008 年 12 月。

211. 约翰·穆勒:《政治经济学原理》,北京:商务印书馆,1991 年版。

212. 赵伟:《中国区域经济开放:模式与趋势》,北京:经济科学出版社,2005 年。

213. 赵伟:《中国区域经济开放:制度转型与经济增长效应》,北京:经济科学出版社,2011 年。

214. 赵伟、何莉:《中国对外贸易发展省际差异及其结构分解》,《经济地理》,2007 年第 2 期,第 187—190 页。

215. 赵伟、马瑞永:《中国区域金融增长的差异——基于泰尔指数的测算》,《经济地理》,2006 年第 1 期,第 11—15 页。

216. 赵莹:《中国的对外开放和收入差距》,《世界经济文汇》,2003 年第 4 期,第 55—70 页。

217. 张二震:《贸易投资一体化与中国的战略》,北京:人民出版社,2004 年。

218. 张红霞、范跃进:《对外贸易与地区差距:中国的经验研究》,北京:经济科学出版社,2010 年。

219. 张茹:《中国经济增长地区差异的动态演进:1978—2005》,《世界经济文汇》,2008 年第 2 期,第 69—83 页。

220. 张丽君主编:《区域经济政策》,北京:中央民族大学出版社,2006 年。

221. 张素芳、房剑:《外贸依存度测算方法的改进及对中国外贸依存度的重新估计》,《数量经济技术经济研究》,2006 年第 6 期,第 82—88 页。

222. 张秀生、张平主编:《中国区域经济发展》,武汉:中国地质大学出版社,2009 年。

223. 张宗益、邹畅:《中国地区差距的时空演变特点及启示》,《当代经济科学》,2006 年第 1 期,第 87—94 页。

224. 邹东涛主编:《发展和改革蓝皮书——中国改革开放 30 年》,北京:社会科学文献出版社,2008 年。

225. 周茂荣、张子杰:《对外开放测度研究述评》,《国际贸易问题》,2009 年第 8 期, 第 121—128 页。

226. 周民良:《论我国的区域差异与区域政策》,《管理世界》,1997 年第 1 期,第 174—184 页。

227. 周玉翠、齐清文、冯灿飞:《近 10 年中国省际经济差异动态变化特征》,《地理研究》,2002 年第 6 期,第 781—790 页。

228. 钟昌标:《国际贸易与区域发展》,北京:经济管理出版社,2001 年。

229. 中华人民共和国国家统计局:《2008 年国民经济和社会发展统计公报》,http://www.stats.gov.cn/tjgb/ndtjgb/qgndtjgb/t20090226_402540710.htm。

230. 中华人民共和国国家体改委:《1988 年深化经济体制改革的总体方案》,http://news.rednet.cn/c/2008/05/05/1499200.htm。

231. 中华人民共和国商务部综合司:《1985 年以来出口退税》,http://zhs.mofcom.gov.cn/aarticle/Nocategory/200411/20041100305791.html。

232. 中华人民共和国政府:《中华人民共和国国民经济和社会发展第十一个五年规划纲要》,http://www.gov.cn/ztzl/2006-03/16/content_228841.htm。